Classiques Bordas

Le Malade imaginaire

MOLIÈRE

Ouvrage publié sous la direction de
MARIE-HÉLÈNE PRAT

Édition présentée par
NATHALIE FOURNIER
Ancienne élève de l'ENS Sèvres
Agrégée de lettres modernes
Docteur d'État

www.universdeslettres.com

Voir « LE TEXTE ET SES IMAGES » p. 188
pour l'exploitation de l'iconographie de ce dossier.

1. Jean-Luc Bideau (ARGAN) et Claire Vernet (BÉLINE) dans la mise en scène de Gildas Bourdet, Comédie-Française, 1991.

2. Catherine Arditi (TOINETTE), Francis Frappat (BÉRALDE)
et Marcel Maréchal (ARGAN) dans la mise en scène
de Marcel Maréchal, théâtre national de Marseille
La Criée, 1993.

3. *Le Malade imaginaire*, tapisserie de Beauvais,
d'après un carton de Jean-Baptiste Oudry (1686-1775), 1732.
(Collection particulière.)

**TROIS ÉPOQUES, TROIS VISIONS
DU *MALADE IMAGINAIRE***

4. Honoré Daumier (1808-1879), *Le Malade imaginaire*, v. 1860.
(Londres, Courtauld Institute Galleries.)

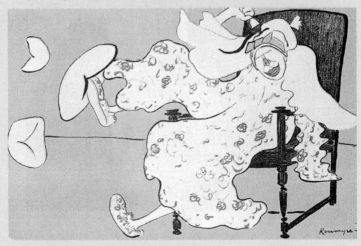

5. André Rouveyne (1896-1962), *Coquelin Cadet dans le rôle d'Argan*, lithographie.
(Paris, Bibliothèque de la Comédie-Française.)

6. André Burton (MONSIEUR DIAFOIRUS), Michel Bouquet (ARGAN) et Franck Lapersonne (THOMAS DIAFOIRUS) dans la mise en scène de Pierre Boutron, théâtre Hébertot, 1987.

7. Jean-Jacques Lagarde (MONSIEUR DIAFOIRUS), Marcel Maréchal (ARGAN) et Nicolas Vaude (THOMAS DIAFOIRUS) dans la mise en scène de Marcel Maréchal, théâtre national de Marseille La Criée, 1993.

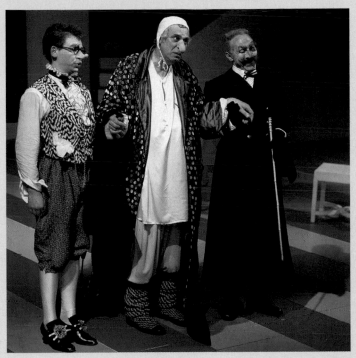

8. Philippe Torreton (THOMAS DIAFOIRUS), Jean-Luc Bideau (ARGAN) et Christian Blanc (MONSIEUR DIAFOIRUS) dans la mise en scène de Gildas Bourdet, Comédie-Française, 1991.

LA CONSULTATION DES DIAFOIRUS

9. Daniel Sorano (ARGAN) dans la mise en scène de Daniel Sorano, TNP, 1957.

ARGAN : MALADE SÉRIEUX OU MALADE POUR RIRE?

10. Philippe Séjourné (ARGAN) dans la mise en scène de Gildas Bourdet, Théâtre de l'Ouest Parisien, 2003.

AFFAIRES DE FAMILLE

11. Luce Mouchel (Béline), Philippe Séjourné (Argan)
et Guy Perrot (Monsieur Bonnefoy) dans la mise en scène
de Gildas Bourdet, Théâtre de l'Ouest Parisien, 2003.

12. Philippe Séjourné (ARGAN), Marianne Epin (TOINETTE) et Isabelle Thomas (ANGÉLIQUE) dans la mise en scène de Gildas Bourdet, Théâtre de l'Ouest Parisien, 2003.

13. Jean-Luc Bideau (ARGAN) et Sarah Lauzi (LOUISON) dans la mise en scène de Gildas Bourdet, Comédie-Française, 1991.

FASTES ET FANTAISIES
DE LA COMÉDIE - BALLET

14. et 15. Jean 1er Berain
(1639-1711), Costumes de
« Maure » et de « Mauresse ».
(Paris, musée du Louvre,
cabinet des arts graphiques,
collection Rotschild.)

16. et 17. *Le Malade imaginaire,* mise en scène de Jean-Marie Villégier et Christophe Galland, Châtelet, Théâtre musical de Paris, 1990.

18. Jean Lepautre, Le Malade imaginaire, *comédie de Molière représentée dans le jardin de Versailles devant la grotte*, 1676, gravure. (Paris, Bibliothèque nationale.)

19. L'acte de décès de Molière, Registre de La Grange, 17 février 1673.
(Paris, Bibliothèque de la Comédie-Française.)

20. Daniel Sorano (ARGAN) dans la mise en scène de Daniel Sorano, TNP, 1957.

REGARDS
SUR L'ŒUVRE

1610	1643	1661	1715
HENRI IV	LOUIS XIII	MAZARIN	LOUIS XIV

1606	CORNEILLE	1684

1621	LA FONTAINE	1695

1622	**MOLIÈRE**	**1673**

1639	RACINE	1699

1645	LA BRUYÈRE	1696

ŒUVRES DE MOLIÈRE

1655 *L'Étourdi*

1656 *Le Dépit amoureux*

1659 *Les Précieuses ridicules*
Le Médecin volant ●

1661 *Les Fâcheux* ◊

1662 *L'École des femmes*

1664 *Le Mariage forcé* ◊
La Princesse d'Élide ◊
Le Tartuffe

1665 *Dom Juan* ●
L'Amour médecin ● ◊

1666 *Le Misanthrope*
Le Médecin malgré lui ●

1667 *Le Sicilien ou l'Amour peintre* ◊

1668 *Amphitryon*
George Dandin ◊
L'Avare

1669 *Monsieur de Pourceaugnac* ● ◊

1670 *Les Amants magnifiques* ◊
Le Bourgeois gentilhomme ◊

1671 *Les Fourberies de Scapin*
La Comtesse d'Escarbagnas ◊

1672 *Les Femmes savantes*

1673 ***Le Malade imaginaire*** ● ◊

● Le « théâtre médical » de Molière   ◊ Les comédies-ballets

Dernière comédie* de Molière, *Le Malade imaginaire* est tout entier dominé par le personnage d'Argan, dernière et puissante création de son auteur. Le titre le dit, et Toinette et Béralde le confirmeront, Argan est un malade imaginaire, c'est-à-dire un malade qui ne l'est pas mais qui est convaincu de l'être, un malade en imagination et un malade de l'imagination. La maladie d'Argan naît d'abord d'un attachement passionné à soi-même et d'une terreur absolue de mourir. Face à cela, il n'est rien qui tienne, ni liens familiaux, ni raison : Argan est tout entier dévoué à lui-même, dévoré par sa marotte de la médecine et prêt à tout y sacrifier. Dernier des grands « imaginaires » de Molière, frère d'Arnolphe, d'Harpagon et d'Alceste, il clôt ainsi la lignée de ces mélancoliques pour rire qui peuplent le théâtre de Molière.

Car le rire est là, tout au long de la pièce, et la folie d'Argan est emportée dans le burlesque* de la cérémonie finale : intronisé médecin, il est enfin un malade heureux. Placée sous le signe du carnaval, la comédie consacre ainsi le triomphe de la santé sur la maladie, de la vie sur la mort et du théâtre sur la réalité.

Cette pièce débordante de vitalité est pourtant indissolublement liée à la mort de son auteur : le 17 février 1673, à la fin de la quatrième représentation, Molière, vrai malade incarnant un malade imaginaire, est pris en scène d'un crachement de sang en prononçant le second *juro* qui l'intronise à la médecine et meurt chez lui quelques heures plus tard. Pour ses compagnons, c'est une « perte irréparable », comme l'atteste le registre de La Grange ; pour l'histoire du théâtre, c'est une mort héroïque et exemplaire d'homme de théâtre. Molière ne ressuscitera pas sur scène comme le fait Argan mais, depuis plus de trois siècles, il nous aide à conjurer notre angoisse de la mort et à nous divertir des duretés de la vie grâce aux pouvoirs conjugués de la parole, de la musique et de la danse.

* Les mots suivis d'un astérisque sont définis p. 266.

REPÈRES

L'AUTEUR : Jean-Baptiste Poquelin, dit Molière ; il meurt le 17 février à l'issue de la quatrième représentation de la pièce.

PREMIÈRE REPRÉSENTATION : le 10 février 1673, sur le théâtre du Palais-Royal, par la troupe de Molière, avec une musique composée par Charpentier et des ballets réglés par Beauchamp.

PREMIÈRE ÉDITION : après des éditions pirates ou semi-officielles (en 1674 et 1675), c'est l'édition du comédien La Grange en 1682 qui fait autorité et donne ce qu'on peut considérer comme le texte définitif de la pièce.

LE CONTEXTE : après les polémiques déclenchées par *Le Tartuffe* et *Dom Juan*, le demi-succès des *Fourberies de Scapin* et le succès d'estime des *Femmes savantes*, Molière doit faire face, à partir de 1671, à des difficultés tant personnelles que professionnelles, et particulièrement au conflit avec Lully et à la concurrence de l'opéra, genre* nouveau qui a toutes les faveurs du roi.

LA PIÈCE

• **Forme et structure** : comédie-ballet : « Comédie mêlée de musique et de danse », comme l'indique l'édition de 1682. Comédie en prose, comportant trois actes, trente scènes et douze personnages. Un prologue* pastoral en vers et trois inter-mèdes* (deux intermèdes entre les actes I et II, II et III, un intermède final) ; nombreux personnages, chanteurs et danseurs, pour le prologue et les intermèdes.

• **Lieu et temps** : pour la comédie, lieux et temps contem-porains de la création : Paris, en 1673, dans la chambre d'Argan. Pour le prologue et les intermèdes, lieux de fantaisie mais ratta-chement de convention à l'actualité (le prologue chante ainsi les louanges de Louis XIV).

• **Personnages** : pour la comédie, le personnage central est Argan, le malade imaginaire. Autour de lui évoluent, d'une part, les membres de sa famille : sa femme Béline, ses filles, Angélique l'aînée et Louison la cadette, son frère Béralde, sa servante Toinette, l'amoureux de sa fille aînée, Cléante ; d'autre part, médecins et apothicaire : M. Purgon, les Diafoirus père et fils, M. Fleurant ; enfin, le notaire, M. Bonnefoy. Dans le prologue : des bergers et des bergères ; premier intermède : Polichinelle et le Guet ; second intermède : des Égyptiens et Égyptiennes vêtus en Mores ; intermède final : des porte-seringues, des apothicaires, des médecins et des chirurgiens.

• **Intrigue** : le malade imaginaire Argan mariera-t-il sa fille au ridicule Thomas Diafoirus, pour l'amour de la médecine ? ou acceptera-t-il son mariage avec Cléante, qu'elle aime ?

• **Enjeux**

– La dernière pièce de Molière : une comédie *mêlée*, à la fois amère et bouffonne, féroce satire* sociale (de la famille, de la médecine, de la religion) et comédie débridée, qui culmine sur une burlesque cérémonie médicale.

– Un héros ambigu, entre folie et fantaisie, obsession tyrannique et illusion salvatrice, forces de mort et dynamisme vital.

– Une leçon mixte, entre sérieux et dérision, et un rire mêlé, entre la dénonciation de l'imposture et l'euphorie du divertissement.

MOLIÈRE
ET *LE MALADE IMAGINAIRE*

1622-1643 : LES DÉBUTS DANS LA VIE D'UN ENFANT DE LA BOURGEOISIE COMMERÇANTE PARISIENNE

Janvier 1622 : Jean-Baptiste Poquelin naît à Paris, dans une famille aisée d'artisans parisiens. Son père est tapissier du roi dans le quartier commerçant des Halles. Sa mère meurt quand il a dix ans. Le goût du théâtre lui vient tôt : peut-être avec son grand-père maternel, en compagnie de qui il fréquente l'Hôtel de Bourgogne et le théâtre des Italiens, aussi bien que les tréteaux de rues des farceurs et « opérateurs » (marchands de médicaments).

1631-1639 : il fait ses études chez les jésuites au collège de Clermont (l'actuel lycée Louis-le-Grand) ; peut-être y reçoit-il, par l'intermédiaire de son condisciple Chapelle, les leçons de Gassendi.

1642 : il commence ses études de droit à Orléans.

1643-1658 : L'ILLUSTRE-THÉÂTRE

Molière entre en rapport avec la famille Béjart ; en janvier 1643, il renonce à la charge de tapissier du roi au profit de son frère et choisit le théâtre.

L'échec parisien

En juin 1643, Molière fonde l'Illustre-Théâtre avec les Béjart et six autres comédiens ; en 1644, il devient le directeur de la troupe sous le nom de Molière. Après deux saisons parisiennes difficiles, du fait de la concurrence des deux autres grands théâtres parisiens de la rive droite, ceux du Marais et de l'Hôtel de Bourgogne, puis de l'hostilité du curé de la paroisse Saint-Sulpice quand Molière s'installe rive gauche, l'Illustre-Théâtre fait faillite et la troupe est dispersée. À l'automne 1645, Molière quitte Paris et part chercher fortune en province.

Les succès en province

Après des tournées dans l'ouest de la France puis dans le Languedoc et la vallée du Rhône, la troupe va trouver un protecteur en la personne du prince de Conti, frère du Grand Condé et gouverneur de Languedoc, qui subventionnera la troupe de 1653 jusqu'en 1657.

Celle-ci se produit surtout dans le Sud-Ouest et à Lyon ; elle joue des tragédies* contemporaines, surtout du Corneille, et les premières comédies de Molière (*L'Étourdi, Le Dépit amoureux*). Privée de protecteur par la conversion de Conti, la troupe, arrivée à Rouen en mai 1658, décide de rentrer à Paris, où elle arrive en octobre 1658.

1658-1671 :
L'ASCENSION ET LA CONSÉCRATION PARISIENNE

Grâce à la protection de Monsieur, frère du roi, puis du roi lui-même, Molière s'installe dans la salle du Petit-Bourbon, qu'il partage avec les Italiens, puis en 1661, dans la salle du Palais-Royal. De plus la troupe se produit régulièrement devant la Cour au gré des différentes résidences royales (Versailles, Chambord, Saint-Germain). En 1665, la troupe de Molière devient Troupe du Roi.

Face à la troupe de l'Hôtel de Bourgogne, spécialisée dans le répertoire tragique, et au théâtre du Marais qui monte des pièces à machines, le Palais-Royal doit son succès d'abord à Molière, auteur et acteur, et à sa troupe.

Les grands succès

Molière enchaîne les succès : *Les Précieuses ridicules* (1659), *Sganarelle* (1660), *Le Dépit amoureux* (1661), *Les Fâcheux*, créé en 1661 lors de la fête offerte à Louis XIV par Foucquet dans son château de Vaux-le-Vicomte, puis repris devant le roi à Fontainebleau, *L'École des femmes* (1662), puis *Dom Juan* (1665), *Le Misanthrope* (1666), *Amphitryon, George Dandin* et *L'Avare* (1668), *Le Tartuffe* (1669), *Le Bourgeois gentilhomme* (1670).

Les combats et les difficultés

Malgré les puissantes protections dont il jouit, dont celle du roi, Molière se heurte très violemment, d'une part, dès *L'École des femmes*, aux gens de théâtre et aux gens de lettres pour des raisons de rivalité professionnelle, d'autre part au parti dévot, avec *Le Tartuffe*, créé en 1664 et immédiatement interdit, avant d'être repris en 1669, puis avec *Dom Juan*, étouffé en 1665, après cinq semaines de triomphe. Les attaques et les calomnies dont Molière fait l'objet sont d'une extrême âpreté, mais son rayonnement comme auteur, acteur et directeur de troupe est exceptionnel.

L'invention de la comédie-ballet

Molière n'est pas le seul à jouir de la faveur royale, mais son crédit tient en grande partie à son talent pour la comédie-ballet, genre mixte mêlant le divertissement théâtral traditionnel et le ballet de Cour, divertissement princier par excellence et que le roi, danseur exceptionnel, appréciait par-dessus tout. Des *Fâcheux*, qui inventent le genre en 1661, à *La Princesse d'Élide*, créée à Versailles en 1664 au cours des « Plaisirs de l'Île enchantée », et jusqu'à *Psyché*, tragédie-ballet (achevée par Corneille), créée au Palais des Tuileries en 1671, la carrière de Molière s'appuie largement sur le succès de la comédie-ballet, qui manifeste sa recherche d'un spectacle total, mêlant musique, danse et théâtre.

1671-1673 :
DERNIÈRES ÉPREUVES, DERNIER TRIOMPHE

Des conditions difficiles

Les années 1671-1673 sont des années difficiles pour Molière. Elles sont assombries par la mort de son amie de toujours, Madeleine Béjart, la mésentente avec sa femme Armande, la détérioration de son état de santé, et, du côté de sa vie professionnelle, par la trahison de Lully, après dix ans de fructueuse collaboration, et le goût du roi pour l'opéra, genre nouveau qui éclipse la comédie-ballet.

Une déception et un triomphe

Après l'échec des *Fourberies de Scapin* (1671) et le succès d'estime des *Femmes savantes* (1672), Molière compose, malgré sa rupture avec Lulli, une comédie-ballet pour le divertissement royal. Mais le roi ne fait pas appel à Molière pour les fêtes du carnaval de 1673 et *Le Malade imaginaire* sera créé à Paris le 10 février 1673, avec une musique composée par Charpentier et des ballets réglés par Beauchamp : c'est un triomphe.

Une mort d'homme de théâtre

Molière, malade et épuisé, refuse d'abandonner le rôle d'Argan pour ne pas compromettre le succès de la pièce. Le vendredi 17 février 1673, il est pris d'un hoquet de sang qu'il dissimule en rire, et il meurt chez lui vers dix heures du soir, sans avoir pu renier la profession de comédien ni recevoir les derniers sacrements. Il est inhumé de nuit et discrètement au cimetière Saint-Joseph (voir ill. 19 p. 15).

Après la mort de Molière, la troupe se disperse partiellement, certains comédiens passant à l'Hôtel de Bourgogne, mais le théâtre continue. En 1680, le roi décidera de fusionner l'Hôtel de Bourgogne et le théâtre Guénégaud, issu de la fusion de la troupe de Molière et des comédiens du Marais : c'est la naissance de la Comédie-Française, qui se réclame toujours du patronage de Molière.

LA NAISSANCE DU *MALADE IMAGINAIRE*

Dernière œuvre de Molière, *Le Malade imaginaire* puise à plusieurs sources :

– l'expérience personnelle de Molière, atteint de neurasthénie et d'une grave affection pulmonaire depuis les années 1660. Dans son théâtre il prend le parti de rire de sa maladie : il prête sa toux à Harpagon, sa maigreur à monsieur de Pourceaugnac et son expérience forcée de malade à Argan, répondant ainsi à la très cruelle comédie d'*Élomire hypocondre*, parue en 1670, dans laquelle ses ennemis raillaient sa mauvaise santé ;

Grandville (1803-1847), caricature pour *Le Malade imaginaire*.
(Paris, musée Carnavalet.)

- son information scientifique sur l'art médical, par l'intermédiaire notamment de Mauvillain, son ami médecin ;

– la satire traditionnelle des médecins dans la littérature : parmi les prédécesseurs ou contemporains de Molière, on peut citer Rotrou (*Clarice*, 1647), Montfleury (*Le Mariage de rien*, 1660) ou Cyrano de Bergerac (*Le Pédant joué*, 1645).

Mais la meilleure source du *Malade imaginaire* est Molière lui-même et ses figures de médecins : faux médecins bouffons comme le Sganarelle du *Médecin volant*, de *Dom Juan* ou du *Médecin malgré lui* ; vrais médecins ridicules dans *l'Amour médecin* ou *Monsieur de Pourceaugnac* (voir p. 195).

Enfin, avec son prologue et ses intermèdes, *Le Malade imaginaire* est le dernier exemple de ce genre, inventé par Molière, qu'est la comédie-ballet.

Charles Le Brun (1619-1690), *Portrait de Molière.*
(Moscou, musée Pouchkine.)

Le Malade imaginaire

MOLIÈRE

Comédie

*mêlée de musique et de danses par Monsieur de Molière.
Corrigée, sur l'original de l'auteur, de toutes les fausses additions
et suppositions de scènes entières, faites dans les éditions précédentes.
Représentée pour la première fois sur le Théâtre du Palais-Royal,
le 10 février 1673 par la Troupe du Roi.*

LES PERSONNAGES

ARGAN,	*malade imaginaire*[1].
BÉLINE[2],	*seconde femme d'Argan.*
ANGÉLIQUE,	*fille d'Argan et amante*[3] *de Cléante.*
LOUISON,	*petite fille*[4] *d'Argan et sœur d'Angélique.*
BÉRALDE,	*frère d'Argan.*
CLÉANTE,	*amant d'Angélique.*
MONSIEUR DIAFOIRUS[5],	*médecin.*
THOMAS DIAFOIRUS,	*son fils et amant d'Angélique.*
MONSIEUR PURGON[6],	*médecin d'Argan.*
MONSIEUR FLEURANT[7],	*apothicaire*[8].
MONSIEUR BONNEFOY[9],	*notaire.*
TOINETTE,	*servante.*

La scène est à Paris.

---

1. **Imaginaire :** « qui n'est point réel et effectif, mais seulement en vision et en pensée » ; définition de Furetière (1690) qui donne en exemple : « le *Malade imaginaire* » de Molière.
2. En ancien français, *bélin* veut dire « petit bélier, mouton ». C'est aussi un prénom ; le nom évoque un être doucereux.
3. **Amante :** femme aimée. **Amant :** amoureux, qui aime (sans nécessité de réciprocité). Cléante et Diafoirus sont ainsi tous deux amants d'Angélique.
4. **Petite fille :** fille cadette.
5. **Diafoirus :** nom cocasse, formé d'un préfixe grec et d'un suffixe latin (le tout évoquant le pédantisme du père et du fils), encadrant le mot français *foire*, qui signifie « diarrhée ».
6. **Purgon :** le spécialiste de la « médecine purgative ».
7. **Fleurant :** nom réel, porté par des contemporains de Molière ; ce nom vaut tout un programme, *fleurer* voulant dire « sentir » (« exhaler ou flairer »), d'où la raillerie de Toinette : « c'est à M. Fleurant à y mettre le nez » (I, 2).
8. **Apothicaire :** pharmacien.
9. **Bonnefoy :** nom donné par antiphrase* ; le notaire est un filou.

PROLOGUE[1]

Après les glorieuses fatigues et les exploits victorieux de notre auguste[2] monarque, il est bien juste que tous ceux qui se mêlent d'écrire travaillent ou à ses louanges, ou à son divertissement. C'est ce qu'ici l'on a voulu faire, et ce prologue est un essai des louanges de ce grand prince, qui donne entrée à la comédie du *Malade imaginaire*, dont le projet a été fait pour le délasser de ses nobles travaux.

La décoration représente un lieu champêtre fort agréable.

ÉGLOGUE[3]
EN MUSIQUE ET EN DANSE

FLORE, PAN, CLIMÈNE, DAPHNÉ, TIRCIS, DORILAS, DEUX ZÉPHYRS, TROUPE DE BERGÈRES ET DE BERGERS[4]

FLORE
Quittez, quittez vos troupeaux,
Venez, Bergers, venez Bergères,
Accourez, accourez sous ces tendres ormeaux[5] :
Je viens vous annoncer des nouvelles bien chères[6],

---

1. **Prologue** : spectacle qui précède une pièce et qui n'a pas nécessairement de rapport avec celle-ci. Le texte adopté est celui de l'édition de 1682, établi par le comédien La Grange après la mort de Molière, pour répondre aux éditions pirates de 1674 et 1675 (faites à partir de notes prises au cours des représentations). Le texte du prologue et des intermèdes est celui qui a été utilisé par Molière lors des premières représentations de 1673 sur la scène du Palais-Royal.
2. **Auguste** : vénérable. Allusion aux victoires de la campagne de 1672, contre la Hollande.
3. **Églogue** : poème chantant la vie champêtre.
4. **Flore** : déesse romaine des fleurs. **Pan** : dieu grec des bergers et des troupeaux. **Daphné** : nymphe des bois et des eaux. Les autres noms sont des noms conventionnels de bergers dans la pastorale. **Zéphyrs** : dieux des vents.
5. **Ormeaux** : jeunes ormes.
6. **Chères** : importantes car elles concernent une personne aimée.

5   *Et réjouir tous ces hameaux.*
        Quittez, quittez vos troupeaux,
        Venez, Bergers, venez, Bergères,
    Accourez, accourez sous ces tendres ormeaux.

CLIMÈNE ET DAPHNÉ
Berger, laissons là tes feux[1],
10   *Voilà Flore qui nous appelle.*

TIRCIS ET DORILAS
Mais au moins dis-moi, cruelle,

TIRCIS
Si d'un peu d'amitié tu payeras mes vœux[2] ?

DORILAS
Si tu seras sensible à mon ardeur fidèle ?

CLIMÈNE ET DAPHNÉ
Voilà Flore qui nous appelle.

TIRCIS ET DORILAS
15 *Ce n'est qu'un mot, un mot, un seul mot que je veux.*

TIRCIS
Languirai-je toujours dans ma peine mortelle ?

DORILAS
Puis-je espérer qu'un jour tu me rendras heureux ?

CLIMÈNE ET DAPHNÉ
Voilà Flore qui nous appelle.

ENTRÉE DE BALLET

Toute la troupe des Bergers et des Bergères va se placer en cadence autour de Flore.

CLIMÈNE
Quelle nouvelle parmi nous,
20 *Déesse, doit jeter tant de réjouissance ?*

---

1. **Tes feux :** ton amour.
2. **Tu payeras mes vœux :** tu récompenseras mon amour.

DAPHNÉ

Nous brûlons d'apprendre de vous
Cette nouvelle d'importance.

DORILAS

D'ardeur nous en soupirons tous.

TOUS ENSEMBLE

Nous en mourons d'impatience.

FLORE

25   *La voici : silence, silence !*
Vos vœux sont exaucés, LOUIS *est de retour,*
Il ramène en ces lieux les plaisirs et l'amour,
Et vous voyez finir vos mortelles alarmes[1].
Par ses vastes exploits son bras voit tout soumis :
30   *Il quitte les armes,*
      Faute d'ennemis.

TOUS ENSEMBLE

Ah ! quelle douce nouvelle !
Qu'elle est grande ! qu'elle est belle !
Que de plaisirs ! que de ris[2] ! que de jeux !
35   *Que de succès[3] heureux !*
Et que le Ciel a bien rempli nos vœux !
Ah ! quelle douce nouvelle !
Qu'elle est grande, qu'elle est belle !

ENTRÉE DE BALLET

Tous les Bergers et Bergères expriment par des danses les transports[4] de leur joie.

FLORE

De vos flûtes bocagères[5]
40 *Réveillez les plus beaux sons :*

---

1. **Alarmes :** inquiétudes.
2. **Ris :** rires.
3. **Succès :** résultats.
4. **Transports :** manifestations passionnées.
5. **Bocagères :** des bois.

LOUIS *offre à vos chansons*
La plus belle des matières[1].
Après cent combats,
Où cueille son bras
45 *Une ample victoire,*
Formez entre vous
Cent combats[2] plus doux,
Pour chanter sa gloire.

TOUS

Formons entre nous
50 *Cent combats plus doux,*
Pour chanter sa gloire.

FLORE

Mon jeune amant[3], dans ce bois
Des présents de mon empire
Prépare un prix à la voix
55 *Qui saura le mieux nous dire*
Les vertus et les exploits
Du plus auguste des rois.

CLIMÈNE

Si Tircis a l'avantage,

DAPHNÉ

Si Dorilas est vainqueur,

CLIMÈNE

60 *À le chérir je m'engage.*

DAPHNÉ

Je me donne à son ardeur.

TIRCIS

Ó trop chère espérance !

DORILAS

Ó mot plein de douceur !

---

1. **La plus belle des matières :** le plus beau des sujets.
2. Il s'agit de concours poétiques avec prix décerné au vainqueur.
3. **Amant :** celui que j'aime ; ici, Pan.

TOUS DEUX

Plus beau sujet, plus belle récompense
65 *Peuvent-ils animer un cœur ?*

Les violons jouent un air pour animer les deux Bergers au combat, tandis que Flore, comme juge, va se placer au pied de l'arbre, avec deux Zéphyrs, et que le reste, comme spectateurs, va occuper les deux coins du théâtre.

TIRCIS

Quand la neige fondue enfle un torrent fameux,
Contre l'effort soudain de ses flots écumeux
Il n'est rien d'assez solide ;
Digues, châteaux, villes et bois,
70 *Hommes et troupeaux à la fois,*
Tout cède au courant qui le guide ;
Tel, et plus fier[1], et plus rapide,
Marche LOUIS *dans ses exploits.*

BALLET

Les Bergers et Bergères de son côté dansent autour de lui, sur une ritournelle[2], pour exprimer leurs applaudissements.

DORILAS

Le foudre[3] menaçant, qui perce avec fureur
75 *L'affreuse[4] obscurité de la nue enflammée,*
Fait d'épouvante et d'horreur
Trembler le plus ferme cœur :
Mais à la tête d'une armée
LOUIS *jette plus de terreur.*

---

1. **Fier :** redoutable.
2. **Ritournelle :** refrain.
3. **Foudre** est souvent masculin au XVIIe siècle.
4. **Affreuse :** effrayante.

BALLET

Les Bergers et Bergères de son côté font de même que les autres.

TIRCIS

80 *Des fabuleux[1] exploits que la Grèce a chantés,*
Par un brillant amas[2] de belles vérités
Nous voyons la gloire effacée,
Et tous ces fameux demi-dieux[3]
Que vante l'histoire passée
85 *Ne sont point à notre pensée*
Ce que LOUIS *est à nos yeux.*

BALLET

Les Bergers et Bergères de son côté font encore la même chose.

DORILAS

LOUIS *fait à nos temps, par ses faits inouïs,*
Croire tous les beaux faits que nous chante l'histoire
Des siècles évanouis :
90 *Mais nos neveux[4], dans leur gloire,*
N'auront rien qui fasse croire
Tous les beaux faits de LOUIS.

BALLET

Les Bergers et Bergères de son côté font encore de même, après quoi les deux partis se mêlent.

---

1. **Fabuleux :** fictifs, légendaires.
2. **Amas :** accumulation.
3. **Demi-dieux :** dans la mythologie, héros nés d'un dieu et d'une mortelle (Hercule, par exemple) ou d'une déesse et d'un mortel (Achille, par exemple).
4. **Neveux :** descendants.

PAN, *suivi de six Faunes[1].*
Laissez, laissez, Bergers, ce dessein téméraire.
Hé ! que voulez-vous faire ?
95   *Chanter sur vos chalumeaux[2]*
Ce qu'Apollon[3] sur sa lyre,
Avec ses chants les plus beaux,
N'entreprendrait pas de dire,
C'est donner trop d'essor[4] au feu qui vous inspire,
100 *C'est monter vers les cieux sur des ailes de cire[5],*
Pour tomber dans le fond des eaux.
Pour chanter de LOUIS *l'intrépide courage,*
Il n'est point d'assez docte[6] voix,
Point de mots assez grands pour en tracer l'image :
105 *Le silence est le langage*
Qui doit louer ses exploits.
Consacrez d'autres soins à sa pleine victoire ;
Vos louanges n'ont rien qui flatte ses désirs ;
Laissez, laissez là sa gloire,
110 *Ne songez qu'à ses plaisirs.*

TOUS

Laissons, laissons là sa gloire,
Ne songeons qu'à ses plaisirs.

FLORE

Bien que, pour étaler ses vertus immortelles,
La force manque à vos esprits,

---

1. **Faunes :** divinités champêtres chez les Romains.
2. **Chalumeau :** petite flûte.
3. **Apollon :** dieu grec du soleil et de la poésie.
4. **Essor :** élan, force.
5. Allusion au mythe grec d'Icare, héros imprudent : il réussit à voler grâce à des ailes de cire, mais il les fit fondre en s'approchant trop près du soleil et fut précipité dans la mer.
6. **Docte :** savante.

Gouache. Collection Hénin (Cahier des Estampes) tome 41.
(Bibliothèque nationale, Paris.)

115 *Ne laissez pas*[1] *tous deux de recevoir le prix :*
            Dans les choses grandes et belles
            Il suffit d'avoir entrepris.

ENTRÉE DE BALLET

Les deux Zéphyrs dansent avec deux couronnes de fleurs
à la main, qu'ils viennent donner ensuite aux deux Bergers.

CLIMÈNE ET DAPHNÉ, *en leur donnant la main.*
            Dans les choses grandes et belles
            Il suffit d'avoir entrepris.

TIRCIS ET DORILAS

120 *Ha ! que d'un doux succès notre audace est suivie !*

FLORE ET PAN

Ce qu'on fait pour LOUIS, *on ne le perd jamais.*

LES QUATRE AMANTS

Au soin de ses plaisirs donnons-nous désormais,

FLORE ET PAN

Heureux, heureux qui peut lui consacrer sa vie !

TOUS

            Joignons tous dans ces bois
125   *Nos flûtes et nos voix,*
            Ce jour nous y convie ;
   Et faisons aux échos redire mille fois :
   « LOUIS *est le plus grand des rois ;*
   Heureux, heureux qui peut lui consacrer sa vie ! »

DERNIÈRE ET GRANDE ENTRÉE DE BALLET

Faunes, Bergers et Bergères, tous se mêlent, et il se fait
entre eux des jeux de danses, après quoi ils se vont préparer
pour la Comédie.

---

1. **Ne laissez pas de :** ne manquez pas de.

ACTE I

SCÈNE PREMIÈRE. ARGAN.

ARGAN, *seul dans sa chambre, assis, une table devant lui,
compte des parties d'apothicaire*[1] *avec des jetons*[2] *; il fait,
parlant à lui-même, les dialogues suivants.* Trois et deux font
cinq, et cinq font dix, et dix font vingt. Trois et deux font
5 cinq. « Plus, du vingt-quatrième[3], un petit clystère[4] insinuatif,
préparatif et rémollient[5], pour amollir, humecter et rafraîchir[6]
les entrailles de Monsieur. » Ce qui me plaît de Monsieur
Fleurant, mon apothicaire, c'est que ses parties sont toujours
fort civiles[7] : « les entrailles de Monsieur, trente sols[8] ». Oui,
10 mais, Monsieur Fleurant, ce n'est pas tout que d'être civil, il
faut être aussi raisonnable, et ne pas écorcher les malades.
Trente sols un lavement : Je suis votre serviteur[9], je vous l'ai
déjà dit. Vous ne me les avez mis dans les autres parties qu'à
vingt sols, et vingt sols en langage d'apothicaire, c'est-à-dire
15 dix sols ; les voilà, dix sols. « Plus, dudit jour[10], un bon
clystère détersif[11], composé avec catholicon[12] double,
rhubarbe, miel rosat[13], et autres, suivant l'ordonnance[14], pour

----

1. **Parties d'apothicaire :** factures de pharmacien.
2. Pour faire ses comptes, Argan utilise des jetons disposés par tas selon leur valeur.
3. Le 24ᵉ jour du mois.
4. **Clystère :** terme de médecine ; le terme non technique est *lavement*.
5. **Insinuatif, préparatif et rémollient :** termes de médecine ; le clystère est destiné à favoriser la pénétration, préparer le suivant et amollir les matières.
6. **Amollir, humecter, rafraîchir :** vertus traditionnelles du clystère.
7. **Civiles :** polies et bien tournées.
8. **Sol :** monnaie. 1 sol vaut 12 deniers, 20 sols font 1 livre ou 1 franc (= environ 20 de nos francs actuels).
9. **Je suis votre serviteur :** formule de politesse, ici ironique.
10. **Dudit jour :** du même jour.
11. **Détersif :** terme de médecine : qui nettoie, qui purifie.
12. **Catholicon :** terme de pharmacie ; le remède purgatif par excellence, « universel pour purger toutes les humeurs » (dictionnaire de Furetière) ; il peut être simple ou double.
13. **Miel rosat :** miel dilué dans une infusion de roses ; préparation composée par les apothicaires.
14. **Ordonnance :** ici, prescription médicale.

balayer, laver, et nettoyer le bas-ventre de Monsieur, trente
sols. » Avec votre permission, dix sols. « Plus, dudit jour, le
20 soir, un julep hépatique[1], soporatif[2], et somnifère, composé
pour faire dormir Monsieur, trente-cinq sols. » Je ne me
plains pas de celui-là, car il me fit bien dormir. Dix, quinze,
seize et dix-sept sols six deniers. « Plus, du vingt-cinquième,
une bonne médecine[3] purgative et corroborative[4], composée
25 de casse récente avec séné levantin[5], et autres, suivant l'ordonnance de Monsieur Purgon, pour expulser et évacuer la bile[6]
de Monsieur, quatre livres. » Ah ! Monsieur Fleurant, c'est se
moquer ; il faut vivre avec les malades. Monsieur Purgon ne
vous a pas ordonné de mettre quatre francs. Mettez, mettez
30 trois livres, s'il vous plaît. Vingt et trente sols. « Plus, dudit
jour, une potion anodine[7] et astringente[8], pour faire reposer
Monsieur, trente sols. » Bon, dix et quinze sols. « Plus, du
vingt-sixième, un clystère carminatif[9], pour chasser les vents
de Monsieur, trente sols. » Dix sols, Monsieur Fleurant.
35 « Plus, le clystère de monsieur réitéré le soir, comme dessus,
trente sols. » Monsieur Fleurant, dix sols. « Plus, du vingt-
septième, une bonne médecine composée pour hâter
d'aller[10], et chasser dehors les mauvaises humeurs[11] de
Monsieur, trois livres. » Bon, vingt et trente sols : je suis bien
40 aise que vous soyez raisonnable. « Plus, du vingt-huitième,

---

1. **Julep hépatique :** terme de pharmacie : potion sucrée pour le foie.
2. **Soporatif :** qui endort.
3. **Médecine :** potion purgative dont les ingrédients traditionnels sont la casse
   et le séné, produits importés d'Orient.
4. **Corroborative :** nous dirions aujourd'hui *fortifiante*.
5. **Casse :** fruit des Indes aux vertus laxatives ; la casse doit être récente, c'est-
   à-dire fraîche ; **séné :** arbuste aux propriétés purgatives ; **levantin :** qui vient
   d'Orient.
6. **Bile :** une des quatre « humeurs » de la médecine classique : liquide sécrété
   par le foie (voir note 11 ci-dessous).
7. **Anodine :** terme de médecine, calmante.
8. **Astringente :** le contraire de *laxatif*, qui contracte les tissus.
9. **Carminatif :** terme de médecine : qui dissipe les « vents », c'est-à-dire les
   gaz digestifs.
10. **Aller :** aller à la selle.
11. **Humeurs :** terme-clé de la médecine classique ; les humeurs sont les
    liquides qui parcourent le corps. Voir p. 197 et 263.

une prise[1] de petit-lait clarifié et dulcoré[2], pour adoucir, lénifier[3], tempérer[4], et rafraîchir le sang de Monsieur, vingt sols. »
Bon, dix sols. « Plus, une potion cordiale[5] et préservative[6],
composée avec douze grains[7] de bézoard[8], sirops de limon[9] et
45 grenade, et autres, suivant l'ordonnance, cinq livres. » Ah !
Monsieur Fleurant, tout doux, s'il vous plaît ; si vous en usez
comme cela, on ne voudra plus être malade : contentez-vous
de quatre francs. Vingt et quarante sols. Trois et deux font
cinq, et cinq font dix, et dix font vingt. Soixante et trois
50 livres, quatre sols, six deniers. Si bien donc que de ce mois j'ai
pris une, deux, trois, quatre, cinq, six, sept et huit médecines ; et un, deux, trois, quatre, cinq, six, sept, huit, neuf,
dix, onze et douze lavements ; et l'autre mois, il y avait douze
médecines et vingt lavements. Je ne m'étonne pas si je ne me
55 porte pas si bien ce mois-ci que l'autre. Je le dirai à Monsieur
Purgon, afin qu'il mette ordre à cela. Allons, qu'on m'ôte
tout ceci[10]. Il n'y a personne : j'ai beau dire, on me laisse
toujours seul ; il n'y a pas moyen de les arrêter ici. *(Il sonne
une sonnette pour faire venir ses gens.)* Ils n'entendent point,
60 et ma sonnette ne fait pas assez de bruit. Drelin, drelin,
drelin : point d'affaire. Drelin, drelin, drelin : ils sont sourds.
Toinette ! Drelin, drelin, drelin : tout comme si je ne sonnais
point. Chienne, coquine ! Drelin, drelin, drelin : j'enrage. *(Il
ne sonne plus, mais il crie.)* Drelin, drelin, drelin : carogne[11], à
65 tous les diables ! Est-il possible qu'on laisse comme cela un
pauvre malade tout seul ? Drelin, drelin, drelin : voilà qui est

---

1. **Prise :** terme de médecine : une dose.
2. **Dulcoré :** terme de chimie : sucré.
3. **Lénifier :** apaiser.
4. **Tempérer :** modérer.
5. **Cordiale :** bonne pour le cœur.
6. **Préservative :** qui protège des maladies.
7. **Grain :** terme de médecine : la plus petite unité de poids, égale à 0,053 g.
8. **Bézoard :** concrétion provenant du foie et des reins de certains animaux, réputée comme contrepoison.
9. **Limon :** citron.
10. Argan désigne la table et les jetons.
11. **Carogne, chienne, coquine, traîtresse :** termes injurieux.

SITUER

Après le prologue chanté et dansé, c'est maintenant le début de la pièce et la scène d'exposition, qui va jouer sur le contraste entre l'univers de convention de la pastorale*, mêlant dieux et bergers, et l'univers réaliste de la comédie. La fonction de cette première scène est de mettre en place, pour le spectateur qui en ignore tout, les données de la pièce (personnages, action).

RÉFLÉCHIR

DRAMATURGIE : exposition, monologue et dialogue

1. Montrez comment alternent le monologue* et le dialogue fictif (discours à un absent), la lecture de la facture et son commentaire. Quelle est la fonction de ces deux contrastes ?

2. En quoi cette scène diffère-t-elle d'une scène d'exposition* traditionnelle ? Qu'y apprend-on néanmoins ?

PERSONNAGES : malade et apothicaire

3. Argan, un malade qui sait compter : comment se manifeste son habitude du jargon médical ? et sa maîtrise de l'arithmétique ? Qu'apprend-on ainsi de lui ?

4. M. Fleurant, fournisseur et publiciste : quels termes et quelles tournures rendent « civiles » les factures de M. Fleurant ? Qu'espère-t-il de sa civilité ?

THÈMES : médecine et argent

5. Quel effet produit l'alliance entre les termes de la médecine et de la pharmacie et ceux de l'argent et de l'arithmétique ? Quels rapports instaurent-ils dès le départ entre la maladie et l'argent ?

6. Comment est introduite la satire de la médecine ? Quelle première idée peut-on se faire de la maladie d'Argan ?

MISE EN SCÈNE : une scène dans un fauteuil

7. Le premier choix à faire est celui du décor : décor réaliste ou décor de fantaisie. Comparez de ce point de vue les photos 9 et 10 p. 8-9. Quel choix défendriez-vous et pourquoi ?

8. Cette scène d'exposition est assez statique : comment objets et jeux de scène peuvent-ils l'animer ?

ÉCRIRE

Réécrivez cette scène d'exposition sous la forme d'un dialogue entre Argan et un autre personnage de votre choix.

pitoyable[1] ! Drelin, drelin, drelin : ah, mon Dieu ! ils me laisseront ici mourir. Drelin, drelin, drelin.

SCÈNE 2. TOINETTE, ARGAN.

TOINETTE, *en entrant dans la chambre*. On y va.

ARGAN. Ah, chienne ! ah, carogne… !

TOINETTE, *faisant semblant de s'être cogné la tête*. Diantre[2]
soit fait de votre impatience ! vous pressez si fort les
5 personnes, que je me suis donné un grand coup de la tête
contre la carne[3] d'un volet.

ARGAN, *en colère*. Ah ! traîtresse… !

TOINETTE, *pour l'interrompre et l'empêcher de crier, se plaint
toujours en disant*. Ha !

10 **ARGAN.** Il y a…

TOINETTE. Ha !

ARGAN. Il y a une heure…

TOINETTE. Ha !

ARGAN. Tu m'as laissé…

15 **TOINETTE.** Ha !

ARGAN. Tais-toi donc coquine, que je te querelle.

TOINETTE. Çamon[4], ma foi ! j'en suis d'avis, après ce que je
me suis fait.

ARGAN. Tu m'as fait égosiller[5], carogne.

20 **TOINETTE.** Et vous m'avez fait, vous, casser la tête : l'un
vaut bien l'autre ; quitte à quitte[6], si vous voulez.

---

1. **Pitoyable :** digne de pitié.
2. **Diantre :** terme populaire ; euphémisme* pour *diable*.
3. **Carne :** angle.
4. **Çamon :** ça oui ; terme archaïque et populaire.
5. **M'égosiller :** crier de toute ma force.
6. **Quitte à quitte :** nous sommes quittes ; expression proverbiale.

ARGAN. Quoi ? coquine...

TOINETTE. Si vous querellez, je pleurerai.

ARGAN. Me laisser, traîtresse...

25 **TOINETTE,** *toujours pour l'interrompre.* Ha !

ARGAN. Chienne, tu veux...

TOINETTE. Ha !

ARGAN. Quoi ? il faudra encore que je n'aie pas le plaisir de la quereller ?

30 **TOINETTE.** Querellez tout votre soûl[1], je le veux bien.

ARGAN. Tu m'en empêches, chienne, en m'interrompant à tous coups.

TOINETTE. Si vous avez le plaisir de quereller, il faut bien que, de mon côté, j'aie le plaisir de pleurer : chacun le sien, 35 ce n'est pas trop. Ha !

ARGAN. Allons, il faut en passer par là. Ôte-moi ceci, coquine, ôte-moi ceci. *(Argan se lève de sa chaise.)* Mon lavement d'aujourd'hui a-t-il bien opéré[2] ?

TOINETTE. Votre lavement ?

40 **ARGAN.** Oui. Ai-je bien fait de la bile ?

TOINETTE. Ma foi ! je ne me mêle point de ces affaires-là[3] : c'est à Monsieur Fleurant à y mettre le nez, puisqu'il en a le profit.

ARGAN. Qu'on ait soin de me tenir un bouillon prêt, pour 45 l'autre[4] que je dois tantôt[5] prendre.

TOINETTE. Ce Monsieur Fleurant-là et ce Monsieur Purgon s'égayent bien sur votre corps[6] ; ils ont en vous une bonne

---

1. **Tout votre soûl :** tant que vous voulez.
2. **Opéré :** fait son effet (terme de médecine).
3. **Ces affaires-là :** ces choses-là ; jeu de mots, *affaires* voulant dire couramment excréments.
4. **L'autre :** l'autre lavement.
5. **Tantôt :** tout à l'heure.
6. **S'égayent bien sur votre corps :** se divertissent bien aux dépens de votre corps.

vache à lait ; et je voudrais bien leur demander quel mal vous avez, pour vous faire tant de remèdes[1].

50 **ARGAN.** Taisez-vous, ignorante, ce n'est pas à vous à contrôler les ordonnances de la médecine. Qu'on me fasse venir ma fille Angélique, j'ai à lui dire quelque chose.

TOINETTE. La voici qui vient d'elle-même : elle a deviné votre pensée.

SCÈNE 3. ANGÉLIQUE, TOINETTE, ARGAN.

ARGAN. Approchez, Angélique ; vous venez à propos : je voulais vous parler.

ANGÉLIQUE. Me voilà prête à vous ouïr[2].

ARGAN, *courant au bassin*[3]. Attendez. Donnez-moi mon
5 bâton. Je vais revenir tout à l'heure.

TOINETTE, *en le raillant.* Allez vite, Monsieur, allez. Monsieur Fleurant nous donne des affaires[4].

SCÈNE 4. ANGÉLIQUE, TOINETTE.

ANGÉLIQUE, *la regardant d'un œil languissant*[5], *lui dit confidemment*[6]. Toinette !

TOINETTE. Quoi ?

ANGÉLIQUE. Regarde-moi un peu.

5 **TOINETTE.** Hé bien ! je vous regarde.

---

1. **Pour vous faire tant de remèdes :** pour qu'ils vous prescrivent tant de remèdes. **Remède :** médicament ; on appelle un lavement un « petit remède » (Furetière).
2. **Ouïr :** écouter.
3. **Bassin :** chaise percée qui se trouve hors de la scène.
4. **Affaires :** soucis, inquiétudes ; jeu de mots car *aller à ses affaires* comme *aller au bassin* signifient « aller à la selle ».
5. **Languissant :** plein de tendresse amoureuse.
6. **Confidemment :** sur le ton de la confidence.

SITUER

Deux autres personnages vont entrer en scène, Toinette, la servante, à la scène 2, et Angélique, la fille aînée d'Argan, à la scène 3. Le spectateur va-t-il enfin apprendre quelque chose de l'intrigue* ?

RÉFLÉCHIR

GENRES : liaison de scènes et perturbations du dialogue
1. Comment les nouveaux personnages sont-ils identifiés ? Comment la scène 2 se relie-t-elle à la précédente et à la suivante ? Quelle est la fonction de la scène 3 ?

2. Par quelle tactique Toinette perturbe-t-elle le dialogue ? Argan a-t-il le dessus face à elle ? Ce type de dialogue serait-il possible dans une tragédie ?

PERSONNAGES : maître et servante, un couple moliéresque
3. Toinette se montre-t-elle déférente vis-à-vis de son maître ? Prend-elle la maladie d'Argan au sérieux ? À quel autre personnage de Molière peut-elle faire penser ?

MISE EN SCÈNE : du fauteuil au bassin
4. Quel effet cette scène animée produit-elle, venant après le monologue d'Argan ? Comment la mise en scène peut-elle tirer parti de ce contraste ?

DIRE

5. À partir de vos réponses à la question 3, définissez en quelques phrases les rapports qui unissent Argan et Toinette.

ÉCRIRE

6. Réécrivez les vingt premières lignes du dialogue en laissant à Toinette son insolence mais en lui trouvant d'autres manifestations.

ANGÉLIQUE. Toinette.

TOINETTE. Hé bien, quoi, Toinette ?

ANGÉLIQUE. Ne devines-tu point de quoi je veux parler ?

TOINETTE. Je m'en doute assez, de notre jeune amant[1] ;
10 car c'est sur lui, depuis six jours, que roulent tous nos entre-
tiens, et vous n'êtes point bien si vous n'en parlez à toute
heure.

ANGÉLIQUE. Puisque tu connais cela, que[2] n'es-tu donc la
première à m'en entretenir, et que ne m'épargnes-tu la peine
15 de te jeter sur ce discours[3] ?

TOINETTE. Vous ne m'en donnez pas le temps, et vous
avez des soins là-dessus qu'il est difficile de prévenir[4].

ANGÉLIQUE. Je t'avoue que je ne saurais me lasser de te
parler de lui, et que mon cœur profite avec chaleur[5] de tous
20 les moments de s'ouvrir à toi. Mais dis-moi, condamnes-tu,
Toinette, les sentiments que j'ai pour lui ?

TOINETTE. Je n'ai garde.

ANGÉLIQUE. Ai-je tort de m'abandonner à ces douces
impressions[6] ?

25 **TOINETTE.** Je ne dis pas cela.

ANGÉLIQUE. Et voudrais-tu que je fusse[7] insensible aux
tendres protestations de cette passion ardente qu'il témoigne
pour moi ?

TOINETTE. À Dieu ne plaise !

---

1. **Amant :** amoureux.
2. **Que :** pourquoi.
3. **Jeter sur ce discours :** mettre sur ce sujet.
4. **Prévenir :** devancer.
5. **Chaleur :** ardeur, empressement.
6. **Douces impressions :** sentiments de tendresse imprimés dans le cœur.
7. **Fusse :** subjonctif imparfait ; concordance habituelle et demandée par les grammairiens après un conditionnel.

30 **ANGÉLIQUE.** Dis-moi un peu, ne trouves-tu pas, comme moi, quelque chose du Ciel, quelque effet du destin, dans l'aventure inopinée[1] de notre connaissance[2] ?

TOINETTE. Oui.

ANGÉLIQUE. Ne trouves-tu pas que cette action
35 d'embrasser ma défense[3] sans me connaître est tout à fait d'un honnête[4] homme ?

TOINETTE. Oui.

ANGÉLIQUE. Que l'on ne peut pas en user plus généreusement[5] ?

40 **TOINETTE.** D'accord.

ANGÉLIQUE. Et qu'il fit tout cela de la meilleure grâce du monde ?

TOINETTE. Oh ! oui.

ANGÉLIQUE. Ne trouves-tu pas, Toinette, qu'il est bien fait
45 de sa personne ?

TOINETTE. Assurément.

ANGÉLIQUE. Qu'il a l'air[6] le meilleur du monde ?

TOINETTE. Sans doute.

ANGÉLIQUE. Que ses discours[7], comme ses actions, ont
50 quelque chose de noble ?

TOINETTE. Cela est sûr.

ANGÉLIQUE. Qu'on ne peut rien entendre de plus passionné que tout ce qu'il me dit ?

---

1. Inopinée : inattendue, surprenante.
2. Connaissance : rencontre.
3. Embrasser ma défense : prendre ma défense.
4. Honnête : noble et courtois ; l'honnête homme est l'idéal social des classiques.
5. En user plus généreusement : se comporter plus noblement.
6. Air : apparence, allure générale du corps.
7. Discours : paroles.

TOINETTE. Il est vrai.

55 **ANGÉLIQUE.** Et qu'il n'est rien de plus fâcheux que la contrainte où l'on me tient, qui bouche[1] tout commerce[2] aux doux empressements[3] de cette mutuelle ardeur que le Ciel nous inspire ?

TOINETTE. Vous avez raison.

60 **ANGÉLIQUE.** Mais, ma pauvre Toinette, crois-tu qu'il m'aime autant qu'il me le dit ?

TOINETTE. Eh, eh ! ces choses-là, parfois, sont un peu sujettes à caution. Les grimaces d'amour ressemblent fort à la vérité ; et j'ai vu de grands comédiens là-dessus.

65 **ANGÉLIQUE.** Ah ! Toinette, que dis-tu là ? Hélas ! de la façon qu'il parle[4], serait-il bien possible qu'il ne me dît[5] pas vrai ?

TOINETTE. En tout cas, vous en serez bientôt éclaircie ; et la résolution où il vous écrivit hier qu'il était de vous faire
70 demander en mariage[6] est une prompte voie à vous faire connaître s'il vous dit vrai, ou non : c'en sera là la bonne preuve.

ANGÉLIQUE. Ah ! Toinette, si celui-là me trompe, je ne croirai de ma vie aucun homme.

75 **TOINETTE.** Voilà votre père qui revient.

---

1. **Bouche :** interdit.
2. **Commerce :** relation de vive voix ou par écrit.
3. **Empressements :** manifestations empressées.
4. **Qu'il parle :** dont il parle ; employer *que* n'est pas fautif au XVIIᵉ siècle.
5. Voir note 7 p. 48.
6. « **La résolution [...] mariage** » : construction délicate : « il vous écrivit hier qu'il était dans la résolution de vous demander en mariage et ce projet est une prompte voie à... ».

Argan laisse un moment seules Angélique et Toinette. L'exposition, jusqu'ici différée, va enfin commencer.

■ RÉFLÉCHIR

GENRES : amoureux et confidente

1. La scène nous apprend l'amour d'Angélique et de Cléante ; est-ce une surprise pour Toinette ? Quel est son rôle dans cette scène ? Comment répond-elle à Angélique ?

2. Cet amour est-il un élément original ou conventionnel dans une comédie ? Le spectateur est-il *a priori* favorable aux jeunes gens ? pourquoi ?

3. Quelles scènes ultérieures vont compléter le récit de cette rencontre ? Avec quels détails ?

4. Comparez ce récit de première rencontre avec des récits semblables (par exemple dans *L'Avare* I, 1 et I, 2, ou dans les *Fourberies de Scapin* I, 2). Quels sont les éléments communs ?

PERSONNAGES : un héros de roman et une ingénue passionnée

5. Le portrait de Cléante est-il flatteur ? Est-il original ?

6. Qu'apprenons-nous d'Angélique, de sa situation familiale et de son caractère ?

REGISTRES ET TONALITÉS : une confidente attentive et railleuse

7. Sur quels tons Toinette peut-elle répondre à Angélique dans les lignes 1 à 54 ?

■ ÉCRIRE

8. Imaginez comment Cléante pourrait, de son côté, raconter à un confident sa rencontre avec Angélique et le portrait qu'il tracerait d'elle.

Scène 5. Argan, Angélique, Toinette.

ARGAN *se met dans sa chaise.* Ô çà, ma fille, je vais vous dire une nouvelle, où[1] peut-être ne vous attendez-vous pas. On vous demande en mariage. Qu'est-ce que cela ? vous riez. Cela est plaisant, oui, ce mot de mariage ; il n'y a rien de
5 plus drôle pour les jeunes filles : ah ! nature, nature ! À ce que je puis voir, ma fille, je n'ai que faire de vous demander si vous voulez bien vous marier.

ANGÉLIQUE. Je dois faire, mon père, tout ce qu'il vous plaira de m'ordonner.

10 **ARGAN.** Je suis bien aise d'avoir une fille si obéissante. La chose est donc conclue, et je vous ai promise.

ANGÉLIQUE. C'est à moi, mon père, de suivre aveuglément toutes vos volontés.

ARGAN. Ma femme, votre belle-mère, avait envie que je
15 vous fisse[2] religieuse, et votre petite sœur Louison aussi, et de tout temps elle a été aheurtée[3] à cela.

TOINETTE *tout bas.* La bonne bête[4] a ses raisons.

ARGAN. Elle ne voulait point consentir à ce mariage, mais je l'ai emporté, et ma parole est donnée.

20 **ANGÉLIQUE.** Ah ! mon père, que je vous suis obligée de toutes vos bontés.

TOINETTE. En vérité, je vous sais bon gré de cela, et voilà l'action la plus sage que vous ayez faite de votre vie.

ARGAN. Je n'ai point encore vu la personne ; mais on m'a
25 dit que je serais content, et toi aussi.

ANGÉLIQUE. Assurément, mon père.

---

1. **Où :** à laquelle ; le relatif *où* est d'un usage très libre en français classique.
2. **Fisse :** subjonctif imparfait, en concordance derrière un imparfait.
3. **Aheurtée à cela :** entêtée de cela.
4. **La bonne bête :** se dit d'une personne peu intelligente mais pleine de bonnes intentions ; ironique ici.

ARGAN. Comment l'as-tu vu ?

ANGÉLIQUE. Puisque votre consentement m'autorise à
vous ouvrir mon cœur, je ne feindrai[1] point de vous dire que
30 le hasard nous a fait connaître il y a six jours, et que la
demande qu'on vous a faite est un effet de l'inclination[2] que,
dès cette première vue, nous avons prise l'un pour l'autre.

ARGAN. Ils ne m'ont pas dit cela ; mais j'en suis bien aise, et
c'est tant mieux que les choses soient de la sorte. Ils disent
35 que c'est un grand jeune garçon bien fait.

ANGÉLIQUE. Oui, mon père.

ARGAN. De belle taille.

ANGÉLIQUE. Sans doute.

ARGAN. Agréable de sa personne.

40 **ANGÉLIQUE.** Assurément.

ARGAN. De bonne physionomie.

ANGÉLIQUE. Très bonne.

ARGAN. Sage, et bien né.

ANGÉLIQUE. Tout à fait.

45 **ARGAN.** Fort honnête[3].

ANGÉLIQUE. Le plus honnête du monde.

ARGAN. Qui parle bien latin, et grec.

ANGÉLIQUE. C'est ce que je ne sais pas.

ARGAN. Et qui sera reçu médecin dans trois jours.

50 **ANGÉLIQUE.** Lui, mon père ?

ARGAN. Oui. Est-ce qu'il ne te l'a pas dit ?

ANGÉLIQUE. Non, vraiment. Qui vous l'a dit à vous ?

---

1. **Je ne feindrai point de :** je n'hésiterai pas à.
2. **Inclination :** amour.
3. **Honnête :** civil, de manières courtoises.

ARGAN. Monsieur Purgon.

ANGÉLIQUE. Est-ce que Monsieur Purgon le connaît ?

55 **ARGAN.** La belle demande ! il faut bien qu'il le connaisse, puisque c'est son neveu.

ANGÉLIQUE. Cléante, neveu de monsieur Purgon ?

ARGAN. Quel Cléante ? Nous parlons de celui pour qui l'on t'a demandée en mariage.

60 **ANGÉLIQUE.** Hé ! oui.

ARGAN. Hé bien, c'est le neveu de Monsieur Purgon, qui est le fils de son beau-frère le médecin, Monsieur Diafoirus ; et ce fils s'appelle Thomas Diafoirus, et non pas Cléante ; et nous avons conclu ce mariage-là ce matin, Monsieur 65 Purgon, Monsieur Fleurant et moi, et, demain, ce gendre prétendu[1] doit m'être amené par son père. Qu'est-ce ? vous voilà toute ébaubie[2].

ANGÉLIQUE. C'est, mon père, que je connais[3] que vous avez parlé d'une personne, et que j'ai entendu[4] une autre.

70 **TOINETTE.** Quoi ? Monsieur, vous auriez fait ce dessein burlesque[5] ? Et avec tout le bien que vous avez, vous voudriez marier votre fille avec un médecin ?

ARGAN. Oui. De quoi te mêles-tu, coquine, impudente que tu es ?

75 **TOINETTE.** Mon Dieu ! tout doux : vous allez d'abord aux invectives. Est-ce que nous ne pouvons pas raisonner ensemble sans nous emporter ? Là, parlons de sang-froid. Quelle est votre raison, s'il vous plaît, pour un tel mariage ?

---

1. **Ce gendre prétendu :** ce futur gendre.
2. **Ébaubie :** étonnée et troublée (terme populaire et vieilli selon les dictionnaires du temps) ; **tout**, adverbe, est ici accordé au féminin devant une voyelle, contrairement à la norme du français moderne.
3. **Je connais :** je me rends compte.
4. **J'ai entendu :** j'ai compris.
5. **Dessein burlesque :** projet ridicule.

ARGAN.   Ma raison est que, me voyant infirme et malade
80 comme je suis, je veux me faire un gendre et des alliés[1]
médecins, afin de m'appuyer[2] de bons secours contre ma
maladie, d'avoir dans ma famille les sources des remèdes qui
me sont nécessaires, et d'être à même[3] des consultations et
des ordonnances.

85 **TOINETTE.**   Hé bien ! voilà dire une raison, et il y a plaisir à
se répondre doucement les uns aux autres. Mais, Monsieur,
mettez la main à la conscience : est-ce que vous êtes malade ?

ARGAN.   Comment, coquine, si je suis malade ? si je suis
malade, impudente ?

90 **TOINETTE.**   Hé bien ! oui, Monsieur, vous êtes malade,
n'ayons point de querelle là-dessus ; oui, vous êtes fort
malade, j'en demeure d'accord, et plus malade que vous ne
pensez : voilà qui est fait. Mais votre fille doit épouser un
mari pour elle ; et, n'étant point malade[4], il n'est pas néces-
95 saire de lui donner un médecin.

ARGAN.   C'est pour moi que je lui donne ce médecin ; et
une fille de bon naturel[5] doit être ravie d'épouser ce qui[6] est
utile à la santé de son père.

TOINETTE.   Ma foi ! Monsieur, voulez-vous qu'en amie je
100 vous donne un conseil ?

ARGAN.   Quel est-il ce conseil ?

TOINETTE.   De ne point songer à ce mariage-là.

ARGAN.   Hé la raison ?

TOINETTE.   La raison ? C'est que votre fille n'y consentira
105 point.

---

1. **Alliés :** parents par alliance.
2. **M'appuyer de :** m'aider.
3. **Être à même :** avoir à ma disposition.
4. **N'étant point malade :** comme elle n'est pas malade ; construction
   habituelle du participe présent en français classique.
5. **Naturel :** voir p. 264.
6. **Ce qui :** quelqu'un qui ; sans valeur dépréciative au XVIIᵉ siècle.

ARGAN. Elle n'y consentira point ?

TOINETTE. Non.

ARGAN. Ma fille ?

TOINETTE. Votre fille. Elle vous dira qu'elle n'a que faire
110 de Monsieur Diafoirus, ni de son fils Thomas Diafoirus, ni
de tous les Diafoirus du monde.

ARGAN. J'en ai affaire[1], moi, outre que le parti est plus
avantageux qu'on ne pense. Monsieur Diafoirus n'a que ce
fils-là pour tout héritier ; et, de plus, monsieur Purgon, qui
115 n'a ni femme, ni enfants, lui donne tout son bien, en faveur
de ce mariage ; et Monsieur Purgon est un homme qui a
huit mille bonnes livres de rente[2].

TOINETTE. Il faut qu'il ait tué bien des gens, pour s'être
fait si riche.

120 **ARGAN.** Huit mille livres de rente sont quelque chose, sans
compter le bien du père.

TOINETTE. Monsieur, tout cela est bel et bon ; mais j'en
reviens toujours là : je vous conseille, entre nous, de lui choisir
un autre mari, et elle n'est point faite pour être Madame
125 Diafoirus.

ARGAN. Et je veux, moi, que cela soit.

TOINETTE. Eh fi ! ne dites pas cela.

ARGAN. Comment, que je ne dise pas cela ?

TOINETTE. Hé non.

130 **ARGAN.** Et pourquoi ne le dirai-je pas ?

TOINETTE. On dira que vous ne songez pas à ce que vous
dites.

ARGAN. On dira ce qu'on voudra ; mais je vous dis que je
veux qu'elle exécute la parole que j'ai donnée.

---

1. **J'en ai affaire :** j'en ai besoin.
2. **Rente :** revenu.

135 **TOINETTE.** Non : je suis sûre qu'elle ne le fera pas.

ARGAN. Je l'y forcerai bien.

TOINETTE. Elle ne le fera pas, vous dis-je.

ARGAN. Elle le fera, ou je la mettrai dans un convent[1].

TOINETTE. Vous ?

140 **ARGAN.** Moi.

TOINETTE. Bon[2].

ARGAN. Comment, « bon » ?

TOINETTE. Vous ne la mettrez point dans un convent.

ARGAN. Je ne la mettrai point dans un convent ?

145 **TOINETTE.** Non.

ARGAN. Non ?

TOINETTE. Non.

ARGAN. Ouais ! voici qui est plaisant : je ne mettrai pas ma fille dans un convent, si je veux ?

150 **TOINETTE.** Non, vous dis-je.

ARGAN. Qui[3] m'en empêchera ?

TOINETTE. Vous-même.

ARGAN. Moi ?

TOINETTE. Oui, vous n'aurez pas ce cœur[4]-là.

155 **ARGAN.** Je l'aurai.

TOINETTE. Vous vous moquez.

ARGAN. Je ne me moque point.

TOINETTE. La tendresse paternelle vous prendra.

ARGAN. Elle ne me prendra point.

---

1. **Convent :** couvent, graphie ancienne.
2. **Bon :** bien ; approbation ironique de Toinette.
3. **Qui :** signifie à la fois « qui » et « qu'est-ce qui ».
4. **Cœur :** courage.

160 **TOINETTE.** Une petite larme ou deux, des bras jetés au cou, un « mon petit papa mignon », prononcé tendrement, sera assez pour vous toucher.

ARGAN. Tout cela ne fera rien.

TOINETTE. Oui, oui.

165 **ARGAN.** Je vous dis que je n'en démordrai point.

TOINETTE. Bagatelles.

ARGAN. Il ne faut point dire « bagatelles ».

TOINETTE. Mon Dieu ! je vous connais, vous êtes bon naturellement.

170 **ARGAN,** *avec emportement.* Je ne suis point bon, et je suis méchant quand je veux.

TOINETTE. Doucement, Monsieur : vous ne songez pas que vous êtes malade.

ARGAN. Je lui commande absolument de se préparer à 175 prendre le mari que je dis.

TOINETTE. Et moi, je lui défends absolument d'en faire rien.

ARGAN. Où est-ce donc que nous sommes ? et quelle audace est-ce là à une coquine de servante de parler de la 180 sorte devant son maître ?

TOINETTE. Quand un maître ne songe pas à ce qu'il fait, une servante bien sensée[1] est en droit de le redresser[2].

ARGAN *court après Toinette.* Ah ! insolente, il faut que je t'assomme.

185 **TOINETTE** *se sauve de lui.* Il est de mon devoir de m'opposer aux choses qui vous peuvent déshonorer.

ARGAN, *en colère, court après elle autour de sa chaise, son bâton à la main.* Viens, viens, que je t'apprenne à parler.

---

1. **Sensée :** sage, qui a du jugement.
2. **Redresser :** remettre dans le droit chemin.

Acte I Scène 5

SITUER

Argan revient faire part à Angélique de la nouvelle annoncée à la fin de la scène 2. Le spectateur peut craindre que cette nouvelle ne contrarie les projets amoureux d'Angélique.

RÉFLÉCHIR

DRAMATURGIE : une scène de quiproquo

1. Sur quel quiproquo* la scène s'engage-t-elle ? comment ce quiproquo se prolonge-t-il ? Quand se dénoue-t-il ? Connaissez-vous d'autres scènes de quiproquo chez Molière ?

STRUCTURE : un duel inégal

2. En étudiant les interventions des personnages et les jeux de scène, examinez l'organisation de cette longue scène. À quel moment et pourquoi Toinette affronte-t-elle Argan à la place d'Angélique ?

3. Repérez les répétitions de mots, le jeu de questions-réponses dans les échanges entre Toinette et Argan. À partir de ces indices, comment caractériseriez-vous leur dialogue ? Qui interrompt le dialogue et comment se termine-t-il ?

4. Quels sont les arguments avancés par Argan et par Toinette à propos du mariage d'Angélique ? Qu'est-ce que ces arguments révèlent de leurs deux caractères ? Quelles qualités permettent à la servante de l'emporter sur le maître ? où apparaissent-elles précisément ?

SOCIÉTÉ : Argan père et maître

5. Quelle image cette scène donne-t-elle des relations parents-enfants et maître-serviteur au XVIIe siècle (voir p. 214) ?

6. Quelles sont les menaces, bien réelles, qui pèsent sur Angélique ? Que signifie le commentaire en aparté* de Toinette (l. 17) ?

REGISTRES ET TONALITÉS : une scène comique

7. À quoi tient le comique des répliques de Toinette : « plus malade que vous ne pensez » (l. 92-93) et « je la déshériterai » (l. 204) ?

8. Comparez cette scène avec la scène II, 2 du *Tartuffe* et la scène I, 4 des *Fourberies de Scapin*.

MISE EN SCÈNE : un duel à coups de bâton

9. À partir des didascalies*, quels jeux de scène envisageriez-vous pour le duel Toinette-Argan ? Que fait Angélique pendant ce temps-là ?

TOINETTE, *courant, et se sauvant du côté de la chaise où n'est*
190 *pas Argan.* Je m'intéresse[1], comme je dois, à ne vous point laisser faire de folie.

ARGAN. Chienne !

TOINETTE. Non, je ne consentirai jamais à ce mariage.

ARGAN. Pendarde[2] !

195 **TOINETTE.** Je ne veux point qu'elle épouse votre Thomas Diafoirus.

ARGAN. Carogne !

TOINETTE. Et elle m'obéira plutôt qu'à vous.

ARGAN. Angélique, tu ne veux pas m'arrêter cette coquine-
200 là ?

ANGÉLIQUE. Eh ! mon père, ne vous faites point malade.

ARGAN. Si tu ne me l'arrêtes, je te donnerai ma malédiction.

TOINETTE. Et moi, je la déshériterai si elle vous obéit.

205 **ARGAN,** *se jette dans sa chaise, étant las de courir après elle.*
Ah ! ah ! je n'en puis plus. Voilà pour me faire mourir.

SCÈNE 6. ANGÉLIQUE, TOINETTE, ARGAN.

ARGAN. Ah, ma femme, approchez.

BÉLINE. Qu'avez-vous, mon pauvre mari ?

ARGAN. Venez-vous-en ici à mon secours.

BÉLINE. Qu'est-ce que c'est donc qu'il y a, mon petit fils ?

5 **ARGAN.** Mamie[3].

---

1. **Je m'intéresse :** je prends intérêt.
2. **Pendarde, carogne :** termes injurieux ; à l'origine, respectivement, « coquine qui mérite la corde » et « charogne ».
3. **Mamie, mamour :** mon amie, mon amour (élision du possessif) ; termes d'affection familiers.

BÉLINE. Mon ami.

ARGAN. On vient de me mettre en colère.

BÉLINE. Hélas ! pauvre petit mari. Comment donc, mon ami ?

10 **ARGAN.** Votre coquine de Toinette est devenue plus insolente que jamais.

BÉLINE. Ne vous passionnez donc point[1].

ARGAN. Elle m'a fait enrager, mamie.

BÉLINE. Doucement, mon fils.

15 **ARGAN.** Elle a contrecarré[2], une heure durant, les choses que je veux faire.

BÉLINE. Là, là, tout doux.

ARGAN. Et a eu l'effronterie de me dire que je ne suis point malade.

20 **BÉLINE.** C'est une impertinente.

ARGAN. Vous savez, mon cœur, ce qui en est.

BÉLINE. Oui, mon cœur, elle a tort.

ARGAN. Mamour, cette coquine-là me fera mourir.

BÉLINE. Eh là ! eh là !

25 **ARGAN.** Elle est cause de toute la bile[3] que je fais.

BÉLINE. Ne vous fâchez point tant.

ARGAN. Et il y a je ne sais combien que je vous dis de me la chasser.

BÉLINE. Mon Dieu ! mon fils, il n'y a point de serviteurs et
30 de servantes qui n'aient leurs défauts. On est contraint parfois de souffrir leurs mauvaises qualités à cause des bonnes. Celle-ci est adroite, soigneuse, diligente, et surtout

---

1. **Ne vous passionnez point :** ne vous emportez pas. Voir p. 265.
2. **Elle a contrecarré :** elle s'est opposée à.
3. **Bile :** liquide amer sécrété par le foie.

61

fidèle[1] ! et vous savez qu'il faut maintenant de grande
précautions pour les gens[2] que l'on prend. Holà ! Toinette.

35 **TOINETTE.** Madame.

BÉLINE. Pourquoi donc est-ce que vous mettez mon mar
en colère ?

TOINETTE, *d'un ton doucereux.* Moi, madame, hélas ! je ne
sais pas ce que vous me voulez dire, et je ne songe qu'à
40 complaire à monsieur en toutes choses.

ARGAN. Ah ! la traîtresse !

TOINETTE. Il nous a dit qu'il voulait donner sa fille er
mariage au fils de monsieur Diafoirus ; je lui ai répondu que
je trouvais le parti avantageux pour elle ; mais que je croyai
45 qu'il ferait mieux de la mettre dans un couvent.

BÉLINE. Il n'y a pas grand mal à cela, et je trouve qu'elle a
raison.

ARGAN. Ah ! mamour, vous la croyez. C'est une scélérate
elle m'a dit cent insolences.

50 **BÉLINE.** Hé bien ! je vous crois, mon ami. Là, remettez
vous. Écoutez Toinette, si vous fâchez jamais[3] mon mari, j
vous mettrai dehors. Çà, donnez-moi son manteau fourré e
des oreillers, que je l'accommode[4] dans sa chaise. Vous voil
je ne sais comment. Enfoncez bien votre bonnet jusque su
55 vos oreilles : il n'y a rien qui enrhume tant que de prendr
l'air par les oreilles.

ARGAN. Ah ! mamie, que je vous suis obligé de tous le
soins que vous prenez de moi !

BÉLINE, *accommodant les oreillers qu'elle met autou*
60 *d'Argan.* Levez-vous, que je mette ceci sous vous. Metton
celui-ci pour vous appuyer, et celui-là de l'autre côté

---

1. **Fidèle** : honnête.
2. **Gens** : domestiques.
3. **Jamais** (employé sans *ne*) : un jour.
4. **Que je l'accommode** : que je l'installe confortablement.

Mettons celui-ci derrière votre dos, et cet autre-là pour soutenir votre tête.

TOINETTE, *lui mettant rudement un oreiller sur la tête, et*
65 *puis fuyant.* Et celui-ci pour vous garder du serein[1].

ARGAN, *se lève en colère, et jette tous les oreillers à Toinette.*
Ah ! coquine, tu veux m'étouffer.

BÉLINE.   Eh là, eh là ! Qu'est-ce que c'est donc ?

ARGAN, *tout essoufflé, se jette dans sa chaise.*   Ah, ah, ah, je
70 n'en puis plus.

BÉLINE.   Pourquoi vous emporter ainsi ? Elle a cru faire bien.

ARGAN.   Vous ne connaissez pas, mamour, la malice[2] de la pendarde. Ah ! elle m'a mis tout hors de moi ; et il faudra plus
75 de huit médecines et douze lavements, pour réparer tout ceci.

BÉLINE.   Là, là, mon petit ami, apaisez-vous un peu.

ARGAN.   Mamie, vous êtes toute ma consolation.

BÉLINE.   Pauvre petit fils.

ARGAN.   Pour tâcher de reconnaître l'amour que vous me
80 portez, je veux, mon cœur, comme je vous ai dit, faire mon testament.

BÉLINE.   Ah ! mon ami, ne parlons point de cela, je vous prie : je ne saurais souffrir cette pensée ; et le seul mot de testament me fait tressaillir de douleur.

85 **ARGAN.**   Je vous avais dit de parler pour cela à votre notaire.

BÉLINE.   Le voilà là-dedans[3], que j'ai amené avec moi.

ARGAN.   Faites-le donc entrer, mamour.

BÉLINE.   Hélas ! mon ami, quand on aime bien un mari, on n'est guère en état de songer à tout cela.

---

1. **Serein :** air du soir, humide et froid.
2. **Malice :** méchanceté.
3. Geste de Béline indiquant la pièce voisine, hors de la scène.

SCÈNE 7. LE NOTAIRE, BÉLINE, ARGAN.

ARGAN. Approchez, Monsieur de Bonnefoy, approchez
Prenez un siège, s'il vous plaît. Ma femme m'a dit, Monsieur
que vous étiez fort honnête homme[1], et tout à fait de ses
amis ; et je l'ai chargée de vous parler pour un testament que
5 je veux faire.

BÉLINE. Hélas ! je ne suis point capable de parler de ces
choses-là.

LE NOTAIRE. Elle m'a, Monsieur, expliqué vos intentions
et le dessein où vous êtes pour elle ; et j'ai à vous dire là-
10 dessus que vous ne sauriez rien donner à votre femme par
votre testament.

ARGAN. Mais pourquoi ?

LE NOTAIRE. La Coutume[2] y résiste. Si vous étiez en pays
de droit écrit, cela se pourrait faire ; mais, à Paris, et dans les
15 pays coutumiers, au moins dans la plupart, c'est ce qui ne se
peut, et la disposition[3] serait nulle. Tout l'avantage qu'homme
et femme conjoints par mariage se peuvent faire l'un à l'autre
c'est un don mutuel entre vifs[4] ; encore faut-il qu'il n'y ai
enfants, soit des deux conjoints, ou de l'un d'eux, lors du
20 décès du premier mourant[5].

ARGAN. Voilà une Coutume bien impertinente[6], qu'un mari
ne puisse rien laisser à une femme dont il est aimé tendrement, et qui prend de lui tant de soin. J'aurais envie de
consulter mon avocat, pour voir comment je pourrais faire.

---

1. **Honnête homme :** homme de bonne compagnie, qui sait vivre, d'on
accommodant.
2. **La Coutume :** système juridique traditionnel et particulier à chaqu
province, par opposition au droit écrit (ou droit romain). Au XVIIᵉ siècle
Paris, le centre et le nord de la France sont des pays coutumiers, et le Mid
est un pays de droit écrit.
3. **La disposition :** l'acte juridique par lequel on dispose de son bien.
4. **Entre vifs :** entre personnes vivantes.
5. **Premier mourant :** celui qui meurt le premier.
6. **Impertinente :** déraisonnable. Voir p. 264.

25 LE NOTAIRE. Ce n'est point à des avocats qu'il faut aller, car ils sont d'ordinaire sévères là-dessus, et s'imaginent que c'est un grand crime que de disposer[1] en fraude de la loi. Ce sont gens de difficultés[2], et qui sont ignorants des détours de la conscience[3]. Il y a d'autres personnes à consulter, qui sont
30 bien plus accommodantes, qui ont des expédients[4] pour passer doucement[5] par-dessus la loi, et rendre juste ce qui n'est pas permis ; qui savent aplanir les difficultés d'une affaire, et trouver les moyens d'éluder[6] la Coutume par quel-que avantage indirect. Sans cela, où en serions-nous tous les
35 jours ? Il faut de la facilité dans les choses ; autrement nous ne ferions rien, et je ne donnerais pas un sou de notre métier.

ARGAN. Ma femme m'avait bien dit, Monsieur, que vous étiez fort habile[7] et fort honnête homme. Comment puis-je faire, s'il vous plaît, pour lui donner mon bien, et en frustrer[8]
40 mes enfants ?

LE NOTAIRE. Comment vous pouvez faire ? Vous pouvez choisir doucement un ami intime de votre femme, auquel vous donnerez en bonne forme par votre testament tout ce que vous pouvez[9], et cet ami ensuite lui rendra tout. Vous
45 pouvez encore contracter un grand nombre d'obligations[10], non suspectes[11], au profit de divers créanciers[12], qui prêteront

---

1. **Disposer** : voir note 3 p. 64.
2. **Gens de difficulté** : gens à faire des difficultés.
3. **Détours de la conscience** : moyens de détourner la loi sans fraude apparente, donc en gardant bonne conscience.
4. **Expédients** : moyens.
5. **Doucement** : discrètement.
6. **Éluder** : éviter d'appliquer, contourner.
7. **Habile** : savant et adroit.
8. **Frustrer** : spolier, priver quelqu'un de ce qui lui est dû.
9. **Tout ce que vous pouvez** : tout ce que dont la loi vous permet de disposer (soit la moitié des biens d'Argan, le reste étant légitimement dû aux enfants).
10. **Obligation** : acte établi par un notaire, dans lequel un créancier reconnaît devoir de l'argent à quelqu'un.
11. **Non suspectes** : non douteuses, légales.
12. **Créancier** : personne à qui on doit de l'argent.

leur nom à votre femme, et entre les mains de laquelle ils mettront leur déclaration que ce qu'ils en ont fait n'a été que pour lui faire plaisir. Vous pouvez aussi, pendant que vous 50 êtes en vie, mettre entre ses mains de l'argent comptant[1], ou des billets[2] que vous pourrez avoir, payables au porteur[3].

BÉLINE. Mon Dieu ! Il ne faut point vous tourmenter de tout cela. S'il vient faute de vous[4], mon fils, je ne veux plus rester au monde.

55 **ARGAN.** Mamie !

BÉLINE. Oui, mon ami, si je suis assez malheureuse pour vous perdre…

ARGAN. Ma chère femme !

BÉLINE. La vie ne me sera plus de rien.

60 **ARGAN.** Mamour !

BÉLINE. Et je suivrai vos pas, pour vous faire connaître la tendresse que j'ai pour vous.

ARGAN. Mamie, vous me fendez le cœur. Consolez-vous, je vous en prie.

65 **LE NOTAIRE.** Ces larmes sont hors de saison, et les choses n'en sont point encore là.

BÉLINE. Ah ! Monsieur, vous ne savez pas ce que c'est qu'un mari qu'on aime tendrement.

ARGAN. Tout le regret que j'aurai, si je meurs, mamie, c'est 70 de n'avoir point un enfant de vous. Monsieur Purgon m'avait dit qu'il m'en ferait faire un.

LE NOTAIRE. Cela pourra venir encore.

---

1. **Argent comptant :** argent liquide.
2. **Billets :** engagements écrits de payer une certaine somme.
3. **Payables au porteur :** payables à celui qui les présente.
4. **S'il vient faute de vous :** si vous venez à me manquer (euphémisme pour *mourir*).

SITUER

Béline, seconde femme d'Argan, et belle-mère d'Angélique, entre en scène. L'intrigue, jusqu'ici centrée sur les amours contrariées d'Angélique et de Cléante, va se déplacer vers le couple Argan-Béline et ses enjeux affectifs et financiers.

RÉFLÉCHIR

THÈMES : cajolerie, argent et chicane
1. Les deux scènes se partagent lexicalement entre termes affectifs, termes financiers et termes juridiques : qui emploie ces termes et dans quel but ? Quels rapports entre les personnages sont ainsi mis en évidence ?
2. En quoi le nom de « M. de Bonnefoy » est-il antiphrastique (voir antiphrase*) et comment permet-il d'embrayer sur le thème de la malhonnêteté des notaires et des gens de loi ? Quel est l'intérêt des stratégies juridiques exposées par M. de Bonnefoy ? En quoi étaient-elles d'actualité en 1673 et en quoi le sont-elles encore ?

PERSONNAGES : la satire familiale : amour conjugal et argent
3. Que sait-on de Béline avant qu'elle n'entre en scène ? Se comporte-t-elle comme on l'attend ? Comment manifeste-t-elle son attachement pour Argan et peut-on croire à sa sincérité ? À quel moment son avidité se révèle-t-elle (voir p. 211) ?
4. Comment Argan essaie-t-il à la fois d'apitoyer Béline et de l'appâter ? Que pensez-vous du rapport qu'il institue entre amour conjugal et testament (voir p. 211) ? Comment cette scène complète-t-elle le personnage d'Argan ? En quoi est-il ridicule, en quoi est-il inquiétant (voir p. 214) ?

REGISTRES ET TONALITÉS : un comique grinçant
5. Ces deux scènes sont-elles comiques ? Dans quel registre choisiriez-vous de les interpréter ? Comment imaginez-vous le personnage de Béline ?

ÉCRIRE

6. Imaginez la scène dans laquelle Béline prend conseil de M. de Bonnefoy, lui expose ce qu'elle souhaite obtenir d'Argan et lui demande comment procéder.

ARGAN. Il faut faire mon testament, mamour, de la façon que Monsieur dit ; mais, par précaution, je veux vous mettre
75 entre les mains vingt mille francs en or, que j'ai dans le lambris[1] de mon alcôve[2], et deux billets payables au porteur, qui me sont dus, l'un par Monsieur Damon, et l'autre par Monsieur Géronte.

BÉLINE. Non, non, je ne veux point de tout cela. Ah !
80 combien dites-vous qu'il y a dans votre alcôve ?

ARGAN. Vingt mille francs, mamour.

BÉLINE. Ne me parlez point de bien, je vous prie. Ah ! de combien sont les deux billets ?

ARGAN. Ils sont, mamie, l'un de quatre mille francs, et
85 l'autre de six.

BÉLINE. Tous les biens du monde, mon ami, ne me sont rien au prix de vous.

LE NOTAIRE. Voulez-vous que nous procédions au testament ?

90 **ARGAN.** Oui, monsieur ; mais nous serons mieux dans mon petit cabinet[3]. Mamour, conduisez-moi, je vous prie.

BÉLINE. Allons, mon pauvre petit fils.

SCÈNE 8. ANGÉLIQUE, TOINETTE.

TOINETTE. Les voilà avec un notaire, et j'ai ouï[4] parler de testament. Votre belle-mère ne s'endort point, et c'est sans doute quelque conspiration contre vos intérêts où elle pousse votre père.

---

1. **Lambris :** revêtement de bois recouvrant les murs.
2. **Alcôve :** renforcement ménagé dans une chambre pour abriter le lit. Voir p. 213-214 (« Les objets »).
3. **Cabinet :** petite pièce de travail attenante à la chambre d'Argan.
4. **Ouï :** entendu.

5 **ANGÉLIQUE.**   Qu'il dispose de son bien à sa fantaisie[1], pourvu qu'il ne dispose point de mon cœur. Tu vois, Toinette, les desseins violents que l'on fait sur lui[2]. Ne m'abandonne point, je te prie, dans l'extrémité[3] où je suis.

TOINETTE.   Moi, vous abandonner ? j'aimerais mieux
10 mourir. Votre belle-mère a beau me faire sa confidente, et me vouloir jeter dans ses intérêts, je n'ai jamais pu avoir d'inclination[4] pour elle, et j'ai toujours été de votre parti. Laissez-moi faire : j'emploierai toute chose pour vous servir ; mais pour vous servir avec plus d'effet, je veux changer de batterie[5],
15 couvrir[6] le zèle que j'ai pour vous, et feindre d'entrer dans les sentiments de votre père et de votre belle-mère.

ANGÉLIQUE.   Tâche, je t'en conjure, de faire donner avis à Cléante du mariage qu'on a conclu.

TOINETTE.   Je n'ai personne à employer à cet office, que le
20 vieux usurier Polichinelle[7], mon amant[8], et il m'en coûtera pour cela quelques paroles de douceur[9], que je veux bien dépenser pour vous. Pour aujourd'hui, il est trop tard ; mais demain, de grand matin, je l'enverrai quérir[10], et il sera ravi de…

BÉLINE.   Toinette.

25 **TOINETTE.**   Voilà qu'on m'appelle. Bonsoir. Reposez-vous sur moi.

(Le théâtre[11] change et représente une ville.)

---

1. **À sa fantaisie :** comme il le veut.
2. **Sur lui :** contre lui (= mon cœur).
3. **Extrémité :** situation malheureuse.
4. **Inclination :** sympathie.
5. **Changer de batterie :** changer de méthode (terme militaire usuel).
6. **Couvrir :** cacher.
7. **Usurier :** personne qui prête de l'argent à des taux le plus souvent exorbitants, métier considéré comme déshonorant. **Polichinelle :** personnage traditionnel de la Comédie-Italienne.
8. **Amant :** amoureux, qui, ici, n'est sans doute pas payé de retour.
9. **Paroles de douceur :** paroles de tendresse.
10. **Quérir :** chercher.
11. **Le théâtre :** le décor.

■ SITUER

Les personnages principaux, à l'exception de Cléante et des Diafoirus, sont tous entrés en scène. Les ressorts de l'action – maladie, amour, cupidité – sont en place. La dernière scène de l'acte le conclut et prépare l'acte suivant.

■ RÉFLÉCHIR

DRAMATURGIE : une scène fin d'acte

1. En quoi cette scène conclut-elle le premier acte ? Comment prépare-t-il le deuxième acte ?

2. Quelles indications de temps et d'action nous sont données ? En quoi cette scène entretient-elle le suspens dramatique ?

3. Comment l'intermède qui suit se trouve-t-il articulé sur la pièce ? Cette articulation est-elle vraisemblable ?

4. Quel effet produit le changement de décor au début de l'intermède ?

PERSONNAGES : entre tragédie et farce

5. Quel est l'état d'esprit d'Angélique ? Sur quel ton s'exprime-t-elle ? Par contraste, comment Toinette se comporte-t-elle ?

6. Quels sont ses projets pour servir Angélique et comment les exprime-t-elle ?

PREMIER INTERMÈDE

Polichinelle, dans la nuit, vient pour donner une sérénade[1] à sa maîtresse[2]. Il est interrompu d'abord par des violons, contre lesquels il se met en colère, et ensuite par le Guet[3], composé de musiciens et de danseurs.

POLICHINELLE. *Ô amour, amour, amour, amour ! Pauvre Polichinelle, quelle diable de fantaisie t'es-tu allé mettre dans la cervelle ? À quoi t'amuses-tu[4], misérable insensé que tu es ? Tu quittes le soin de ton négoce[5], et tu laisses aller tes affaires*
5 *à l'abandon. Tu ne manges plus, tu ne bois presque plus, tu perds le repos de la nuit ; et tout cela pour qui ? Pour une dragonne[6], franche dragonne, une diablesse qui te rembarre[7], et se moque de tout ce que tu peux lui dire. Mais il n'y a point à raisonner là-dessus. Tu le veux, amour : il faut être fou*
10 *comme beaucoup d'autres. Cela n'est pas le mieux du monde à un homme de mon âge ; mais qu'y faire ? On n'est pas sage quand on veut, et les vieilles cervelles se démontent[8] comme les jeunes.*

Je viens voir si je ne pourrai point adoucir ma tigresse par
15 *une sérénade. Il n'y a rien parfois qui soit si touchant qu'un amant qui vient chanter ses doléances aux gonds et aux verrous de la porte de sa maîtresse. Voici de quoi accompagner ma voix. Ô nuit ! ô chère nuit ! porte mes plaintes amoureuses jusque dans le lit de mon inflexible[9].*

---

1. **Sérénade :** concert donné la nuit sous les fenêtres de la femme qu'on aime.
2. **Maîtresse :** femme aimée.
3. **Le Guet :** compagnie de police chargée de la surveillance nocturne de la ville.
4. **À quoi t'amuses-tu :** à quoi perds-tu ton temps ?
5. **Négoce :** commerce.
6. **Dragonne :** mégère ; féminin plaisant de *dragon*.
7. **Rembarre :** repousse brutalement.
8. **Se démontent :** se dérangent.
9. **Inflexible :** cruelle, qui ne se laisse pas fléchir.

20 *Notte e dì v'amo e v'adoro,*
   Cerco un sì per mio ristoro ;
   Ma se voi dite di no,
   Bell' ingrata, io morirò.
   Fra la speranza
25 *S'afflige il cuore,*
   In lontananza
   Consuma l'hore ;
   Si dolce inganno
   Che mi figura
30 *Breve l'affanno,*
   Ahi ! troppo dura !
   Cosi per tropp'amar languisco e muoro.
   Notte e dì v'amo e v'adoro,
   Cerco un sì per mio ristoro ;
35 *Ma se voi dite di no,*
   Bell' ingrata, io morirò.
   Se non dormite,
   Almen pensate
   Alle ferite
40 *Ch'al cuor mi fate ;*
   Deh ! almen fingete,
   Per mio conforto,
   Se m'uccidete,
   D'haver il torto :
45 *Vostra pietà mi scemerà il martoro.*

(Il chante ces paroles[1].) :

TRADUCTION

20 Nuit et jour je vous aime et vous adore.
    Je cherche un oui pour mon réconfort ;
    Mais si vous dites non,
    Belle ingrate, je mourrai.
    Au sein de l'espérance
25 S'afflige le cœur,
    Dans l'absence
    Il consume les heures ;
    La si douce illusion
    Qui me donne à croire
30 Qu'est proche la fin de mon affliction
    Hélas ! dure trop.
    Ainsi pour trop aimer je languis et je meurs.
    Nuit et jour, je vous aime et vous adore.
    Je cherche un oui pour mon réconfort ;
35 Mais si vous dites non,
    Belle ingrate, je mourrai.
    Si vous ne dormez pas,
    Au moins pensez
    Aux blessures
40 Qu'au cœur vous me faites.
    Ah ! au moins feignez
    Pour mon réconfort,
    Si vous me tuez,
    D'en avoir du remords :
45 Votre pitié diminuera mon martyre.

---

1. Les chansons italiennes ne faisaient pas partie de l'intermède de 1673, elles apparaissent dans le livret de 1674 et, à ce titre, ne sont probablement pas de Molière.

73

Notte e dì v'amo e v'adoro,
Cerco un sì per mio ristoro ;
Ma se voi dite di no,
Bell' ingrata, io morirò.

Une vieille se présente à la fenêtre, et répond au seignor[1]
Polichinelle en se moquant de lui.

50 *Zerbinetti, ch' ogn' hor con finti sguardi,*
Mentiti desiri,
Fallaci sospiri,
Accenti buggiardi,
Di fede vi preggiate,
55 *Ah ! che non m'ingannate.*
Che gia so per prova
Ch'in voi non si trova
Constanza ne fède ;
Oh ! quanto è pazza colei che vi crede !
60 *Quei sguardi languidi*
Non m'innamorano,
Quei sospir fervidi
Più non m'infiammano ;
Vel giuro a fe.
65 *Zerbino misero,*
Del vostro piangere
Il mio cor libero
Vuol sempre ridere,
Credet' a me :
70 *Che già so per prova*
Ch'in voi non si trova
Constanza ne fede ;
Oh ! quanto è pazza colei che vi crede !

----

1. **Seignor :** graphie italianisante.

74

Nuit et jour, je vous aime et vous adore.
Je cherche un oui pour mon réconfort ;
Mais si vous dites non,
Belle ingrate, je mourrai.

50 Petits galants qui à toute heure avec des regards hypocrites,
Des désirs menteurs,
Des soupirs trompeurs,
Des accents perfides,
Vous vantez de votre foi
55 Ah ! vous ne m'abusez pas.
Car déjà je sais par expérience
Qu'en vous, on se trouve
Ni constance ni foi ;
Oh ! qu'elle est folle celle qui vous croit !
60 Les regards languissants
Ne me troublent plus,
Ces soupirs brûlants
Ne m'enflamment plus ;
Je vous le jure sur ma foi.
65 Pauvre galant,
De toutes vos plaintes
Mon cœur libéré
Veut toujours se moquer,
Croyez-moi,
70 Déjà je sais par expérience
Qu'en vous on trouve
Ni constance ni foi ;
Oh ! qu'elle est folle celle qui vous croit !

(Violons.)

POLICHINELLE. *Quelle impertinente harmonie[1] vient inter-*
75 *rompre ici ma voix ?*

(Violons.)

POLICHINELLE. *Paix là, taisez-vous, violons. Laissez-moi m*
plaindre à mon aise des cruautés de mon inexorable[2].

(Violons.)

POLICHINELLE. *Taisez-vous, vous dis-je. C'est moi qui veu*
chanter.

(Violons.)

80 **POLICHINELLE.** *Paix donc !*

(Violons.)

POLICHINELLE. *Ouais !*

(Violons.)

POLICHINELLE. *Ahi !*

(Violons.)

POLICHINELLE. *Est-ce pour rire ?*

(Violons.)

POLICHINELLE. *Ah ! que de bruit !*

(Violons.)

85 **POLICHINELLE.** *Le diable vous emporte !*

(Violons.)

POLICHINELLE. *J'enrage.*

(Violons.)

POLICHINELLE. *Vous ne vous tairez pas ? Ah, Dieu soi*
loué !

---

1. **Harmonie** : musique.
2. **Inexorable** : dure, qu'on ne peut fléchir.

(Violons.)

POLICHINELLE. *Encore ?*

(Violons.)

90 **POLICHINELLE.** *Peste des violons !*

(Violons.)

POLICHINELLE. *La sotte musique que voilà !*

(Violons.)

POLICHINELLE. *La, la, la, la, la, la.*

(Violons.)

POLICHINELLE. *La, la, la, la, la, la.*

(Violons.)

POLICHINELLE. *La, la, la, la, la, la.*

(Violons.)

95 **POLICHINELLE.** *La, la, la, la, la, la.*

(Violons.)

POLICHINELLE. *La, la, la, la, la, la.*

(Violons.)

POLICHINELLE. *Par ma foi, cela me divertit. Poursuivez, Messieurs les Violons, vous me ferez plaisir. Allons donc, conti-nuez. Je vous en prie. Voilà le moyen de les faire taire. La musi-* 100 *que est accoutumée à ne point faire ce qu'on veut. Ho sus, à nous ! Avant que de chanter, il faut que je prélude un peu, et joue quelque pièce, afin de mieux prendre mon ton. Plan, plan, plan. Plin, plin, plin. Voilà un temps fâcheux pour mettre un luth d'accord. Plin, plin, plin. Plin, tan, plan. Plin, plin. Les* 105 *cordes ne tiennent point par ce temps-là. Plin, plan. J'entends du bruit. Mettons mon luth contre la porte.*

ARCHERS. *Qui va là ? Qui va là ?*

POLICHINELLE. *Qui diable est cela ? Est-ce que c'est la mode de parler en musique ?*

110 **ARCHERS.** *Qui va là ? qui va là ? Qui va là ?*

POLICHINELLE. *Moi, moi, moi.*

ARCHERS. *Qui va là ? qui va là ? vous dis-je.*

POLICHINELLE. *Moi, moi, vous dis-je.*

ARCHERS. *Et qui toi ? et qui toi ?*

115 **POLICHINELLE.** *Moi, moi, moi, moi, moi, moi.*

ARCHERS. *Dis ton nom, dis ton nom, sans davantage attendre.*

POLICHINELLE. *Mon nom est : « Va te faire pendre. »*

ARCHERS.

> *Ici camarades, ici.*
> *Saisissons l'insolent qui nous répond ainsi.*

ENTRÉE DE BALLET

Tout le Guet vient, qui cherche Polichinelle dans la nuit.

(Violons et danseurs.)

120 **POLICHINELLE.** *Qui va là ?*

(Violons et danseurs.)

POLICHINELLE. *Qui sont les coquins que j'entends ?*

(Violons et danseurs.)

POLICHINELLE. *Euh ?*

(Violons et danseurs.)

POLICHINELLE. *Holà ! mes laquais, mes gens !*

(Violons et danseurs.)

POLICHINELLE. *Par la mort !*

(Violons et danseurs.)

125 **POLICHINELLE.** *Par la sang*[1] *!*

---

1. **Par la mort ! par la sang !** : jurons euphémisés* : par la mort-Dieu, par le sang-Dieu ; le féminin du second est analogique.

(Violons et danseurs.)

POLICHINELLE. *J'en jetterai par terre.*

(Violons et danseurs.)

POLICHINELLE. *Champagne, Poitevin, Picard, Basque, Breton[1] !*

(Violons et danseurs.)

POLICHINELLE. *Donnez-moi mon mousqueton[2].*

(Violons et danseurs.)

130 **POLICHINELLE** tire un coup de pistolet. *Poue.*

(Ils tombent tous et s'enfuient.)

POLICHINELLE. *Ah ! ah ! ah ! ah ! comme je leur ai donné l'épouvante. Voilà de sottes gens d'avoir peur de moi, qui ai peur des autres. Ma foi ! il n'est que de jouer d'adresse en ce monde. Si je n'avais tranché du grand seigneur[3], et n'avais*
135 *fait le brave, ils n'auraient pas manqué de me happer[4] ! Ah ! Ah ! ah !*

ARCHERS.

> *Nous le tenons. À nous, camarades, à nous :*
> *Dépêchez, de la lumière.*

BALLET

Tout le Guet vient avec des lanternes.

ARCHERS.

> *Ah ! traître ! ah ! fripon ! c'est donc vous ?*
140 > *Faquin, maraud, pendard, impudent, téméraire,*
> *Insolent, effronté, coquin, filou, voleur,*

---

1. **Champagne… Breton :** noms usuels de valets, désignés par le nom de leur province d'origine.
2. **Mousqueton :** pistolet court et de gros calibre.
3. **Tranché du grand seigneur :** pris des airs de grand seigneur.
4. **Happer :** attraper.

Vous osez nous faire peur !

POLICHINELLE. *Messieurs, c'est que j'étais ivre.*

ARCHERS.

145
> *Non, non, non, point de raison,*
> *Il faut vous apprendre à vivre.*
> *En prison, vite, en prison.*

POLICHINELLE. *Messieurs, je ne suis point voleur.*

ARCHERS. *En prison.*

POLICHINELLE. *Je suis un bourgeois de la ville.*

150 **ARCHERS.** *En prison.*

POLICHINELLE. *Qu'ai-je fait ?*

ARCHERS. *En prison, vite, en prison.*

POLICHINELLE. *Messieurs, laissez-moi aller.*

ARCHERS. *Non.*

155 **POLICHINELLE.** *Je vous en prie.*

ARCHERS. *Non.*

POLICHINELLE. *Eh !*

ARCHERS. *Non.*

POLICHINELLE. *De grâce.*

160 **ARCHERS.** *Non, non.*

POLICHINELLE. *Messieurs.*

ARCHERS. *Non, non, non.*

POLICHINELLE. *S'il vous plaît.*

ARCHERS. *Non, non.*

165 **POLICHINELLE.** *Par charité.*

ARCHERS. *Non, non.*

POLICHINELLE. *Au nom du Ciel !*

ARCHERS. *Non, non.*

POLICHINELLE. *Miséricorde !*

ARCHERS.

170
        Non, non, non, point de raison,
        Il faut vous apprendre à vivre.
        En prison vite, en prison.

POLICHINELLE. *Eh ! n'est-il rien, messieurs, qui soit capable*
d'attendrir vos âmes ?

ARCHERS.

175
        Il est aisé de nous toucher.
        Et nous sommes humains plus qu'on ne saurait croire ;
        Donnez-nous doucement six pistoles[1] pour boire,
        Nous allons vous lâcher.

POLICHINELLE. *Hélas ! messieurs, je vous assure que je n'ai*
180 *pas un sol sur moi.*

ARCHERS.

        Au défaut de six pistoles,
        Choisissez donc, sans façon,
        D'avoir trente croquignoles[2],
        Ou douze coups de bâton.

185 **POLICHINELLE.** *Si c'est une nécessité, et qu'il faille en passer*
par là, je choisis les croquignoles.

ARCHERS.

        Allons, préparez-vous,
        Et comptez bien les coups.

---

1. Pistole : monnaie d'or étrangère d'une valeur de 11 livres.
2. Croquignoles : coups sur la tête.

BALLET

Les Archers danseurs lui donnent des croquignoles en cadence.

POLICHINELLE. *Un et deux, trois et quatre, cinq et six, sept et*
190 *huit, neuf et dix, onze et douze, et treize, et quatorze, et quinze.*

ARCHERS.
> *Ah ! ah ! vous en voulez passer :*
> *Allons, c'est à recommencer.*

POLICHINELLE. *Ah ! Messieurs, ma pauvre tête n'en peut*
195 *plus, et vous venez de me la rendre comme une pomme cuite. J'aime encore mieux les coups de bâton que de recommencer.*

ARCHERS.
> *Soit, puisque le bâton est pour vous plus charmant,*
> *Vous aurez contentement.*

BALLET

Les Archers danseurs lui donnent des coups de bâton en cadence.

POLICHINELLE. *Un, deux, trois, quatre, cinq, six, ah ! ah !*
200 *ah ! je n'y saurais plus résister. Tenez, Messieurs, voilà six pistoles que je vous donne.*

ARCHERS.
> *Ah ! l'honnête homme ! Ah ! l'âme noble et belle !*
> *Adieu, seigneur, adieu, seigneur Polichinelle.*

POLICHINELLE. *Messieurs, je vous donne le bonsoir.*

205 **ARCHERS.** *Adieu, seigneur, adieu, seigneur Polichinelle.*

POLICHINELLE. *Votre serviteur.*

ARCHERS. *Adieu, seigneur, adieu, seigneur Polichinelle.*

POLICHINELLE. *Très humble valet.*

ARCHERS. *Adieu, seigneur, adieu, seigneur Polichinelle.*

210 **POLICHINELLE.** *Jusqu'au revoir.*

BALLET

Ils dansent tous, en réjouissance de l'argent qu'ils ont reçu. Le théâtre[1] change et représente une chambre.

---

1. Le décor du théâtre.

L'ACTION : entre mariage et testament

L'intrigue mise en place au cours de l'acte se révèle double : amoureuse et financière.

1. *Le mariage d'Angélique*

Aux projets d'Angélique s'opposent ceux d'Argan. Quelles sont les raisons de leurs choix respectifs ? Qui semble devoir l'emporter et pourquoi ?

2. *Le testament d'Argan*

Argan déshéritera-t-il ses enfants au profit de sa femme ?

Quels sont les appuis de Béline dans cette intrigue ?

LES PERSONNAGES : une figure dominante, Argan

Le premier acte est dominé par Argan : c'est autour de lui que se nouent l'intrigue et les rapports entre les personnages.

3. *Argan, maître, père et mari*

Autour d'Argan gravitent trois personnages féminins, sur lesquels, d'une façon ou d'une autre, il a autorité. Quels sont les rapports qui s'établissent au cours de l'acte entre Argan et chacun de ces personnages féminins ? Quels sont les rapports, d'aide ou de conflit, qui s'établissent entre ces trois femmes (voir p. 214) ? Laquelle vous semble la plus influente et pourquoi ?

4. *Argan, « malade imaginaire »*

L'entêtement d'Argan pour la médecine apparaît dans presque toutes les scènes. Quelle influence cette obsession a-t-elle sur ses relations avec son entourage (voir p. 211 et 214) ?

Argan se révèle impatient, tyrannique, égocentrique et infantile. Qu'en résulte-t-il pour l'interprétation de son personnage ?

REGISTRES ET TONALITÉS : la diversité et l'unité

5. *Entre comédie bouffonne et comédie sérieuse*

L'acte I associe un comique bouffon proche de la farce* et un comique de caractères et de satire sociale. Dans quelles scènes et comment ?

6. *L'unité de l'acte I : le dialogue et le jeu*

Un point commun à toutes les scènes est l'art du dialogue et l'importance du jeu de scène. Le dialogue oscille entre le naturel et le mécanique (voir p. 216-217). Relevez un passage où les formes diverses du dialogue sont réunies.

Que révèle le nombre de didascalies ? Étudiez la succession des scènes animées et des scènes plus statiques : quel effet produit-elle ?

GENRES : le prologue et l'intermède

7. *Rupture et continuité*

En quoi prologue et intermède s'opposent-ils à l'acte qu'ils encadrent ? Quelle est la fonction de ce contraste ?

Comparez le prologue pastoral et galant et l'intermède bouffon. Quels sont les éléments (personnages, sujet, langage) qui construisent ce contraste ? Quel est l'effet produit par cette différence de genre et de ton ?

ACTE II

TOINETTE. Que demandez-vous, monsieur ?

CLÉANTE. Ce que je demande ?

TOINETTE. Ah, ah, c'est vous ? Quelle surprise ! Que venez-vous faire céans[1] ?

5 **CLÉANTE.** Savoir ma destinée, parler à l'aimable Angélique, consulter les sentiments de son cœur, et lui demander ses résolutions sur ce mariage fatal[2] dont on m'a averti.

TOINETTE. Oui, mais on ne parle pas comme cela de but en blanc[3] à Angélique : il y faut des mystères[4], et l'on vous a dit
10 l'étroite garde où elle est retenue, qu'on ne la laisse ni sortir, ni parler à personne, et que ce ne fut que la curiosité d'une vieille tante qui nous fit accorder la liberté d'aller à cette comédie qui donna lieu à la naissance de votre passion ; et nous nous sommes bien gardées de parler de cette aventure.

15 **CLÉANTE.** Aussi ne viens-je pas ici comme Cléante et sous l'apparence de son amant[5], mais comme ami de son maître de musique, dont j'ai obtenu le pouvoir de dire qu'il m'envoie à sa place.

TOINETTE. Voici son père. Retirez-vous[6] un peu, et me
20 laissez lui dire[7] que vous êtes là.

---

1. **Céans :** ici, « le lieu où on est » (Furetière).
2. **Fatal :** funeste, désastreux.
3. **De but en blanc :** directement, sans précautions (langage de l'artillerie).
4. **Mystère** : précautions.
5. **Amant :** celui qui l'aime.
6. **Retirez-vous** : éloignez-vous.
7. **Et me laissez lui dire :** et laissez-moi lui dire (ordre usuel au XVIIᵉ siècle).

SCÈNE 2. ARGAN, TOINETTE, CLÉANTE.

ARGAN.   Monsieur Purgon m'a dit de me promener le matin dans ma chambre, douze allées, et douze venues ; mais j'ai oublié à lui demander[1] si c'est en long ou en large.

TOINETTE.   Monsieur, voilà un…

5   **ARGAN.**   Parle bas, pendarde : tu viens m'ébranler tout le cerveau, et tu ne songes pas qu'il ne faut point parler si haut à des malades.

TOINETTE.   Je voulais vous dire, monsieur…

ARGAN.   Parle bas, te dis-je.

10   **TOINETTE.**   Monsieur… *Elle fait semblant de parler.*

ARGAN.   Eh ?

TOINETTE.   Je vous dis que… *Elle fait semblant de parler.*

ARGAN.   Qu'est-ce que tu dis ?

TOINETTE, *haut.* Je dis que voilà un homme qui veut parler
15   à vous[2].

ARGAN.   Qu'il vienne. *Toinette fait signe à Cléante d'avancer.*

CLÉANTE.   Monsieur…

TOINETTE, *raillant.* Ne parlez pas si haut, de peur d'ébran-
20   ler le cerveau de monsieur.

CLÉANTE.   Monsieur, je suis ravi de vous trouver debout et de voir que vous vous portez mieux.

TOINETTE, *feignant d'être en colère.* Comment « qu'il se porte mieux » ? Cela est faux. Monsieur se porte toujours
25   mal.

CLÉANTE.   J'ai ouï dire que monsieur était mieux, et je lui trouve bon visage.

---

1. Le verbe **oublier** se construit usuellement avec *à* ou *de* au XVIIe siècle.
2. **Parler à vous :** vous parler ; construction usuelle en concurrence avec le tour moderne.

TOINETTE. Que voulez-vous dire avec votre bon visage ? Monsieur l'a fort mauvais[1], et ce sont des impertinents[2] qui
30 vous ont dit qu'il était mieux. Il ne s'est jamais si mal porté.

ARGAN. Elle a raison.

TOINETTE. Il marche, dort, mange, et boit tout comme les autres ; mais cela n'empêche pas qu'il ne soit fort malade.

ARGAN. Cela est vrai.

35 **CLÉANTE.** Monsieur, j'en suis au désespoir. Je viens de la part du maître à chanter de Mademoiselle votre fille. Il s'est vu obligé d'aller à la campagne pour quelques jours ; et comme son ami intime[3], il m'envoie à sa place, pour lui continuer ses leçons, de peur qu'en les interrompant elle ne
40 vînt[4] à oublier ce qu'elle sait déjà.

ARGAN. Fort bien. Appelez Angélique.

TOINETTE. Je crois, Monsieur, qu'il sera mieux de mener Monsieur à sa chambre.

ARGAN. Non ; faites-la venir.

45 **TOINETTE.** Il ne pourra lui donner leçon comme il faut, s'ils ne sont en particulier[5].

ARGAN. Si fait, si fait[6].

TOINETTE. Monsieur, cela ne fera que vous étourdir[7], et il ne faut rien pour vous émouvoir[8] en l'état où vous êtes, et
50 vous ébranler le cerveau.

---

1. **L'a fort mauvais :** a le visage fort mauvais (le pronom *le* reprend le nom sans article *visage*).
2. **Impertinents :** sots. Voir p. 264.
3. **Comme son ami intime :** comme je suis son ami intime.
4. **Vînt :** subjonctif imparfait, équivalent au subjonctif d'un conditionnel de l'indicatif.
5. **En particulier :** en tête-à-tête.
6. **Si fait :** si.
7. **Étourdir :** fatigué par un bruit excessif.
8. **Émouvoir :** mettre les humeurs du corps en mouvement, donc indisposer. Voir p. 263.

ARGAN.   Point, point : j'aime la musique, et je serai bien aise de… Ah ! la voici. Allez-vous-en voir, vous, si ma femme est habillée.

SCÈNE 3.   ARGAN, ANGÉLIQUE, CLÉANTE.

ARGAN.   Venez, ma fille : votre maître de musique est allé aux champs[1], et voilà une personne qu'il envoie à sa place pour vous montrer[2].

ANGÉLIQUE.   Ah, ciel !

5 **ARGAN.**   Qu'est-ce ? d'où vient cette surprise ?

ANGÉLIQUE.   C'est…

ARGAN.   Quoi ? qui[3] vous émcut de la sorte ?

ANGÉLIQUE.   C'est, mon père, une aventure surprenante qui se rencontre ici.

10 **ARGAN.**   Comment ?

ANGÉLIQUE.   J'ai songé[4] cette nuit que j'étais dans le plus grand embarras du monde, et qu'une personne faite tout comme Monsieur s'est présentée à moi, à qui j'ai demandé secours, et qui m'est venue tirer de la peine où j'étais ; et ma
15 surprise a été grande de voir inopinément, en arrivant ici, ce que[5] j'ai eu dans l'idée toute la nuit.

CLÉANTE.   Ce n'est pas être malheureux que d'occuper votre pensée, soit en dormant, soit en veillant[6], et mon bonheur serait grand sans doute[7] si vous étiez dans quelque

---

1. **Aux champs :** à la campagne.
2. **Pour vous montrer :** pour qu'elle vous montre (à chanter).
3. **Qui** interroge sans distinguer la personne et la chose (à la fois : « qu'est-ce qui » et « qui est-ce qui ») ; tour usuel au XVIIᵉ siècle. **Émeut :** voir p. 262
4. **Songé :** rêvé.
5. **Ce que :** désigne à la fois la chose et la personne.
6. **Soit en dormant, soit en veillant :** quand vous dormez ou quand vous êtes éveillée.
7. **Sans doute :** n'en doutez pas.

20 peine dont vous me jugeassiez digne de vous tirer ; et il n'y a
rien que je ne fisse[1] pour…

Scène 4. Toinette, Cléante, Angélique, Argan.

Toinette, *par dérision*[2]. Ma foi, Monsieur, je suis pour
vous[3] maintenant, et je me dédis de tout ce que je disais[4]
hier. Voici Monsieur Diafoirus le père, et Monsieur Diafoirus
le fils, qui viennent vous rendre visite. Que vous serez bien
5 engendré[5] ! Vous allez voir le garçon le mieux fait du monde,
et le plus spirituel[6]. Il n'a dit que deux mots, qui m'ont ravie,
et votre fille va être charmée de lui.

Argan, *à Cléante, qui feint de vouloir s'en aller.* Ne vous en
allez point, Monsieur. C'est que je marie ma fille, et voilà
10 qu'on lui amène son prétendu mari[7], qu'elle n'a point
encore vu.

Cléante. C'est m'honorer beaucoup, Monsieur, de
vouloir que je sois témoin d'une entrevue si agréable.

Argan. C'est le fils d'un habile médecin, et le mariage se
15 fera dans quatre jours.

Cléante. Fort bien.

Argan. Mandez-le[8] un peu à son maître de musique, afin
qu'il se trouve à la noce.

Cléante. Je n'y manquerai pas.

---

1. **Fisse :** ferais (voir note 4, p. 88).
2. **Par dérision :** par raillerie.
3. **Je suis pour vous :** je suis de votre avis.
4. **Je me dédis de tout ce que je disais :** je retire tout ce que je disais.
5. **Bien engendré :** pourvu d'un bon gendre ; jeu de mots traditionnel, déjà utilisé par Molière dans *L'Étourdi* (v. 656) – *engendrer* a normalement le sens de « procréer, donner la vie ».
6. **Spirituel :** plein d'esprit, intelligent et savant.
7. **Son prétendu mari :** son futur mari ; placé avant le nom, *prétendu* a usuellement le sens de « faux, supposé ». Molière l'emploie avec le même sens avant ou après le nom (« gendre prétendu », I, 5, note 1 p. 54).
8. **Mandez-le :** dites-le.

Le spectateur connaît désormais la famille d'Argan et les intérêts opposés de
ses divers membres. L'acte II va introduire les prétendants à la main d'Angélique. Comment vont évoluer, d'une part, le conflit entre Argan et sa fille, et,
d'autre part, les intrigues de Béline ?

RÉFLÉCHIR

DRAMATURGIE : péripétie et reconnaissance
1. Combien de temps s'est écoulé entre l'acte I et l'acte II ? Comment le
sait-on ?
2. Quel stratagème* Cléante utilise-t-il pour pénétrer chez Argan ? En quoi
ces scènes sont-elles des scènes de péripétie* et de reconnaissance* ?
Comment le changement et la liaison de scènes s'y trouvent-ils assurés ?
3. Quelles informations nouvelles les scènes 1 et 3 apportent-elles au sujet
de la situation d'Angélique et de sa rencontre avec Cléante ?

PERSONNAGES :
« L'amour est un grand maître » *(L'École des femmes)*
4. Comparez les réactions de Toinette et d'Angélique à l'entrée imprévue de
Cléante.
5. Comment Angélique justifie-t-elle sa surprise et que fait-elle ainsi savoir à
Cléante ? Pouvait-on s'attendre à un tel à-propos de sa part ?

REGISTRES ET TONALITÉS : galanterie et comique
6. Relevez ce qui, dans les manières et les paroles de Cléante, fait de lui un
parfait « honnête homme ». Est-il conforme au portrait qu'en a fait Angélique
à la scène 4 de l'acte I ?
7. Dans la scène 2, en quoi la première réplique d'Argan est-elle comique ?
De quel jeu de scène peut-on l'accompagner ?
8. Quelles sont les tactiques successives de Toinette pour railler Argan ?

ÉCRIRE

9. Imaginez la scène dans laquelle Cléante a persuadé le maître de musique
de l'introduire auprès d'Angélique.

20 **ARGAN.** Je vous y prie[1] aussi.

CLÉANTE. Vous me faites beaucoup d'honneur.

TOINETTE. Allons, qu'on se range[2], les voici.

SCÈNE 5. MONSIEUR DIAFOIRUS, THOMAS DIAFOIRUS, ARGAN, ANGÉLIQUE, CLÉANTE, TOINETTE.

ARGAN, *mettant la main à son bonnet sans l'ôter.* Monsieur Purgon, Monsieur, m'a défendu de découvrir ma tête. Vous êtes du métier, vous savez les conséquences.

MONSIEUR DIAFOIRUS. Nous sommes dans toutes nos
5 visites pour porter secours[3] aux malades, et non pour leur porter de l'incommodité.

ARGAN. Je reçois, Monsieur... *Ils parlent tous deux en même temps, s'interrompent et confondent[4].*

MONSIEUR DIAFOIRUS. Nous venons ici, Monsieur...

10 **ARGAN.** Avec beaucoup de joie...

MONSIEUR DIAFOIRUS. Mon fils Thomas, et moi...

ARGAN. L'honneur que vous me faites...

MONSIEUR DIAFOIRUS. Vous témoigner, Monsieur...

ARGAN. Et j'aurais souhaité...

15 **MONSIEUR DIAFOIRUS.** Le ravissement où nous sommes...

ARGAN. De pouvoir aller chez vous...

MONSIEUR DIAFOIRUS. De la grâce que vous nous faites...

20 **ARGAN.** Pour vous en assurer...

---

1. **Je vous y prie :** je vous y invite (à la noce).
2. **Qu'on se range :** qu'on fasse de la place.
3. **Nous sommes pour porter secours :** notre devoir est de porter secours.
4. **Confondent :** se confondent (le pronom réflexif est commun aux deux verbes), mélangent leur propos.

MONSIEUR DIAFOIRUS. De vouloir bien nous recevoir…

ARGAN. Mais vous savez, Monsieur…

MONSIEUR DIAFOIRUS. Dans l'honneur, Monsieur…

ARGAN. Ce que c'est qu'un pauvre malade…

25 **MONSIEUR DIAFOIRUS.** De votre alliance[1]…

ARGAN. Qui ne peut faire autre chose…

MONSIEUR DIAFOIRUS. Et vous assurer…

ARGAN. Que de vous dire ici…

MONSIEUR DIAFOIRUS. Que dans les choses qui dépen-
30 dront de notre métier…

ARGAN. Qu'il cherchera toutes les occasions…

MONSIEUR DIAFOIRUS. De même qu'en toute autre…

ARGAN. De vous faire connaître, Monsieur…

MONSIEUR DIAFOIRUS. Nous serons toujours prêts,
35 Monsieur…

ARGAN. Qu'il est tout à votre service…

MONSIEUR DIAFOIRUS. À vous témoigner notre zèle[2]. *(Il se retourne vers son fils et lui dit.)* Allons, Thomas, avancez. Faites vos compliments[3].

40 **THOMAS DIAFOIRUS,** *est un grand benêt[4], nouvellement sorti des écoles, qui fait toutes choses de mauvaise grâce[5] et à contretemps.* N'est-ce pas par le père qu'il convient de commencer ?

MONSIEUR DIAFOIRUS. Oui.

THOMAS DIAFOIRUS. Monsieur, je viens saluer, reconnaître,
45 chérir, et révérer[6] en vous un second père ; mais un second père

---

1. **Alliance :** parenté par mariage (ici, celui des enfants).
2. **Zèle :** empressement à vous servir.
3. **Compliments :** discours de politesse faits à des personnes de marque.
4. **Benêt :** sot.
5. **De mauvaise grâce :** sans grâce, gauchement.
6. **Révérer :** honorer.

auquel j'ose dire que je me trouve plus redevable qu'au premier. Le premier m'a engendré ; mais vous m'avez choisi. Il m'a reçu par nécessité ; mais vous m'avez accepté par grâce. Ce que je tiens de lui est un ouvrage de son corps ; mais ce que je 50 tiens de vous est un ouvrage de votre volonté ; et d'autant plus que les facultés spirituelles sont au-dessus des corporelles, d'autant plus je vous dois, et d'autant plus je tiens précieuse cette future filiation[1], dont je viens aujourd'hui vous rendre par avance les très humbles et très respectueux hommages.

55 **TOINETTE.** Vivent les collèges, d'où l'on sort si habile homme !

THOMAS DIAFOIRUS. Cela a-t-il bien été, mon père ?

MONSIEUR DIAFOIRUS. *Optime*[2].

ARGAN, *à Angélique*. Allons, saluez Monsieur.

60 **THOMAS DIAFOIRUS.** Baiserai-je[3] ?

MONSIEUR DIAFOIRUS. Oui, oui.

THOMAS DIAFOIRUS, *à Angélique*. Madame, c'est avec justice que le ciel vous a concédé le nom de belle-mère[4], puisque l'on…

65 **ARGAN.** Ce n'est pas ma femme, c'est ma fille à qui vous parlez[5].

THOMAS DIAFOIRUS. Où donc est-elle ?

ARGAN. Elle va venir.

---

1. **Filiation :** lien de parenté du fils à son père (Thomas, par son mariage, va devenir le fils d'Argan).
2. *Optime* (latin) : très bien.
3. **Baiserai-je :** dois-je l'embrasser ? probablement sur la joue (c'est « la manière de France » pour saluer les dames, voir *Le Sicilien*, sc. 11).
4. **Belle-mère :** flatterie délicate aux yeux de Thomas, qui redonne à l'adjectif *belle* son sens plein (« pleine de beauté »).
5. **C'est ma fille à qui vous parlez :** construction usuelle, en concurrence avec « c'est à ma fille à qui vous parlez » et « c'est à ma fille que vous parlez ».

THOMAS DIAFOIRUS. Attendrai-je, mon père, qu'elle soit
70 venue ?

MONSIEUR DIAFOIRUS. Faites toujours le compliment de
mademoiselle.

THOMAS DIAFOIRUS. Mademoiselle, ne plus ne moins[1] que
la statue de Memnon[2] rendait un son harmonieux, lorsqu'elle
75 venait à être éclairée des rayons du soleil : tout de même me
sens-je animé d'un doux transport[3] à l'apparition du soleil de
vos beautés. Et comme les naturalistes[4] remarquent que la
fleur nommée héliotrope[5] tourne sans cesse vers cet astre du
jour, aussi mon cœur dores-en-avant[6] tournera-t-il toujours
80 vers les astres resplendissants de vos yeux adorables, ainsi que
vers son pôle unique[7]. Souffrez donc, Mademoiselle, que
j'appende[8] aujourd'hui à l'autel de vos charmes l'offrande de
ce cœur, qui ne respire et n'ambitionne autre gloire, que
d'être toute sa vie, Mademoiselle, votre très humble, très
85 obéissant, et très fidèle serviteur et mari.

TOINETTE, *en le raillant.* Voilà ce que c'est que d'étudier,
on apprend à dire de belles choses.

ARGAN. Eh ! que dites-vous de cela ?

---

1. **Ne plus ne moins :** ni plus ni moins ; *ne* pour *ni* est archaïque et
   provincial pour le remarqueur Vaugelas (1647), qui recommande
   cependant de dire *ne plus ne moins*.
2. Selon la légende, la statue colossale de Memnon (érigée à Thèbes en
   Égypte), fils de l'Aurore, faisait entendre un son musical au lever du
   soleil ; la comparaison était devenue un lieu commun.
3. **Doux transport :** émotion amoureuse.
4. **Naturaliste :** savant qui s'occupe de sciences naturelles ; ici, la botanique.
5. **Héliotrope :** littéralement « qui se tourne vers le soleil » ; le tournesol est
   une variété d'héliotrope.
6. **Dores-en-avant :** dorénavant ; mot vieilli (ici, prononciation
   pédantesque).
7. **Ainsi que vers son pôle unique :** comme vers son seul pôle magnétique.
8. **J'appende :** je suspende (ne se dit que de ce qu'on consacre dans un
   temple ou dans une église).

CLÉANTE. Que Monsieur fait merveilles, et que s'il est aussi
90 bon médecin qu'il est bon orateur, il y aura plaisir à être de
ses malades.

TOINETTE. Assurément. Ce sera quelque chose d'admirable s'il fait d'aussi belles cures[1] qu'il fait de beaux discours.

ARGAN. Allons vite ma chaise, et des sièges à tout le
95 monde. Mettez-vous là, ma fille. Vous voyez, Monsieur, que
tout le monde admire Monsieur votre fils, et je vous trouve
bien heureux de vous voir un garçon comme cela.

MONSIEUR DIAFOIRUS. Monsieur, ce n'est pas parce que
je suis son père, mais je puis dire que j'ai sujet d'être content
100 de lui, et que tous ceux qui le voient en parlent comme d'un
garçon qui n'a point de méchanceté. Il n'a jamais eu l'imagination bien vive, ni ce feu[2] d'esprit qu'on remarque dans
quelques-uns ; mais c'est par-là que j'ai toujours bien auguré[3]
de sa judiciaire[4], qualité requise pour l'exercice de notre art[5].
105 Lorsqu'il était petit, il n'a jamais été ce qu'on appelle mièvre[6]
et éveillé. On le voyait toujours doux, paisible, et taciturne, ne
disant jamais mot, et ne jouant jamais à tous ces petits jeux
que l'on nomme enfantins. On eut toutes les peines du
monde à lui apprendre à lire, et il avait neuf ans, qu'il ne
110 connaissait pas encore ses lettres. « Bon, disais-je en moi-
même, les arbres tardifs sont ceux qui produisent les meilleurs
fruits ; on grave sur le marbre bien plus malaisément que sur
le sable ; mais les choses y sont conservées bien plus
longtemps, et cette lenteur à comprendre, cette pesanteur
115 d'imagination, est la marque d'un bon jugement à venir. »

---

1. **Cures :** traitements couronnés de succès.
2. **Ce feu :** cette vivacité pénétrante.
3. **J'ai toujours bien auguré :** j'ai toujours eu une bonne impression
   préalable.
4. **Judiciaire :** discernement, faculté de juger (opposé à l'imagination).
5. **Notre art :** la médecine ; c'est au XVIIe siècle un art (une technique), un
   ensemble de règles orientées vers une application pratique, et non une
   science (connaissance abstraite).
6. **Mièvre** (terme populaire) **:** vif et malicieux (se dit des enfants).

Lorsque je l'envoyai au collège, il trouva de la peine ; mais il se roidissait[1] contre les difficultés, et ses régents[2] se louaient toujours à moi de son assiduité, et de son travail. Enfin, à force de battre le fer[3], il en est venu glorieusement à avoir ses
120 licences[4] ; et je puis dire sans vanité que depuis deux ans qu'il est sur les bancs[5], il n'y a point de candidat qui ait fait plus de bruit que lui dans toutes les disputes[6] de notre École. Il s'y est rendu redoutable, et il ne s'y passe point d'acte[7] où il n'aille argumenter à outrance[8] pour la proposition contraire. Il est
125 ferme dans la dispute, fort comme un Turc sur ses principes, ne démord jamais de son opinion, et poursuit un raisonnement jusque dans les derniers recoins de la logique. Mais sur toute chose ce qui me plaît en lui, et en quoi il suit mon exemple, c'est qu'il s'attache aveuglément aux opinions de
130 nos anciens[9], et que jamais il n'a voulu comprendre ni écouter les raisons et les expériences des prétendues découvertes de notre siècle touchant la circulation du sang, et autres opinions de même farine[10].

---

1. **Se roidissait :** tenait bon.
2. **Régents :** professeurs.
3. **Battre le fer :** s'exercer longtemps (terme d'escrime).
4. **Licences :** mot toujours pluriel au XVIIe siècle ; diplôme universitaire obtenu au bout de quatre années d'études. Le grade de licencié se situe entre le grade de bachelier et celui de docteur. Voir p. 196.
5. **Sur les bancs :** sur les bancs des étudiants, à l'université (Thomas est bachelier depuis deux ans).
6. **Qui ait fait plus de bruit que lui dans toutes les disputes :** qui se soit fait plus remarquer dans les débats publics sur une thèse (sens technique universitaire).
7. **Acte :** soutenance de thèse (le candidat à un grade soutenait seul une thèse contre des contradicteurs).
8. **À outrance :** jusqu'au bout.
9. **Anciens :** à la fois les Anciens (la médecine antique) et les doyens de la faculté, eux-mêmes défenseurs de la médecine traditionnelle.
10. **De même farine :** de la même sorte (péjoratif) ; Diafoirus marque ainsi son mépris pour les opinions novatrices. Voir p. 197.

THOMAS DIAFOIRUS, *il tire une grande thèse roulée*[1] *de sa*
135 *poche, qu'il présente à Angélique.* J'ai contre les circulateurs[2]
soutenu une thèse, qu'avec la permission de Monsieur, j'ose
présenter à Mademoiselle, comme un hommage que je lui
dois des prémices[3] de mon esprit.

ANGÉLIQUE. Monsieur, c'est pour moi un meuble[4] inutile,
140 et je ne me connais pas à ces choses-là.

TOINETTE. Donnez, donnez, elle est toujours bonne à
prendre pour l'image ; cela servira à parer notre chambre.

THOMAS DIAFOIRUS. Avec la permission aussi de Monsieur,
je vous invite à venir voir l'un de ces jours, pour vous divertir,
145 la dissection d'une femme, sur quoi[5] je dois raisonner.

TOINETTE. Le divertissement sera agréable. Il y en a qui
donnent la comédie à leurs maîtresses ; mais donner une
dissection est quelque chose de plus galant[6].

THOMAS DIAFOIRUS. Au reste, pour ce qui est des qualités
150 requises pour le mariage et la propagation[7], je vous assure
que, selon les règles de nos docteurs[8], il est tel qu'on le peut
souhaiter, qu'il possède en un degré louable la vertu
prolifique[9] et qu'il est du tempérament[10] qu'il faut pour
engendrer et procréer des enfants bien conditionnés[11].

---

1. **Thèse roulée :** sorte d'affiche, parfois décorée d'une gravure, qui
contient seulement le titre des questions qui seront soumises à discussion.
2. **Circulateurs :** jeu de mots traditionnel, à la fois partisans de la circulation
sanguine et charlatans (latin : *circulator*). Voir note 10 p. 97.
3. **Prémices :** premières productions.
4. **Meuble :** objet encombrant (sens péjoratif).
5. **Sur quoi :** sur laquelle ; le relatif *quoi* peut avoir un nom pour
antécédent.
6. **Galant :** élégant et raffiné.
7. **Propagation :** procréation.
8. **Nos docteurs :** nos maîtres.
9. **Vertu prolifique :** capacité d'engendrer.
10. **Tempérament :** constitution et ici vigueur sexuelle. Voir p. 263.
11. **Bien conditionnés :** bien constitués.

155 **ARGAN.** N'est-ce pas votre intention, Monsieur, de le pousser à la cour, et d'y ménager[1] pour lui une charge de médecin[2] ?

MONSIEUR DIAFOIRUS. À vous en parler franchement, notre métier auprès des grands ne m'a jamais paru agréable, et j'ai toujours trouvé qu'il valait mieux, pour nous autres, 160 demeurer[3] au public[4]. Le public est commode. Vous n'avez à répondre de vos actions à personne ; et pourvu que l'on suive le courant des règles[5] de l'art, on ne se met point en peine de tout ce qui peut arriver. Mais ce qu'il y a de fâcheux auprès des grands, c'est que, quand ils viennent à être malades, ils 165 veulent absolument que leurs médecins les guérissent.

TOINETTE. Cela est plaisant, et ils sont bien impertinents[6] de vouloir que vous autres messieurs vous les guérissiez : Vous n'êtes point auprès d'eux pour cela ; vous n'y êtes que pour recevoir vos pensions[7], et leur ordonner des remèdes ; 170 c'est à eux à guérir s'ils peuvent.

MONSIEUR DIAFOIRUS. Cela est vrai. On n'est obligé qu'à traiter[8] les gens dans les formes[9].

ARGAN, *à Cléante.* Monsieur, faites un peu chanter ma fille devant la compagnie.

175 **CLÉANTE.** J'attendais vos ordres, Monsieur, et il m'est venu en pensée, pour divertir la compagnie, de chanter avec Mademoiselle une scène d'un petit opéra qu'on a fait depuis peu. Tenez, voilà votre partie[10].

---

1. **Ménager :** procurer.
2. **Une charge de médecin :** office, fonction (les charges se vendaient).
3. **Demeurer :** rester fidèle.
4. **Au public :** au commun des gens (ceux qui ne sont pas nobles, par opposition aux grands).
5. **Le courant des règles :** les règles habituelles.
6. **Impertinents :** prétentieux. Voir p. 264.
7. **Pensions :** revenu sous forme de rente (le médecin d'un grand reçoit une pension annuelle et non un paiement à l'acte médical).
8. **Traiter :** soigner.
9. **Dans les formes :** selon les règles.
10. **Partie :** morceau à chanter.

ANGÉLIQUE. Moi ?

180 **CLÉANTE.** Ne vous défendez point, s'il vous plaît, et me laissez vous faire comprendre ce que c'est que la scène que nous devons chanter. Je n'ai pas une voix à chanter ; mais il suffit que je me fasse entendre, et l'on aura la bonté de m'excuser par la nécessité où je me trouve de faire chanter
185 Mademoiselle.

ARGAN. Les vers en sont-ils beaux ?

CLÉANTE. C'est proprement[1] ici un petit opéra impromptu[2], et vous n'allez entendre chanter que de la prose cadencée[3], ou des manières[4] de vers libres[5], tels que la passion et la nécessité
190 peuvent faire trouver à deux personnes qui disent les choses d'eux-mêmes[6] et parlent sur-le-champ[7].

ARGAN. Fort bien. Écoutons.

CLÉANTE, *sous le nom d'un berger, explique à sa maîtresse son amour depuis leur rencontre, et ensuite ils s'appliquent[8] leurs*
195 *pensées l'un à l'autre en chantant.* Voici le sujet de la scène. Un Berger était attentif aux beautés d'un spectacle, qui ne faisait que de commencer, lorsqu'il fut tiré de son attention par un bruit qu'il entendit à ses côtés. Il se retourne et voit un brutal qui, de paroles insolentes maltraitait une Bergère.
200 D'abord[9] il prend les intérêts d'un sexe[10] à qui[11] tous les hommes doivent hommage ; et après avoir donné au brutal

---

1. **Proprement :** à dire vrai.
2. **Impromptu :** improvisé.
3. **Cadencée :** rythmée.
4. **Des manières de :** des sortes de.
5. **Vers libres :** vers irréguliers dans leurs rythmes et leurs rimes.
6. **D'eux-mêmes :** spontanément ; le pronom s'accorde non pas avec le féminin du nom « personnes » mais avec le sens indéterminé de *gens*, d'où le masculin.
7. **Sur-le-champ :** de manière improvisée.
8. **S'appliquent :** se disent.
9. **D'abord :** aussitôt.
10. **Un sexe :** le sexe féminin, donc une personne de ce sexe.
11. Le relatif *qui* en fonction prépositionnelle peut avoir pour antécédent un nom non animé.

le châtiment de son insolence, il vient à la Bergère, et voit
une jeune personne qui, des deux plus beaux yeux qu'il eût
jamais vus, versait des larmes, qu'il trouva les plus belles du
205 monde. « Hélas ! dit-il en lui-même, est-on capable
d'outrager[1] une personne si aimable ? Et quel inhumain,
quel barbare ne serait touché par de telles larmes ? » Il prend
soin de les arrêter, ces larmes, qu'il trouve si belles ; et
l'aimable Bergère prend soin en même temps de le remercier
210 de son léger service, mais d'une manière si charmante, si
tendre, et si passionnée, que le Berger n'y peut résister et
chaque mot, chaque regard, est un trait plein de flamme
dont son cœur se sent pénétré. « Est-il, disait-il, quelque
chose qui puisse mériter les aimables paroles d'un tel remer-
215 ciement ? Et que ne voudrait-on pas faire, à quels services, à
quels dangers, ne serait-on pas ravi de courir, pour s'attirer
un seul moment des touchantes douceurs d'une âme si
reconnaissante ? » Tout le spectacle passe sans qu'il y donne
aucune attention ; mais il se plaint qu'il est trop court, parce
220 qu'en finissant il le sépare de son adorable Bergère ; et de
cette première vue, de ce premier moment, il emporte chez
lui tout ce qu'un amour de plusieurs années peut avoir de
plus violent. Le voilà aussitôt à sentir tous les maux de
l'absence, et il est tourmenté de ne plus voir ce qu'il a si peu
225 vu[2]. Il fait tout ce qu'il peut pour se redonner cette vue[3],
dont il conserve, nuit et jour, une si chère idée[4] ; mais la
grande contrainte[5] où l'on tient sa Bergère lui en ôte tous les
moyens. La violence de sa passion le fait résoudre à
demander en mariage l'adorable beauté sans laquelle il ne
230 peut plus vivre, et il en obtient d'elle la permission par un
billet qu'il a l'adresse de lui faire tenir. Mais dans le même
temps on l'avertit que le père de cette belle a conclu son

---

1. **Outrager :** offenser.
2. **Ce qu'il a si peu vu, tout ce qu'il peut :** *ce que* peut référer à une
   personne ou à une chose.
3. **Se redonner cette vue :** revoir la bergère.
4. **Idée :** image.
5. **Contrainte :** surveillance

mariage avec un autre, et que tout se dispose pour en
célébrer la cérémonie. Jugez quelle atteinte cruelle au cœur
235 de ce triste Berger. Le voilà accablé d'une mortelle douleur.
Il ne peut souffrir l'effroyable idée de voir tout ce qu'il aime[1]
entre les bras d'un autre ; et son amour au désespoir lui fait
trouver moyen de s'introduire dans la maison de sa Bergère,
pour apprendre ses sentiments et savoir d'elle la destinée à
240 laquelle il doit se résoudre. Il y rencontre les apprêts[2] de tout
ce qu'il craint ; il y voit venir l'indigne rival que le caprice
d'un père oppose aux tendresses de son amour. Il le voit
triomphant, ce rival ridicule, auprès de l'aimable Bergère,
ainsi qu'auprès[3] d'une conquête qui lui est assurée ; et cette
245 vue le remplit d'une colère dont il a peine à se rendre le
maître. Il jette de douloureux regards sur celle qu'il adore ;
et son respect, et la présence de son père l'empêchent de lui
rien dire que des yeux[4]. Mais enfin il force toute contrainte,
et le transport[5] de son amour l'oblige à lui parler ainsi :

(Il chante.)
250   *Belle Philis, c'est trop, c'est trop souffrir ;*
      Rompons ce dur silence, et m'ouvrez vos pensées.
          Apprenez-moi ma destinée :
          Faut-il vivre ? faut-il mourir ?

ANGÉLIQUE, *répond en chantant.*
255   *Vous me voyez, Tircis, triste et mélancolique,*
      Aux apprêts de l'hymen[6] dont vous vous alarmez :
      Je lève au ciel les yeux, je vous regarde, je soupire,
          C'est vous en dire assez.

ARGAN.   Ouais ! je ne croyais pas que ma fille fût si habile
260 que de chanter[7] ainsi à livre ouvert, sans hésiter.

---

1. **Tout ce qu'il aime :** voir note 2 p. 101.
2. **Les apprêts :** les préparatifs.
3. **Ainsi qu'auprès :** comme s'il était auprès.
4. **Que des yeux :** sinon avec ses yeux.
5. **Transport :** la force irrésistible (voir p. 265).
6. **Hymen :** mariage.
7. **Si habile que de chanter :** construction usuelle, à valeur de conséquence.

CLÉANTE

Hélas ! belle Philis,
Se pourrait-il que l'amoureux Tircis
Eût assez de bonheur,
Pour avoir quelque place dans votre cœur ?

ANGÉLIQUE

265 Je ne m'en défends point dans cette peine extrême :
Oui, Tircis, je vous aime.

CLÉANTE

Ô parole pleine d'appas[1] !
Ai-je bien entendu, hélas !
Redites-la, Philis, que je n'en doute pas.

ANGÉLIQUE

270 Oui, Tircis, je vous aime.

CLÉANTE

De grâce, encor, Philis.

ANGÉLIQUE

Je vous aime.

CLÉANTE

Recommencez cent fois, ne vous en lassez pas.

ANGÉLIQUE

Je vous aime, je vous aime,
275 Oui, Tircis, je vous aime.

CLÉANTE

Dieux, rois, qui sous vos pieds regardez tout le monde,
Pouvez-vous comparer votre bonheur au mien ?
Mais, Philis, une pensée
Vient troubler ce doux transport[2] :
280 Un rival, un rival...

_____

1. **Appas :** ce qui attire, promesse.
2. **Transport :** exaltation amoureuse.

ANGÉLIQUE
Ah ! je le hais plus que la mort ;
Et sa présence ainsi qu'à vous,
M'est un cruel supplice.

CLÉANTE
Mais un père à ses vœux vous veut assujettir[1].

ANGÉLIQUE
285   *Plutôt, plutôt mourir,*
Que de jamais y consentir ;
Plutôt, plutôt mourir, plutôt mourir.

ARGAN. Et que dit le père à tout cela ?

CLÉANTE. Il ne dit rien.

290 **ARGAN.** Voilà un sot père que ce père-là, de souffrir[2] toutes ces sottises-là sans rien dire.

CLÉANTE
Ah ! mon amour…

ARGAN. Non, non, en voilà assez. Cette comédie-là est de fort mauvais exemple. Le berger Tircis est un impertinent[3], et la 295 bergère Philis une impudente[4], de parler de la sorte devant son père. Montrez-moi ce papier. Ah, ah. Où sont donc les paroles que vous avez dites ? Il n'y a là que de la musique écrite ?

CLÉANTE. Est-ce que vous ne savez pas, Monsieur, qu'on a trouvé depuis peu l'invention d'écrire les paroles avec les 300 notes mêmes ?

ARGAN. Fort bien. Je suis votre serviteur[5], Monsieur ; jusqu'au revoir. Nous nous serions bien passés de votre impertinent opéra.

CLÉANTE. J'ai cru vous divertir.

305 **ARGAN.** Les sottises ne divertissent point. Ah ! voici ma femme.

---

1. **Assujettir :** forcer à obéir.
2. **Souffrir :** supporter.
3. **Un impertinent :** un insolent (voir p. 264).
4. **Une impudente :** une insolente.
5. **Je suis votre serviteur :** formule de politesse ; ici, pour congédier.

SITUER

Le mariage d'Angélique semble chose faite ; le promis entre en scène avec son père. Thomas Diafoirus soutiendra-t-il la comparaison avec Cléante ?

RÉFLÉCHIR

STRUCTURE : du pédantisme à la galanterie
1. En vous fondant sur les interventions des différents personnages, dégagez l'organisation de cette longue scène. Comment la scène se termine-t-elle ?

REGISTRES ET TONALITÉS : la variété des discours
Un dialogue de farce entre les pères : Argan et M. Diafoirus (l. 1 à 7)
2. Qu'indique la didascalie qui introduit ce dialogue ? Examinez comment sont construites les répliques de chacun des personnages et comment elles s'entremêlent. Comparez cette scène avec la scène IV, 2 de *L'École des femmes.*

Thomas et la rhétorique du compliment : comment « dire de belles choses » ?
3. Les compliments de Thomas sont soigneusement préparés : comment leur déroulement se trouve-t-il perturbé ? Quel effet produisent-ils sur leurs destinataires ?
4. Quel est le thème du compliment destiné à Angélique ? À quoi est-elle comparée ? À quoi Thomas se compare-t-il lui-même ? Quelles sont les figures de style employées par Thomas ? Comment la longueur et l'organisation des phrases visent-elles à l'éloquence ?

La tirade de M. Diafoirus : satisfaction et aveuglement paternels
5. Par quels arguments M. Diafoirus vante-t-il son fils à Argan ? Le portrait qu'il trace de Thomas est-il flatteur ? Que révèle-t-il de lui-même (voir p. 214) ?

La tirade de Cléante et l'opéra impromptu : galanterie et double sens
6. En quoi la tirade* de Cléante relève-t-elle du style galant (voir p. 262) ?
7. Comment la fiction de la pastorale (l. 195 à 249) s'applique-t-elle à l'action et aux personnages de la pièce ?
8. Comment le petit opéra improvisé permet-il aux deux amants de se dire leur passion ? (voir p. 192)

SOCIÉTÉ : une satire féroce de la médecine et des médecins
9. Comment, à travers les Diafoirus, Molière critique-t-il les médecins ? Que dénonce-t-il dans leur formation, dans leurs idées et dans leur pratique (voir p. 195) ?

10. Que pensez-vous de l'exigence des grands : « quand ils viennent à être malades, ils veulent absolument que leurs médecins les guérissent » (l. 164-165) ? Est-ce *a priori* déraisonnable, selon vous ? et selon Molière ? Comment peut-on comprendre cette phrase, non plus sur le plan médical mais sur le plan religieux (voir p. 214 et 256) ?

GENRES : farce, satire et pastorale

11. Peut-on parler de caractérisation psychologique pour Thomas Diafoirus ? En dehors du comique, quel est son rôle et qu'incarne-t-il dans l'univers moliéresque ?

12. Quels personnages vous paraissent concernés par la farce, la satire et la pastorale ? Quel effet produit le contraste entre les Diafoirus et le couple formé par Cléante et Angélique ? Qu'est-ce que leur mélange nous révèle de l'esthétique de la comédie selon Molière ?

MISE EN SCÈNE : bouffonnerie ou folie

13. Dans leur pédantisme, les Diafoirus peuvent présenter un aspect inquiétant, une forme d'obsession proche de la folie. Comment la mise en scène peut-elle rendre compte de ce double aspect ?

14. La partition du petit opéra existe : souhaiteriez-vous l'utiliser ou imaginez-vous une autre façon de le chanter ? Quels jeux de scène imaginez-vous pour les personnages pendant la tirade de Cléante et l'opéra ?

ÉCRIRE

15. Cléante raconte à un ami la scène dont il a été témoin et fait le portrait de son rival.

SCÈNE 6. BÉLINE, ARGAN, TOINETTE, ANGÉLIQUE, MONSIEUR DIAFOIRUS, THOMAS DIAFOIRUS.

ARGAN. Mamour, voilà le fils de monsieur Diafoirus.

THOMAS DIAFOIRUS, *commence un compliment qu'il avait étudié[1], et la mémoire lui manquant, il ne peut le continuer.* Madame, c'est avec justice que le ciel vous a concédé le nom
5 de belle-mère, puisque l'on voit sur votre visage…

BÉLINE. Monsieur, je suis ravie d'être venue ici à propos pour avoir l'honneur de vous voir.

THOMAS DIAFOIRUS. Puisque l'on voit sur votre visage… puisque l'on voit sur votre visage… Madame, vous m'avez
10 interrompu dans le milieu de ma période[2], et cela m'a troublé la mémoire.

MONSIEUR DIAFOIRUS. Thomas, réservez cela pour une autre fois.

ARGAN. Je voudrais, mamie, que vous eussiez été ici tantôt[3].

15 **TOINETTE.** Ah ! madame, vous avez bien perdu de n'avoir point été[4] au second père, à la statue de Memnon, et à la fleur nommée héliotrope.

ARGAN. Allons, ma fille, touchez dans la main[5] de Monsieur, et lui donnez votre foi[6], comme à votre mari.

20 **ANGÉLIQUE.** Mon père.

ARGAN. Hé bien ! « Mon père ? » Qu'est-ce que cela veut dire ?

ANGÉLIQUE. De grâce, ne précipitez pas les choses. Donnez-nous au moins le temps de nous connaître, et de

---

1. **Étudié :** appris par cœur
2. **Période :** phrase longue et ornée.
3. **Tantôt :** il y a un instant.
4. **De n'avoir point été :** de n'avoir point assisté.
5. **Touchez dans la main :** donnez la main, en signe d'accord.
6. **Et lui donnez votre foi :** donnez-lui votre engagement (ordre usuel).

25 voir naître en nous l'un pour l'autre cette inclination[1] si nécessaire à composer une union parfaite.

THOMAS DIAFOIRUS. Quant à moi, Mademoiselle, elle est déjà toute née en moi, et je n'ai pas besoin d'attendre davantage.

30 **ANGÉLIQUE.** Si vous êtes si prompt, Monsieur, il n'en est pas de même de moi, et je vous avoue que votre mérite n'a pas encore fait assez d'impression dans mon âme.

ARGAN. Ho ! bien, bien ! cela aura tout le loisir de se faire, quand vous serez mariés ensemble.

35 **ANGÉLIQUE.** Hé ! mon père, donnez-moi du temps, je vous prie. Le mariage est une chaîne où[2] l'on ne doit jamais soumettre un cœur par force ; et si Monsieur est honnête homme[3], il ne doit point vouloir accepter une personne qui serait à lui par contrainte.

40 **THOMAS DIAFOIRUS.** *Nego consequentiam*[4], Mademoiselle, et je puis être honnête homme et vouloir bien vous accepter des mains de Monsieur votre père.

ANGÉLIQUE. C'est un méchant[5] moyen de se faire aimer de quelqu'un que de lui faire violence.

45 **THOMAS DIAFOIRUS.** Nous lisons des anciens[6], Mademoiselle, que leur coutume était d'enlever par force de la maison des pères les filles qu'on menait marier, afin qu'il ne semblât pas que ce fût de leur consentement qu'elles convolaient[7] dans les bras d'un homme.

---

1. **Inclination :** attirance amoureuse.
2. **Où :** à laquelle.
3. **Honnête homme :** homme de bonne compagnie.
4. *Nego consequentiam* (latin) **:** je nie la conséquence ; formule utilisée dans les disputes d'école.
5. **Méchant :** mauvais, qui ne vaut rien.
6. **Des anciens :** au sujet des anciens.
7. **Convolaient :** se mariaient.

50 **ANGÉLIQUE.** Les anciens, Monsieur, sont les anciens, et nous sommes les gens de maintenant. Les grimaces ne sont point nécessaires dans notre siècle ; et quand un mariage nous plaît, nous savons fort bien y aller, sans qu'on nous y traîne. Donnez-vous patience[1] : si vous m'aimez, Monsieur,
55 vous devez vouloir tout ce que je veux.

THOMAS DIAFOIRUS. Oui, Mademoiselle, jusqu'aux intérêts de mon amour exclusivement.

ANGÉLIQUE. Mais la grande marque d'amour, c'est d'être soumis aux volontés de celle qu'on aime.

60 **THOMAS DIAFOIRUS.** *Distinguo*[2], Mademoiselle : dans ce qui ne regarde point sa possession[3], *concedo* ; mais dans ce qui la regarde, *nego*.

TOINETTE. Vous avez beau raisonner : Monsieur est frais émoulu[4] du collège, et il vous donnera toujours votre reste[5].
65 Pourquoi tant résister, et refuser la gloire d'être attachée au corps de la Faculté[6] ?

BÉLINE. Elle a peut-être quelque inclination en tête.

ANGÉLIQUE. Si j'en avais, Madame, elle serait telle que la raison et l'honnêteté pourraient me la permettre.

70 **ARGAN.** Ouais ! je joue ici un plaisant personnage.

BÉLINE. Si j'étais que de vous[7], mon fils, je ne la forcerais point à se marier, et je sais bien ce que je ferais.

---

1. **Donnez-vous patience :** prenez patience.
2. ***Distinguo, concedo, nego :*** je distingue, je concède, je nie ; vocabulaire latin de l'argumentation.
3. **Sa possession :** le fait de posséder celle qu'on aime.
4. **Frais émoulu :** récemment sorti (langue de l'armurerie ; *émoulu* : effilé, aiguisé).
5. **Il vous donnera toujours votre reste :** il vous répliquera toujours (langue du jeu de paume ; *donner son reste* : renvoyer les coups).
6. **Au corps de la Faculté :** à l'ensemble des médecins.
7. **Si j'étais que de vous :** si j'étais à votre place.

ANGÉLIQUE. Je sais, Madame, ce que vous voulez dire, e
les bontés que vous avez pour moi ; mais peut-être que vo
75 conseils ne seront pas assez heureux pour être exécutés[1].

BÉLINE. C'est que les filles bien sages et bien honnêtes
comme vous se moquent d'être obéissantes, et soumises au
volontés de leurs pères. Cela était bon autrefois.

ANGÉLIQUE. Le devoir d'une fille a des bornes, Madame, e
80 la raison et les lois ne l'étendent point à toutes sortes de choses

BÉLINE. C'est-à-dire que vos pensées ne sont que pour l
mariage ; mais vous voulez choisir un époux à votr
fantaisie[2].

ANGÉLIQUE. Si mon père ne veut pas me donner un mar
85 qui me plaise, je le conjurerai au moins de ne me poin
forcer[3] à en épouser un que je ne puisse pas aimer.

ARGAN. Messieurs, je vous demande pardon de tout ceci.

ANGÉLIQUE. Chacun a son but en se mariant. Pour mo
qui ne veux un mari que pour l'aimer véritablement, et qu
90 prétends en[4] faire tout l'attachement de ma vie, je vou
avoue que j'y[5] cherche quelque précaution[6]. Il y en a
d'aucunes[7] qui prennent des maris seulement pour se tirer d
la contrainte de leurs parents[8], et se mettre en état de fair
tout ce qu'elles voudront. Il y en a d'autres, Madame, qu

---

1. **Ne seront pas assez heureux pour être exécutés :** n'auront pas
chance d'être exécutés.
2. **À votre fantaisie :** à votre goût.
3. **De ne me point forcer :** c'est la construction usuelle, en concurrenc
avec *de ne me forcer point* (l'ordre moderne *de ne point me forcer* est rare
4. **En :** représente *un mari* ; les pronoms adverbiaux *en* et *y* renvoier
usuellement à de l'animé en langue classique.
5. **Y :** « dans le mariage » ou « dans le mari » ; représentation lâche par l
pronom, usuelle en français classique.
6. **Précaution :** garantie.
7. **Il y en a d'aucunes :** il y a quelques femmes (valeur positive d
d'aucuns).
8. **La contrainte de leurs parents :** la contrainte où les tiennent leur
parents.

95 font du mariage un commerce de pur intérêt[1], qui ne se marient que pour gagner des douaires[2], que pour s'enrichir par la mort de ceux qu'elles épousent, et courent sans scrupule de mari en mari, pour s'approprier leurs dépouilles[3]. Ces personnes-là, à la vérité, n'y cherchent pas tant de 100 façons[4], et regardent peu la personne.

BÉLINE. Je vous trouve aujourd'hui bien raisonnante[5], et je voudrais bien savoir ce que vous voulez dire par là.

ANGÉLIQUE. Moi, Madame, que voudrais-je dire que[6] ce que je dis ?

105 **BÉLINE.** Vous êtes si sotte, mamie[7], qu'on ne saurait plus vous souffrir.

ANGÉLIQUE. Vous voudriez bien, Madame, m'obliger à vous répondre quelque impertinence ; mais je vous avertis que vous n'aurez pas cet avantage.

110 **BÉLINE.** Il n'est rien d'égal à votre insolence.

ANGÉLIQUE. Non, Madame, vous avez beau dire.

BÉLINE. Et vous avez un ridicule orgueil, une impertinente présomption[8] qui fait hausser les épaules à tout le monde.

ANGÉLIQUE. Tout cela, Madame, ne servira de rien. Je 115 serai sage en dépit de vous ; et pour vous ôter l'espérance de pouvoir réussir dans ce que vous voulez, je vais m'ôter de votre vue.

---

1. **Un commerce de pur intérêt :** une relation guidée par le seul intérêt.
2. **Douaire :** biens qu'un mari prévoit de laisser à sa femme s'il meurt avant elle.
3. **Leurs dépouilles :** leurs biens, ce qu'ils laissent à leur mort.
4. **N'y cherchent pas tant de façons :** ne font pas tant de manières.
5. **Raisonnante :** raisonneuse.
6. **Que :** sinon.
7. **Mamie :** ici, valeur de mépris.
8. **Une impertinente présomption :** une sotte vanité.

ARGAN. Écoute, il n'y a point de milieu[1] à cela : choisi
d'épouser dans quatre jours, ou Monsieur, ou un convent
120 Ne vous mettez pas en peine, je la rangerai[2] bien.

BÉLINE. Je suis fâchée de vous quitter, mon fils, mais j'a
une affaire en ville, dont je ne puis me dispenser. Je revien
drai bientôt.

ARGAN. Allez, mamour, et passez chez votre notaire, afi
125 qu'il expédie[3] ce que vous savez.

BÉLINE. Adieu, mon petit ami.

ARGAN. Adieu, mamie. Voilà une femme qui m'aime… cel
n'est pas croyable.

MONSIEUR DIAFOIRUS. Nous allons, Monsieur, prendr
130 congé de vous.

ARGAN. Je vous prie, Monsieur, de me dire un pe
comment je suis.

MONSIEUR DIAFOIRUS *lui tâte le pouls.* Allons, Thomas
prenez l'autre bras de Monsieur, pour voir si vous saure
135 porter un bon jugement de son pouls. *Quid dicis*[4] ?

THOMAS DIAFOIRUS. *Dico*[5] que le pouls de monsieur es
le pouls d'un homme qui ne se porte point bien.

MONSIEUR DIAFOIRUS. Bon.

THOMAS DIAFOIRUS. Qu'il est duriuscule[6], pour ne pa
140 dire dur.

MONSIEUR DIAFOIRUS. Fort bien.

THOMAS DIAFOIRUS. Repoussant[7].

---

1. **Milieu :** moyen terme.
2. **Je la rangerai :** je la ferai obéir.
3. **Expédie :** achève vite.
4. *Quid dicis* (latin) : que dis-tu ?
5. *Dico* (latin) : je dis.
6. **Duriuscule :** un peu dur, terme médical (du latin *durius culus*).
7. **Repoussant :** qui repousse le doigt (parce que le pouls bat fort).

MONSIEUR DIAFOIRUS. *Bene*[1].

THOMAS DIAFOIRUS. Et même un peu caprisant[2].

145 **MONSIEUR DIAFOIRUS.** *Optime*[3].

THOMAS DIAFOIRUS. Ce qui marque une intempérie[4] dans le *parenchyme splénique*[5], c'est-à-dire la rate.

MONSIEUR DIAFOIRUS. Fort bien.

ARGAN. Non : monsieur Purgon dit que c'est mon foie qui 150 est malade.

MONSIEUR DIAFOIRUS. Eh ! oui : qui dit *parenchyme*, dit l'un et l'autre, à cause de l'étroite sympathie[6] qu'ils ont ensemble, par le moyen du *vas breve du pylore*[7], et souvent des *méats cholidoques*[8]. Il vous ordonne[9] sans doute de 155 manger force rôti ?

ARGAN. Non, rien que du bouilli.

MONSIEUR DIAFOIRUS. Eh ! oui : rôti, bouilli, même chose. Il vous ordonne fort prudemment, et vous ne pouvez être en de meilleures mains.

160 **ARGAN.** Monsieur, combien est-ce qu'il faut mettre de grains de sel dans un œuf ?

MONSIEUR DIAFOIRUS. Six, huit, dix, par les nombres pairs ; comme dans les médicaments par les nombres impairs.

ARGAN. Jusqu'au revoir, Monsieur.

---

1. *Bene* (latin) : bien.
2. **Caprisant** : irrégulier (terme archaïsant, du latin *capra*, « chèvre »).
3. *Optime* (latin) : très bien.
4. **Intempérie** : dérèglement, manque d'équilibre dans les humeurs du corps, sens médical (voir p. 263).
5. **Parenchyme** : terme d'anatomie (du grec) : tissu propre aux viscères. **Splénique** : terme d'anatomie (du grec) : de la rate.
6. **Sympathie** : influence réciproque, sens médical.
7. *Vas breve* (latin) : canal biliaire. **Pylore** : terme d'anatomie (du grec) : orifice inférieur de l'estomac.
8. **Méats cholidoques** : termes d'anatomie (du latin et du grec) : conduits qui recueillent la bile.
9. **Ordonne** : prescrit.

▄ SITUER

Le spectateur a pu apprécier le ridicule des Diafoirus face à l'élégance du couple formé par Angélique et Cléante. Béline, que Toinette est allée prévenir, à la fin de la scène 2, de l'arrivée du faux maître de musique, entre alors en scène. Sa présence va remettre au premier plan le mariage d'Angélique.

▄ RÉFLÉCHIR

STRATÉGIES : l'intérêt de « bien raisonner »

1. Quels sont les arguments avancés par Angélique pour justifier son refus d'épouser Thomas Diafoirus ? Qui cherche-t-elle à persuader successivement ? Qui vise-t-elle en dénonçant le « commerce de pur intérêt » que peut être le mariage pour certaines femmes (voir p. 211) ?

2. Quel nouvel aspect du caractère d'Angélique découvre-t-on dans cette scène ?

3. Thomas Diafoirus se montre-t-il « honnête homme » en refusant de se rendre aux raisons d'Angélique ? Quels sont ses motifs pour s'obstiner à l'épouser ?

SOCIÉTÉ : le mariage et le statut de la femme

4. Quelle conception du mariage Angélique défend-elle ? À quoi et à qui s'oppose-t-elle ?

5. Au-delà de Béline, quelles pratiques sociales Molière dénonce-t-il dans cette scène ?

THÈMES : la médecine en action

6. Quelles sont les étapes de la consultation des Diafoirus ? Sont-elles conformes à la pratique médicale de l'époque (voir p. 197) ? Quel effet produit le mélange de latin et de jargon médical ?

7. « Rôti, bouilli, même chose » : quelle est l'intention de Molière lorsqu'il met en évidence l'inanité des contradictions entre les Diafoirus et M. Purgon ?

REGISTRES ET TONALITÉS : une scène composite

8. Quels sont les passages et les éléments comiques, et ceux qui ne le sont pas ? Pourquoi Molière choisit-il de finir la scène sur la consultation et non sur le conflit Angélique- Béline ?

▄ ÉCRIRE

9. Dans une lettre à une amie, Angélique raconte la scène et défend sa conception du mariage.

SCÈNE 7. BÉLINE, ARGAN.

BÉLINE. Je viens, mon fils, avant que de sortir[1], vous donner avis d'une chose à laquelle il faut que vous preniez garde. En passant par-devant la chambre d'Angélique, j'ai vu un jeune homme avec elle, qui s'est sauvé d'abord qu'[2]il m'a vue.

5 **ARGAN.** Un jeune homme avec ma fille !

BÉLINE. Oui. Votre petite fille Louison était avec eux, qui pourra vous en dire des nouvelles.

ARGAN.   Envoyez-la ici, mamour, envoyez-la ici. Ah, l'effrontée ! Je ne m'étonne plus de sa résistance.

SCÈNE 8. LOUISON, ARGAN.

LOUISON.   Qu'est-ce que vous voulez, mon papa ? Ma belle-maman m'a dit que vous me demandez.

ARGAN. Oui, venez çà[3], avancez là. Tournez-vous, levez les yeux, regardez-moi. Eh !

5 **LOUISON.** Quoi, mon papa ?

ARGAN. Là.

LOUISON. Quoi ?

ARGAN. N'avez-vous rien à me dire ?

LOUISON.   Je vous dirai, si vous voulez, pour vous
10 désennuyer, le conte de *Peau-d'âne*[4], ou bien la fable du *Corbeau et le Renard*[5], qu'on m'a appris depuis peu.

ARGAN. Ce n'est pas là ce que je demande.

LOUISON. Quoi donc ?

---

1. **Avant que de sortir :** construction usuelle, en concurrence avec « avant que sortir » et « avant de sortir » (déjà employée p. 77, l. 101).
2. **D'abord que :** dès que.
3. **Çà :** ici.
4. Conte de la tradition orale ; la version de Perrault sera publiée en 1694.
5. Fable de La Fontaine (1668, I, 2).

ARGAN. Ah ! rusée, vous savez bien ce que je veux dire.

15 **LOUISON.** Pardonnez-moi, mon papa.

ARGAN. Est-ce là comme vous m'obéissez ?

LOUISON. Quoi ?

ARGAN. Ne vous ai-je pas recommandé de me venir dire d'abord[1] tout ce que vous voyez ?

20 **LOUISON.** Oui, mon papa.

ARGAN. L'avez-vous fait ?

LOUISON. Oui, mon papa. Je vous suis venue dire tout ce que j'ai vu.

ARGAN. Et n'avez-vous rien vu aujourd'hui ?

25 **LOUISON.** Non, mon papa.

ARGAN. Non ?

LOUISON. Non, mon papa.

ARGAN. Assurément ?

LOUISON. Assurément.

30 **ARGAN.** Oh ! çà ! je m'en vais vous faire voir quelque chose, moi.

Il va prendre une poignée de verges[2].

LOUISON. Ah ! mon papa.

ARGAN. Ah, ah ! petite masque[3], vous ne me dites pas que
35 vous avez vu un homme dans la chambre de votre sœur ?

LOUISON. Mon papa !

ARGAN. Voici qui vous apprendra à mentir.

LOUISON, *se jette à genoux.* Ah ! mon papa, je vous demande pardon. C'est que ma sœur m'avait dit de ne pas
40 vous le dire ; mais je m'en vais vous dire tout.

---

1. D'abord : immédiatement.
2. Verges : baguettes servant à frapper.
3. Masque : coquine, rusée (nom féminin, du provençal *masco* « sorcière »).

ARGAN. Il faut premièrement que vous ayez le fouet pour avoir menti. Puis après nous verrons au reste.

LOUISON. Pardon, mon papa !

ARGAN. Non, non.

45 **LOUISON.** Mon pauvre papa, ne me donnez pas le fouet !

ARGAN. Vous l'aurez.

LOUISON. Au nom de Dieu ! mon papa, que je ne l'aie pas.

ARGAN, *la prenant pour la fouetter.* Allons, allons.

LOUISON. Ah ! mon papa, vous m'avez blessée. Attendez :
50 je suis morte. *(Elle contrefait[1] la morte.)*

ARGAN. Holà ! Qu'est-ce là ? Louison, Louison ! Ah, mon Dieu ! Louison. Ah ! ma fille ! Ah ! malheureux, ma pauvre fille est morte. Qu'ai-je fait, misérable ! Ah ! chiennes de verges. La peste soit des verges ! Ah ! ma pauvre fille, ma
55 pauvre petite Louison.

LOUISON. Là, là, mon papa, ne pleurez point tant, je ne suis pas morte tout à fait.

ARGAN. Voyez-vous la petite rusée ? Oh çà, çà[2] ! je vous pardonne pour cette fois-ci, pourvu que vous me disiez bien
60 tout.

LOUISON. Ho ! oui, mon papa.

ARGAN. Prenez-y bien garde au moins, car voilà un petit doigt qui sait tout, qui me dira si vous mentez.

LOUISON. Mais, mon papa, ne dites pas à ma sœur que je
65 vous l'ai dit.

ARGAN. Non, non.

LOUISON. C'est, mon papa, qu'il est venu un homme dans la chambre de ma sœur comme j'y étais.

ARGAN. Hé bien ?

---

1. **Contrefait :** imite.
2. **Çà, çà :** allons, allons.

70 **LOUISON.** Je lui ai demandé ce qu'il demandait, et il m'a dit qu'il était son maître à chanter.

ARGAN. Hon, hon. Voilà l'affaire. Hé bien ?

LOUISON. Ma sœur est venue après.

ARGAN. Hé bien ?

75 **LOUISON.** Elle lui a dit : « Sortez, sortez, sortez, mon Dieu ! sortez ; vous me mettez au désespoir. »

ARGAN. Hé bien ?

LOUISON. Et lui, il ne voulait pas sortir.

ARGAN. Qu'est-ce qu'il lui disait ?

80 **LOUISON.** Il lui disait je ne sais combien de choses.

ARGAN. Et quoi encore ?

LOUISON. Il lui disait tout ci, tout ça[1], qu'il l'aimait bien, et qu'elle était la plus belle du monde.

ARGAN. Et puis après ?

85 **LOUISON.** Et puis après, il se mettait à genoux devant elle.

ARGAN. Et puis après ?

LOUISON. Et puis après, il lui baisait les mains.

ARGAN. Et puis après ?

LOUISON. Et puis après, ma belle-maman est venue à la
90 porte, et il s'est enfui.

ARGAN. Il n'y a point autre chose ?

LOUISON. Non, mon papa.

ARGAN. Voilà mon petit doigt pourtant qui gronde[2] quel-que chose. *(Il met son doigt à son oreille.)* Attendez. Eh ! ah !
95 ah ! oui ? Oh, oh ! voilà mon petit doigt qui me dit quelque chose que vous avez vu, et que vous ne m'avez pas dit.

---

1. **Tout ci, tout ça :** ceci, cela.
2. **Gronde :** murmure.

SITUER

Béline vient d'avertir Argan qu'elle a vu un jeune homme s'enfuir de la chambre d'Angélique. Témoin de cette entrevue secrète : la petite Louison, qu'Argan fait venir aussitôt. Confrontée à son père, l'enfant va-t-elle garder le secret ou le trahir ?

RÉFLÉCHIR

REGISTRES ET TONALITÉS : le langage enfantin

1. Quels sont les traits du langage enfantin de Louison ? Examinez notamment comment elle raconte à Argan ce qu'elle a vu. Dans quelle mesure Argan adopte-t-il son langage ?

2. Le jeu et la menace : comment se manifeste l'affolement d'Argan devant la fausse mort de Louison ? Est-il réel ou feint ?

PERSONNAGES : « Il n'y a plus d'enfants »

3. Avec Joas dans *Athalie* de Racine (II, 7), Louison est l'un des rares enfants mis en scène dans le théâtre classique. Que pensez-vous de son personnage ? Cette petite fille vous paraît-elle naturelle ou non ?

4. Quel nouveau visage d'Argan voyons-nous ici ? Pouvions-nous jusqu'à présent nous douter de sa tendresse paternelle (voir p. 214) ?

MISE EN SCÈNE : comment jouer avec la mort ?

5. Cette scène peut être aussi bien plaisante qu'inquiétante. Observez l'ill. 13 p. 11. Comment caractériseriez-vous l'attitude d'Argan face à Louison ?

ÉCRIRE

6. Vous exposerez en une page les raisons pour lesquelles, selon vous, Molière a préféré à un simple récit la scène d'interrogatoire de Louison, avec le jeu de scène des verges et de la fausse mort.

LOUISON. Ah ! mon papa, votre petit doigt est un menteur

ARGAN. Prenez garde.

LOUISON. Non, mon papa, ne le croyez pas, il ment, je
100 vous assure.

ARGAN. Oh bien, bien ! nous verrons cela. Allez-vous-en
et prenez bien garde à tout : allez. Ah ! il n'y a plu
d'enfants. Ah ! que d'affaires ! je n'ai pas seulement le loisi
de songer à ma maladie. En vérité, je n'en puis plus.

Il se remet dans sa chaise.

SCÈNE 9. BÉRALDE, ARGAN.

BÉRALDE. Hé bien ! mon frère, qu'est-ce ? Comment vou
portez-vous ?

ARGAN. Ah ! mon frère, fort mal.

BÉRALDE. Comment « fort mal » ?

5 **ARGAN.** Oui, je suis dans une faiblesse si grande que cela
n'est pas croyable.

BÉRALDE. Voilà qui est fâcheux[1].

ARGAN. Je n'ai pas seulement la force de pouvoir parler.

BÉRALDE. J'étais venu ici, mon frère, vous proposer un
10 parti[2] pour ma nièce Angélique.

ARGAN, *parlant avec emportement, et se levant de sa chaise*
Mon frère, ne me parlez point de cette coquine-là. C'est une
friponne, une impertinente, une effrontée, que je mettra
dans un convent avant qu'il soit deux jours[3].

15 **BÉRALDE.** Ah ! voilà qui est bien : Je suis bien aise que la
force vous revienne un peu, et que ma visite vous fasse du
bien. Oh çà ! nous parlerons d'affaires tantôt[4]. Je vou

---

1. **Fâcheux :** ennuyeux.
2. **Un parti :** un mariage.
3. **Avant qu'il soit deux jours :** avant deux jours.
4. **Tantôt :** tout à l'heure.

amène ici un divertissement, que j'ai rencontré, qui dissipera
votre chagrin, et vous rendra l'âme mieux disposée aux
20 choses que nous avons à dire. Ce sont des Égyptiens[1], vêtus
en Mores[2], qui font des danses mêlées de chansons, où[3] je
suis sûr que vous prendrez plaisir ; et cela vaudra bien une
ordonnance de monsieur Purgon. Allons.

---

1. Égyptiens : Bohémiens.
2. Mores : Arabes.
3. Où : auxquelles (voir note 1, p. 52).

SECOND INTERMÈDE

Le frère du Malade imaginaire lui amène, pour le divertir, plusieurs Égyptiens et Égyptiennes, vêtus en Mores, qui font des danses entremêlées de chansons.

PREMIÈRE FEMME MORE

Profitez du printemps
De vos beaux ans,
Aimable jeunesse ;
Profitez du printemps
5 *De vos beaux ans,*
Donnez-vous à la tendresse.

Les plaisirs les plus charmants,
Sans l'amoureuse flamme,
Pour contenter une âme
10 *N'ont point d'attraits assez puissants.*

Profitez du printemps
De vos beaux ans,
Aimable jeunesse ;
Profitez du printemps
15 *De vos beaux ans,*
Donnez-vous à la tendresse.

Ne perdez point ces précieux moments :
La beauté passe,
Le temps l'efface,
20 *L'âge de glace[1]*
Vient à sa place,
Qui nous ôte le goût de ces doux passe-temps.

Profitez du printemps
De vos beaux ans,

---

1. **L'âge de glace :** la vieillesse.

25 *Aimable jeunesse ;*
Profitez du printemps
De vos beaux ans,
Donnez-vous à la tendresse.

SECONDE FEMME MORE

Quand d'aimer on nous presse,
30 *À quoi songez-vous ?*
Nos cœurs, dans la jeunesse,
N'ont vers la tendresse
Qu'un penchant trop doux ;
L'amour a pour nous prendre
35 *De si doux attraits,*
Que de soi[1], sans attendre,
On voudrait se rendre
À ses premiers traits[2] :
Mais tout ce qu'on écoute[3]
40 *Des vives douleurs*
Et des pleurs
Qu'il nous coûte
Fait qu'on en redoute
Toutes les douceurs.

TROISIÈME FEMME MORE

45 *Il est doux, à notre âge,*
D'aimer tendrement
Un amant
Qui s'engage :
Mais, s'il est volage[4],
50 *Hélas ! quel tourment !*

---

1. **De soi :** de soi-même, spontanément.
2. **Traits :** flèches. Dans la mythologie, le dieu de l'amour, Éros-Cupidon, est armé d'un arc et de flèches pour percer les cœurs.
3. **Tout ce qu'on écoute :** tout ce qu'on entend dire.
4. **Volage :** inconstant.

QUATRIÈME FEMME MORE

L'amant qui se dégage[1]
N'est pas le malheur :
La douleur
Et la rage,
55 *C'est que le volage*
Garde notre cœur.

SECONDE FEMME MORE

Quel parti faut-il prendre
Pour nos jeunes cœurs ?

QUATRIÈME FEMME MORE

Devons-nous nous y[2] rendre
60 *Malgré ses rigueurs ?*

ENSEMBLE

Oui, suivons ses ardeurs,
Ses transports, ses caprices,
Ses douces langueurs ;
S'il a quelques supplices,
65 *Il a cent délices*
Qui charment les cœurs.

ENTRÉE DE BALLET

Tous les Mores dansent ensemble et font sauter de
singes qu'ils ont amenés avec eux.

---

1. **Qui se dégage :** qui rompt.
2. **Y :** à l'amant volage, ou à l'amour (impliqué par le contexte).

124

L'ACTION : Diafoirus ou le couvent

1. Nous connaissons maintenant tous les personnages qui jouent un rôle dans l'intrigue. La situation semble bloquée : Angélique et Cléante se sont avoué leur amour, Angélique a refusé d'épouser Thomas Diafoirus, qui lui-même n'est pas prêt de renoncer à un mariage avantageux. Argan a mis sa fille en demeure de choisir entre le mariage ou un couvent, ce qui arrange bien les affaires de Béline.

Comment la situation pourrait-elle se dénouer ?

PERSONNAGES : de nouvelles connaissances : les Diafoirus, Louison, Cléante et Béralde, et une révélation : Angélique

2. Après l'acte d'Argan, l'acte II est l'acte des Diafoirus. Quelle est leur fonction dramatique* ? Quel est leur rôle dans la satire sociale de la médecine ? Quelle est leur fonction comique (voir p. 195 et 212) ?

3. Quels personnages s'opposent aux Diafoirus ? En particulier, qu'est-ce que l'acte a apporté aux deux amants, Angélique et Cléante ? Y a-t-il une issue possible à leur amour ?

SOCIÉTÉ : les groupes et leurs langages

4. Quelles sont les principales critiques que Molière fait au corps médical ? Par quel moyen (voir p. 195) ?

LA PAROLE RÉVÉLATRICE : la diversité des langages

5. Molière différencie ses personnages et leur milieu social par leur langage. Quels groupes de personnages opposeriez-vous de ce point de vue ? Pour lesquels la caractérisation par la parole vous semble-t-elle la plus efficace ? (Voir p. 212)

REGISTRES ET TONALITÉS : un acte composite et ambigu

6. Plus encore que le premier acte, l'acte II se caractérise par une grande diversité de tons et d'effets comiques. Relevez quelques passages qui s'opposent par leur registre : farce, comédie satirique, comédie galante, pastorale (voir p. 262).

L'ART DU THÉÂTRE : l'acte et l'intermède

7. Comment le second intermède se trouve-t-il introduit ? Qui le regarde ? Son lien à la comédie est-il vraisemblable ?

8. Quelle est la leçon donnée à Argan au cours de l'intermède ? À quelle autre romance chantée fait-il échec et que laisse-t-il espérer pour la suite de la comédie ?

9. Dans quelle tonalité l'intermède conclut-il l'acte ? (voir p. 203)

ACTE III

SCÈNE PREMIÈRE. BÉRALDE, ARGAN, TOINETTE.

BÉRALDE. Hé bien ! mon frère, qu'en dites-vous ? cela ne vaut-il pas une prise de casse[1] ?

TOINETTE. Hon[2] ! de bonne casse est bonne[3].

BÉRALDE. Oh çà[4] ! voulez-vous que nous parlions un peu
5 ensemble ?

ARGAN. Un peu de patience, mon frère, je vais revenir.

TOINETTE. Tenez, Monsieur, vous ne songez pas[5] que vous ne sauriez marcher sans bâton.

ARGAN. Tu as raison.

SCÈNE 2. BÉRALDE, TOINETTE.

TOINETTE. N'abandonnez pas, s'il vous plaît, les intérêts de votre nièce.

BÉRALDE. J'emploierai toutes choses pour lui obtenir ce qu'elle souhaite.

5 **TOINETTE.** Il faut absolument empêcher ce mariage extravagant qu'il s'est mis dans la fantaisie[6], et j'avais songé en moi-même que ç'aurait été une bonne affaire de pouvoir introduire ici un médecin à notre poste[7], pour le dégoûter de son Monsieur Purgon, et lui décrier[8] sa conduite. Mais

---

1. **Prise** : dose. **Casse** : pulpe du fruit du cassier, utilisé en médecine pour ses vertus purgatives.
2. **Hon** : interjection ; marque ici l'admiration ironique.
3. **De bonne casse est bonne** : une prise de bonne casse est bonne (délicieuse).
4. **Oh çà** : interjection ; marque l'encouragement.
5. **Vous ne songez pas** : vous oubliez.
6. **Fantaisie** : voir p. 262.
7. **À notre poste** : à notre gré.
8. **Décrier** : critiquer, dévaloriser.

■ SITUER

Béralde et Argan, spectateurs de l'intermède, sont restés en scène et ont été rejoints par Toinette. Béralde veut reprendre la conversation entamée à la fin de l'acte II, quand Argan s'éclipse une fois de plus, le laissant seul avec Toinette.

■ RÉFLÉCHIR

DRAMATURGIE : deux scènes de transition

1. Relevez dans la première réplique de Béralde les termes qui ne peuvent s'interpréter qu'en référence à la dernière scène de l'acte II et à l'intermède. Quelle conclusion en tirez-vous quant à la manière dont Molière enchaîne les deux actes ?

2. Quelle est la fonction de la scène 1 ? Comment fait-elle attendre la scène 3 ? Pourquoi Argan sort-il de scène ?

3. En quoi Toinette relance-t-elle l'action à la scène 2 ? En quels termes annonce-t-elle une nouvelle péripétie* ? À quoi le spectateur peut-il s'attendre ?

STRATÉGIES : deux tactiques pour un même but

4. Béralde et Toinette travaillent chacun à favoriser les amours d'Angélique et Cléante ; en quoi leurs tactiques sont-elles différentes et complémentaires ? Seront-elles couronnées de succès ?

PERSONNAGES : une servante-maîtresse

5. Dans quels termes Toinette parle-t-elle à et de son maître ? Comment s'adresse-t-elle à Béralde ? Se comporte-t-elle en servante ?

■ DIRE

Imaginez comment Molière pourrait expliquer à un jeune auteur venu lui demander conseil les différentes recettes pour lier adroitement les actes d'une comédie.

10 comme nous n'avons personne en main pour cela, j'ai résolu de jouer un tour de ma tête[1].

BÉRALDE. Comment ?

TOINETTE. C'est une imagination burlesque[2]. Cela sera peut-être plus heureux[3] que sage. Laissez-moi faire : agissez
15 de votre côté. Voici notre homme.

SCÈNE 3. ARGAN, BÉRALDE.

BÉRALDE. Vous voulez bien, mon frère, que je vous demande, avant toute chose, de ne vous point échauffer l'esprit[4] dans notre conversation.

ARGAN. Voilà qui est fait.

5 **BÉRALDE.** De répondre sans nulle aigreur[5] aux choses que je pourrai vous dire.

ARGAN. Oui.

BÉRALDE. Et de raisonner ensemble, sur les affaires dont nous avons à parler, avec un esprit détaché de toute passion[6].

10 **ARGAN.** Mon Dieu ! oui. Voilà bien du préambule[7].

BÉRALDE. D'où vient, mon frère, qu'ayant le bien que vous avez, et n'ayant d'enfants qu'une fille, car je ne compte pas la petite, d'où vient, dis-je, que vous parlez de la mettre dans un couvent[8] ?

15 **ARGAN.** D'où vient, mon frère, que je suis maître dans ma famille pour faire ce que bon me semble ?

BÉRALDE. Votre femme ne manque pas de vous conseiller de vous défaire[9] ainsi de vos deux filles, et je ne doute point

---

1. **De ma tête :** de mon invention.
2. **Imagination burlesque :** invention plaisante. Voir p. 263.
3. **Heureux :** à la fois bien trouvé, drôle et qui atteint son but.
4. **De ne vous point échauffer l'esprit :** de ne pas vous mettre en colère.
5. **Sans nulle aigreur :** sans aucune mauvaise humeur.
6. **Passion :** emportement. Voir p. 265.
7. **Voilà bien du préambule :** voilà un bien long début de discours.
8. **Convent :** forme ancienne pour *couvent*.
9. **Défaire :** débarrasser.

que, par un esprit de charité, elle ne fût[1] ravie de les voir
20 toutes deux bonnes religieuses.

ARGAN.   Oh çà ! nous y voici. Voilà d'abord la pauvre
femme en jeu[2] : c'est elle qui fait tout le mal, et tout le
monde lui en veut.

BÉRALDE.   Non, mon frère ; laissons-la là ; c'est une femme
25 qui a les meilleures intentions du monde pour votre famille,
et qui est détachée de toute sorte d'intérêt, qui a pour vous
une tendresse merveilleuse, et qui montre pour vos enfants
une affection et une bonté qui n'est pas concevable[3] : cela est
certain. N'en parlons point, et revenons à votre fille. Sur[4]
30 quelle pensée, mon frère, la voulez-vous donner en mariage
au fils d'un médecin ?

ARGAN.   Sur la pensée, mon frère, de me donner un gendre
tel qu'il me faut.

BÉRALDE.   Ce n'est point là, mon frère, le fait de votre fille[5],
35 et il se présente un parti plus sortable[6] pour elle.

ARGAN.   Oui, mais celui-ci, mon frère, est plus sortable
pour moi.

BÉRALDE.   Mais le mari qu'elle doit prendre doit-il être,
mon frère, ou pour elle, ou pour vous ?

40 ARGAN.   Il doit être, mon frère, et pour elle, et pour moi, et
je veux mettre dans ma famille les gens dont j'ai besoin.

BÉRALDE.   Par cette raison-là, si votre petite était grande,
vous lui donneriez en mariage un apothicaire ?

ARGAN.   Pourquoi non ?

---

1. **Fût :** serait (voir note 4 p. 88).
2. **En jeu :** en cause.
3. Le verbe est au singulier, ce qui prouve que le relatif reprend les deux
   mots « affection » et « bonté » comme un tout indissociable et renvoyant
   à la même réalité (ce sont deux synonymes).
4. **Sur :** en vous fondant sur.
5. **Le fait de votre fille :** ce qui convient à votre fille.
6. **Plus sortable :** mieux assorti, qui lui convient mieux.

45 **BÉRALDE.** Est-il possible que vous serez[1] toujours embéguiné[2] de vos apothicaires et de vos médecins, et que vous vouliez être malade en dépit des gens et de la nature ?

ARGAN. Comment l'entendez-vous[3], mon frère ?

BÉRALDE. J'entends[4], mon frère, que je ne vois point
50 d'homme qui soit moins malade que vous, et que je ne demanderais point une meilleure constitution[5] que la vôtre. Une grande marque que vous vous portez bien, et que vous avez un corps parfaitement bien composé[6], c'est qu'avec tous les soins que vous avez pris, vous n'avez pu parvenir encore à
55 gâter la bonté de votre tempérament[7], et que vous n'êtes point crevé[8] de toutes les médecines qu'on vous a fait prendre.

ARGAN. Mais savez-vous, mon frère, que c'est cela qui me conserve, et que monsieur Purgon dit que je succomberais, s'il était seulement trois jours sans prendre soin de moi ?

60 **BÉRALDE.** Si vous n'y prenez garde, il prendra tant de soin qu'il vous enverra[9] en l'autre monde.

ARGAN. Mais raisonnons un peu, mon frère. Vous ne croyez[10] donc point à la médecine ?

BÉRALDE. Non, mon frère, et je ne vois pas que, pour son
65 salut[11] il soit nécessaire d'y croire.

---

1. **Serez** : indicatif ; usuel en français classique, en concurrence avec le subjonctif
2. **Embéguiné** : entiché (même image que *être coiffé de quelqu'un*, le béguin étant un bonnet).
3. **Comment l'entendez-vous** : que voulez-vous dire ?
4. **J'entends** : je veux dire.
5. **Constitution** : organisation du corps humain.
6. **Bien composé** : bien constitué, de santé vigoureuse. Voir p. 263.
7. **La bonté de votre tempérament** : l'excellence de votre état physique. En médecine, le tempérament est la constitution naturelle du corps, née du mélange des humeurs. Voir p. 263.
8. **Crevé** : mort (le mot n'a pas au XVIIᵉ siècle de couleur populaire).
9. **Envoiera** : enverra.
10. **Croire** : terme clef de la scène. La médecine, comme la religion, est ici affaire de croyance.
11. **Salut** : à la fois santé du corps (latin *salus*, « santé ») et salut de l'âme.

ARGAN. Quoi ? vous ne tenez pas véritable une chose établie par tout le monde, et que tous les siècles ont révérée ?

BÉRALDE. Bien loin de la tenir véritable, je la trouve, entre nous, une des plus grandes folies qui soit parmi les hommes,
70 et, à regarder les choses en philosophe[1], je ne vois point de plus plaisante momerie[2], je ne vois rien de plus ridicule qu'un homme qui se veut mêler d'en guérir[3] un autre.

ARGAN. Pourquoi ne voulez-vous pas, mon frère, qu'un homme en puisse guérir un autre ?

75 **BÉRALDE.** Par la raison, mon frère, que les ressorts de notre machine[4] sont des mystères[5], jusques ici, où les hommes ne voient goutte, et que la nature nous a mis au-devant des yeux des voiles trop épais pour y connaître quelque chose[6].

ARGAN. Les médecins ne savent donc rien, à votre compte[7] ?

80 **BÉRALDE.** Si fait, mon frère. Ils savent la plupart de fort belles humanités[8], savent parler en beau latin, savent nommer en grec toutes les maladies, les définir et les diviser[9] ; mais, pour ce qui est de les guérir, c'est ce qu'ils ne savent point du tout.

ARGAN. Mais toujours faut-il demeurer d'accord que, sur
85 cette matière, les médecins en savent plus que les autres.

BÉRALDE. Ils savent, mon frère, ce que je vous ai dit, qui ne guérit pas de grand-chose ; et toute l'excellence de leur art consiste en un pompeux galimatias[10], en un spécieux babil[11],

---

1. **Philosophe :** observateur des hommes ; ici, euphémisme pour *libertin, esprit fort*.
2. **Momerie :** mascarade bouffonne et, au sens figuré, hypocrisie.
3. **Guérir :** terme ambivalent, à la fois guérir le corps (sens médical) et guérir l'âme (sens religieux).
4. **Ressorts :** mécanismes qui mettent en mouvement ; **notre machine :** notre corps (en tant qu'ensemble organisé doué de mouvement).
5. **Mystères et voiles** (l. 78) : termes religieux.
6. **Pour y connaître quelque chose :** pour que nous y connaissions....
7. **À votre compte :** selon vous.
8. **Humanités :** études littéraires classiques.
9. **Diviser :** distinguer et classer.
10. **Galimatias :** discours embrouillé et prétentieux, jargon.
11. **Spécieux babil :** bavardage de belle apparence mais creux.

qui vous donne des mots pour des raisons, et des promesses
90 pour des effets.

ARGAN. Mais enfin, mon frère, il y a des gens aussi sages et
aussi habiles que vous ; et nous voyons, que dans la maladie,
tout le monde a recours aux médecins.

BÉRALDE. C'est une marque de la faiblesse humaine, et
95 non pas de la vérité de leur art.

ARGAN. Mais il faut bien que les médecins croient leur art
véritable, puisqu'ils s'en servent pour eux-mêmes.

BÉRALDE. C'est qu'il y en a parmi eux qui sont eux-mêmes
dans l'erreur[1] populaire, dont ils profitent, et d'autres qui en
100 profitent sans y être. Votre Monsieur Purgon, par exemple, n'y
sait point de finesse[2] : c'est un homme tout médecin, depuis la
tête jusqu'aux pieds ; un homme qui croit à ses règles plus qu'à
toutes les démonstrations des mathématiques, et qui croirait du
crime[3] à les vouloir examiner[4] ; qui ne voit rien d'obscur dans la
105 médecine, rien de douteux, rien de difficile, et qui, avec une
impétuosité de prévention[5], une roideur de confiance, une
brutalité[6] de sens commun et de raison, donne au travers[7] des
purgations et des saignées, et ne balance[8] aucune chose. Il ne lui
faut point vouloir mal de tout ce qu'il pourra vous faire : c'est
110 de la meilleure foi[9] du monde qu'il vous expédiera[10], et il ne
fera, en vous tuant, que ce qu'il fait à sa femme et à ses enfants,
et ce qu'en un besoin il ferait à lui-même.

---

1. **Erreur :** opinion fausse ; **populaire :** commune.
2. **N'y sait point de finesse :** n'y met point d'artifice.
3. **Qui croirait du crime :** qui croirait qu'il y a du crime.
4. **À les vouloir examiner :** à la fois s'il voulait lui-même et si on voulait les
   examiner ; **examiner :** soumettre à la critique (en termes religieux, on dit
   examiner sa conscience).
5. **Prévention :** préjugés.
6. **Brutalité :** grossièreté, caractère de la brute (= la bête, l'animal).
7. **Donne au travers des purgations :** se jette aveuglément dans les
   purgations (image militaire).
8. **Ne balance :** n'examine.
9. **De la meilleure foi :** le plus sincèrement. **Foi :** terme religieux.
10. **Expédiera :** exécutera (se dit des condamnés à mort).

ARGAN. C'est que vous avez, mon frère, une dent de lait[1]
contre lui. Mais enfin venons au fait. Que faire donc quand
115 on est malade ?

BÉRALDE. Rien, mon frère.

ARGAN. Rien ?

BÉRALDE. Rien. Il ne faut que demeurer en repos. La nature[2],
d'elle-même, quand nous la laissons faire, se tire doucement du
120 désordre où elle est tombée[3]. C'est notre inquiétude, c'est
notre impatience qui gâte tout, et presque tous les hommes
meurent de leurs remèdes, et non pas de leurs maladies.

ARGAN. Mais il faut demeurer d'accord, mon frère, qu'on
peut aider cette nature par de certaines choses.

125 **BÉRALDE.** Mon Dieu ! mon frère, ce sont pures idées, dont
nous aimons à nous repaître[4] ; et, de tout temps, il s'est glissé
parmi les hommes de belles imaginations[5], que nous venons à
croire, parce qu'elles nous flattent[6] et qu'il serait à souhaiter
qu'elles fussent véritables. Lorsqu'un médecin vous parle
130 d'aider, de secourir, de soulager la nature, de lui ôter ce qui lui
nuit et lui donner ce qui lui manque, de la rétablir et de la
remettre dans une pleine facilité de ses fonctions ; lorsqu'il vous
parle de rectifier[7] le sang, de tempérer[8] les entrailles et le cerveau,
de dégonfler la rate, de raccommoder[9] la poitrine, de réparer le
135 foie, de fortifier le cœur, de rétablir et conserver la chaleur naturelle, et d'avoir des secrets pour étendre la vie à de longues
années : il vous dit justement[10] le roman de la médecine.

---

1. **Vous avez une dent de lait contre lui :** vous lui en voulez depuis
   longtemps (voir *avoir une dent contre quelqu'un*).
2. **Nature :** voir p. 264.
3. Le terme évoque ici l'idée de la chute de la religion chrétienne.
4. **Nous repaître :** nous satisfaire.
5. **Imaginations :** idées fausses. Voir p. 263.
6. **Flatter :** tromper par une illusion agréable.
7. **Rectifier :** terme de chimie : purifier.
8. **Tempérer :** modérer la chaleur.
9. **Raccommoder :** remettre en bon état.
10. **Justement :** exactement.

Mais quand vous venez à la vérité et à l'expérience, vous ne
trouvez rien de tout cela, et il en est comme de ces beaux
140 songes qui ne vous laissent au réveil que le déplaisir de les
avoir crus.

ARGAN. C'est-à-dire que toute la science du monde est
renfermée dans votre tête, et vous voulez en savoir plus que
tous les grands médecins de notre siècle.

145 **BÉRALDE.** Dans les discours et dans les choses, ce sont deux
sortes de personnes que vos grands médecins. Entendez-les
parler : les plus habiles[1] du monde ; voyez-les faire : les plus
ignorants de tous les hommes.

ARGAN. Hoy ! Vous êtes un grand docteur[2], à ce que je
150 vois, et je voudrais bien qu'il y eût ici quelqu'un de ces
messieurs pour rembarrer[3] vos raisonnements et rabaisser
votre caquet.

BÉRALDE. Moi, mon frère, je ne prends point à tâche de
combattre la médecine ; et chacun, à ses périls et fortune[4], peut
155 croire tout ce qu'il lui plaît. Ce que j'en dis n'est qu'entre
nous, et j'aurais souhaité de pouvoir un peu vous tirer de
l'erreur où vous êtes, et, pour vous divertir, vous mener voir,
sur ce chapitre, quelqu'une des comédies de Molière.

ARGAN. C'est un bon impertinent[5] que votre Molière avec
160 ses comédies, et je le trouve bien plaisant[6] d'aller jouer[7]
d'honnêtes gens comme les médecins.

BÉRALDE. Ce ne sont point les médecins qu'il joue, mais le
ridicule de la médecine.

---

1. **Habiles :** savants.
2. **Docteur :** savant qui fait autorité dans son domaine ; terme ambivalent, à
la fois docteur en médecine et docteur en théologie.
3. **Rembarrer :** repousser.
4. **À ses périls et fortune :** à ses risques et périls.
5. **Impertinent :** voir p. 264.
6. **Plaisant :** ridicule.
7. **Jouer :** mettre sur le théâtre pour les tourner en ridicule.

ARGAN. C'est bien à lui de se mêler de contrôler la méde-
165 cine ; voilà un bon nigaud, un bon impertinent, de se
moquer des consultations et des ordonnances, de s'attaquer
au corps des médecins, et d'aller mettre sur son théâtre des
personnes vénérables comme ces messieurs-là.

BÉRALDE. Que voulez-vous qu'il y mette que[1] les diverses
170 professions des hommes ? On y met bien tous les jours les princes
et les rois, qui sont d'aussi bonne maison[2] que les médecins.

ARGAN. Par la mort non de diable[3] ! si j'étais que[4] des médecins, je me vengerais de son impertinence ; et quand il sera
malade, je le laisserais mourir sans secours[5]. Il aurait beau faire
175 et beau dire, je ne lui ordonnerais pas la moindre petite
saignée, le moindre petit lavement, et je lui dirais : « Crève,
crève ! cela t'apprendra une autre fois à te jouer à[6] la Faculté. »

BÉRALDE. Vous voilà bien en colère contre lui.

ARGAN. Oui, c'est un malavisé[7], et si les médecins sont
180 sages, ils feront ce que je dis.

BÉRALDE. Il sera encore plus sage que vos médecins, car il
ne leur demandera point de secours.

ARGAN. Tant pis pour lui s'il n'a point recours aux remèdes.

BÉRALDE. Il a ses raisons pour n'en point vouloir, et il sou-
185 tient que cela n'est permis qu'aux gens vigoureux et robustes,
et qui ont des forces de reste pour porter[8] les remèdes avec la
maladie ; mais que, pour lui, il n'a justement de la force que
pour porter son mal.

---

1. **Que** : sinon.
2. **D'aussi bonne maison** : de race aussi noble.
3. **Juron** qui se substitue par euphémisme* au blasphème « par la mort Dieu ».
4. **Si j'étais que** : si j'étais à la place.
5. **Secours** : à la fois secours de la médecine (soins) et secours de la religion
(sacrements).
6. **Te jouer à** : t'attaquer à.
7. **Malavisé** : sot.
8. **Porter** : supporter.

ARGAN. Les sottes raisons que voilà ! Tenez, mon frère, ne
190 parlons point de cet homme-là davantage, car cela
m'échauffe la bile, et vous me donneriez mon mal[1].

BÉRALDE. Je le veux bien, mon frère ; et, pour changer de
discours, je vous dirai que, sur une petite répugnance[2] que
vous témoigne votre fille, vous ne devez point prendre les
200 résolutions violentes de la mettre dans un couvent ; que,
pour le choix d'un gendre, il ne vous faut pas suivre aveuglément la passion qui vous emporte, et qu'on doit, sur cette
matière, s'accommoder[3] un peu à l'inclination[4] d'une fille,
puisque c'est pour toute la vie, et que de là dépend tout le
205 bonheur d'un mariage.

SCÈNE 4. MONSIEUR FLEURANT, *une seringue*[5]
à la main, ARGAN, BÉRALDE.

ARGAN. Ah ! mon frère, avec votre permission.

BÉRALDE. Comment ? que voulez-vous faire ?

ARGAN. Prendre ce petit lavement-là ; ce sera bientôt fait.

BÉRALDE. Vous vous moquez. Est-ce que vous ne sauriez
5 être un moment sans lavement ou sans médecine[6] ? Remettez
cela à une autre fois, et demeurez un peu en repos.

ARGAN. Monsieur Fleurant, à ce soir ou à demain au matin.

MONSIEUR FLEURANT, *à Béralde*. De quoi vous mêlez-
vous de vous opposer aux ordonnances[7] de la médecine, et
10 d'empêcher monsieur de prendre mon clystère ? Vous êtes
bien plaisant[8] d'avoir cette hardiesse-là !

---

1. Vous me donneriez mon mal : vous me rendriez malade.
2. Répugnance : opposition, résistance.
3. S'accommoder : se conformer.
4. Inclination : attirance amoureuse.
5. Seringue : seringue à lavement.
6. Médecine : potion purgative.
7. Ordonnances : commandements.
8. Plaisant : risible, extravagant.

ACTE III SCÈNE 4

■ SITUER

La conversation entre les deux frères va enfin avoir lieu, mais elle dévie rapidement de son sujet initial, le mariage d'Angélique sur lequel Argan se montre intraitable, vers l'obsession d'Argan, la médecine. Que peut-il résulter de cet entretien ?

■ RÉFLÉCHIR

STRATÉGIES : « Raisonnons un peu, mon frère »

1. Quels termes (conjonctions, adverbes, mots et expressions) signalent les articulations de la scène ? Comment se termine-t-elle ?

2. Relevez les marques de la personne dans les lignes 29 à 44. Quelle conclusion en tirez-vous sur l'organisation du dialogue ?

3. Examinez comment les répliques s'enchaînent de la ligne 29 à 122 : question-réponse, reprise des mêmes mots, adverbes argumentatifs *(mais, donc, c'est-à-dire)*...

PERSONNAGES : le malade et le « philosophe »

4. Que pensez vous de la réplique d'Argan : « je veux mettre dans ma famille les gens dont j'ai besoin » ? Que confirme-t-elle de son caractère ?

5. Quel type de personnage Béralde incarne-t-il ? À quoi le voit-on ?

THÈMES : médecine, religion, mariage et comédie

« Le roman de la médecine »

6. Relevez et classez les termes que Béralde applique à la médecine et qui appartiennent au champ lexical* de l'illusion. Comment s'organisent-ils, notamment dans la tirade de la ligne 130 à 146 ? À quels autres termes Béralde les oppose-t-il ? Comment comprenez-vous l'expression : « le roman de la médecine » ?

7. Quel portrait Béralde trace-t-il de M. Purgon, et que lui reproche-t-il ? Sur quels termes antonymes* ce portrait est-il construit ? Que pense-t-il en général de la compétence des médecins et de la médecine (voir p. 199) ?

8. La conviction d'Argan que l'on peut « aider la nature » et essayer de guérir les malades est-elle déraisonnable en soi ? Qu'est-ce qui est déraisonnable chez Argan ?

Derrière la médecine, le « roman » de la religion

9. Dans les lignes 59 à 116, quels sont les termes qui appartiennent à la fois au vocabulaire de la médecine et à celui de la religion ? Qu'en concluez-vous sur la cible des attaques de Béralde ?

10. Comment les arguments qu'invoque Béralde contre la médecine et les médecins peuvent-ils servir aussi à attaquer la religion et les prêtres ?

11. Dans la perspective d'une lecture antireligieuse de cette scène, que devient le rôle de Béralde ? Comment comprenez-vous sa réplique, l. 158-160 ? Pourquoi cette lecture antireligieuse est-elle masquée ?

Un mari pour qui ?

12. Quelle conception du mariage Béralde défend-il contre Argan ?

L'ombre de Molière ou la comédie contre la médecine

13. Comment est amenée la discussion sur le théâtre de Molière ? Pourquoi Béralde donne-t-il Molière en exemple à Argan ? Qu'attend-il de l'influence du divertissement sur l'esprit d'Argan ?

14. Quel rôle Argan joue-t-il dans son dialogue fictif avec Molière ? Que pensez-vous de sa violence à l'égard de Molière malade ?

15. À la lumière des deux lectures possibles de la scène (satire antimédicale et satire antireligieuse), quelle est à votre avis la position de Molière dans ce débat ?

MISE EN SCÈNE : jouer assis ou jouer debout ?

16. Cette longue scène ralentit l'action et risque d'ennuyer le spectateur. Comment la mise en scène peut-elle éviter cette baisse de tension dramatique ?

17. Comment rendre sensible la présence de Molière dans cette scène ?

ÉCRIRE

18. Imaginez comment un médecin compétent (il y en avait à l'époque de Molière) pourrait défendre efficacement la médecine face à Béralde.

BÉRALDE. Allez, Monsieur, on voit bien que vous n'avez pas accoutumé de parler à des visages.

MONSIEUR FLEURANT. On ne doit point ainsi se jouer des
5 remèdes, et me faire perdre mon temps. Je ne suis venu ici que sur une bonne ordonnance[1], et je vais dire à Monsieur Purgon comme[2] on m'a empêché d'exécuter ses ordres et de faire ma fonction. Vous verrez, vous verrez…

ARGAN. Mon frère, vous serez cause ici de quelque
20 malheur.

BÉRALDE. Le grand malheur de ne pas prendre un lavement que Monsieur Purgon a ordonné ! Encore un coup[3], mon frère, est-il possible qu'il n'y ait pas moyen de vous guérir de la maladie des médecins, et que vous vouliez être
25 toute votre vie enseveli dans leurs remèdes ?

ARGAN. Mon Dieu ! mon frère, vous en parlez comme un homme qui se porte bien ; mais, si vous étiez à ma place, vous changeriez bien de langage. Il est aisé de parler contre la médecine quand on est en pleine santé.

30 **BÉRALDE.** Mais quel mal avez-vous ?

ARGAN. Vous me feriez enrager. Je voudrais que vous l'eussiez, mon mal, pour voir si vous jaseriez tant[4]. Ah ! voici Monsieur Purgon.

SCÈNE 5.   MONSIEUR PURGON, ARGAN, BÉRALDE, TOINETTE.

MONSIEUR PURGON. Je viens d'apprendre là-bas, à la porte, de jolies nouvelles : qu'on se moque ici de mes ordonnances, et qu'on a fait refus de prendre le remède que j'avais prescrit.

---

1. **Bonne ordonnance :** prescription en bonne et due forme.
2. **Comme :** adverbe interrogatif, en concurrence au XVIIe siècle avec *comment* (seule forme possible en français moderne).
3. **Encore un coup :** encore une fois.
4. **Si vous jaseriez tant :** si vous parleriez tant à tort et à travers.

5 **ARGAN.** Monsieur, ce n'est pas…

MONSIEUR PURGON. Voilà une hardiesse bien grande, une étrange rébellion d'un malade contre son médecin.

TOINETTE. Cela est épouvantable.

MONSIEUR PURGON. Un clystère que j'avais pris plaisir à
10 composer moi-même.

ARGAN. Ce n'est pas moi.

MONSIEUR PURGON. Inventé et formé[1] dans toutes les règles de l'art.

TOINETTE. Il a tort.

15 **MONSIEUR PURGON.** Et qui devait faire dans les entrailles un effet merveilleux.

ARGAN. Mon frère ?

MONSIEUR PURGON. Le renvoyer avec mépris !

ARGAN. C'est lui…

20 **MONSIEUR PURGON.** C'est une action exorbitante[2].

TOINETTE. Cela est vrai.

MONSIEUR PURGON. Un attentat[3] énorme contre la médecine.

ARGAN. Il est cause…

25 **MONSIEUR PURGON.** Un crime de lèse-Faculté[4] qui ne se peut assez punir.

TOINETTE. Vous avez raison.

MONSIEUR PURGON. Je vous déclare que je romps commerce[5] avec vous.

---

1. **Formé :** préparé.
2. **Exorbitante :** qui transgresse ce qu'on peut tolérer.
3. **Attentat :** outrage, crime, souvent contre l'autorité royale ou contre la loi.
4. **Lèse-Faculté :** formé sur « lèse-Majesté », qui est le plus grand des crimes.
5. **Commerce :** toutes relations.

30 ARGAN. C'est mon frère...

MONSIEUR PURGON. Que je ne veux plus d'alliance[1] avec vous.

TOINETTE. Vous ferez bien.

MONSIEUR PURGON. Et que, pour finir toute liaison avec
35 vous, voilà la donation que je faisais à mon neveu, en faveur du mariage. *(Il déchire violemment la donation.)*

ARGAN. C'est mon frère qui a fait tout le mal.

MONSIEUR PURGON. Mépriser mon clystère !

ARGAN. Faites-le venir, je m'en vais le prendre.

40 MONSIEUR PURGON. Je vous aurais tiré d'affaire avant qu'il fût peu.

TOINETTE. Il ne le mérite pas.

MONSIEUR PURGON. J'allais nettoyer votre corps et en évacuer entièrement les mauvaises humeurs[1].

45 ARGAN. Ah ! mon frère !

MONSIEUR PURGON. Et je ne voulais plus qu'une douzaine de médecines pour vuider[2] le fond du sac.

TOINETTE. Il est indigne de vos soins.

MONSIEUR PURGON. Mais, puisque vous n'avez pas voulu
50 guérir par mes mains.

ARGAN. Ce n'est pas ma faute.

MONSIEUR PURGON. Puisque vous vous êtes soustrait de[3] l'obéissance que l'on doit à son médecin.

TOINETTE. Cela crie vengeance.

---

1. **Alliance :** alliance par mariage.
2. **Les mauvaises humeurs :** les liquides viciés. Voir p. 263.
3. **Vuider :** vider ; au sens médical de *purger*.
4. **Soustrait de :** construction usuelle, en concurrence avec *soustrait à*.

55 **MONSIEUR PURGON.** Puisque vous vous êtes déclaré rebelle[1] aux remèdes que je vous ordonnais…

ARGAN. Hé ! point du tout.

MONSIEUR PURGON. J'ai à vous dire que je vous abandonne à votre mauvaise constitution, à l'intempérie[2] de vos 60 entrailles, à la corruption[3] de votre sang, à l'âcreté de votre bile et à la féculence[4] de vos humeurs.

TOINETTE. C'est fort bien fait.

ARGAN. Mon Dieu !

MONSIEUR PURGON. Et je veux qu'avant qu'il soit quatre 65 jours vous deveniez dans un état incurable.

ARGAN. Ah ! miséricorde !

MONSIEUR PURGON. Que vous tombiez dans la bradypepsie[5].

ARGAN. Monsieur Purgon !

70 **MONSIEUR PURGON.** De la bradypepsie dans la dyspepsie[6].

ARGAN. Monsieur Purgon !

MONSIEUR PURGON. De la dyspepsie dans l'apepsie[7].

ARGAN. Monsieur Purgon !

MONSIEUR PURGON. De l'apepsie dans la lienterie[8]…

75 **ARGAN.** Monsieur Purgon !

---

1. **Rebelle :** qui se révolte contre son souverain (la rébellion est un acte de lèse-majesté).
2. **Intempérie** (terme médical) **:** déséquilibre.
3. **Corruption :** sens médical de décomposition, pourrissement ; sens théologique : état de péché.
4. **Féculence :** terme de médecine : impureté (se dit exclusivement du sang et des humeurs).
5. **Bradypepsie :** lenteur de digestion.
6. **Dyspepsie :** difficulté de digestion.
7. **Apepsie :** absence de digestion ; trois termes de la langue la plus technique de la médecine.
8. **Lienterie :** terme de médecine ; élimination hâtive des aliments sans digestion.

MONSIEUR PURGON. De la lienterie dans la dysenterie[1]...

ARGAN. Monsieur Purgon !

MONSIEUR PURGON. De la dysenterie dans l'hydropisie[2]...

ARGAN. Monsieur Purgon !

80 **MONSIEUR PURGON.** Et de l'hydropisie dans la privation de la vie, où vous aura conduit votre folie.

SCÈNE 6. ARGAN, BÉRALDE.

ARGAN. Ah, mon Dieu ! je suis mort. Mon frère, vous m'avez perdu.

BÉRALDE. Quoi ? qu'y a-t-il ?

ARGAN. Je n'en puis plus. Je sens déjà que la médecine se
5 venge.

BÉRALDE. Ma foi ! mon frère, vous êtes fou, et je ne voudrais pas, pour beaucoup de choses, qu'on vous vît faire ce que vous faites. Tâtez-vous[3] un peu, je vous prie, revenez à vous-même, et ne donnez point tant à votre imagination[4].

10 **ARGAN.** Vous voyez, mon frère, les étranges maladies dont il m'a menacé.

BÉRALDE. Le simple[5] homme que vous êtes !

ARGAN. Il dit que je deviendrai incurable avant qu'il soit quatre jours.

---

1. **Dysenterie :** terme de médecine : forme grave et parfois mortelle de diarrhée infectieuse.
2. **Hydropisie :** grave enflure du corps causée par une rétention excessive d'eau.
3. **Tâtez-vous :** éprouvez (votre corps et vos idées), examinez.
4. **Ne donnez point tant à votre imagination :** ne vous laissez pas tant aller à. **Imagination :** voir p. 263.
5. **Simple :** crédule.

15 **BÉRALDE.** Et ce qu'il dit, que fait-il[1] à la chose ? Est-ce un oracle[2] qui a parlé ? Il semble, à vous entendre, que Monsieur Purgon tienne dans ses mains le filet de vos jours[3], et que, d'autorité suprême, il vous l'allonge et vous le raccourcisse comme il lui plaît. Songez que les principes[4] de votre vie sont
20 en vous-même, et que le courroux de Monsieur Purgon est aussi peu capable de vous faire mourir que ses remèdes de vous faire vivre. Voici une aventure, si vous voulez, à vous défaire[5] des médecins ; ou, si vous êtes né à ne pouvoir[6] vous en passer, il est aisé d'en avoir un autre avec lequel, mon frère, vous puis-
25 siez courir un peu moins de risque.

ARGAN. Ah ! mon frère, il sait tout mon tempérament[7] et la manière dont il faut me gouverner[8].

BÉRALDE. Il faut vous avouer que vous êtes un homme d'une grande prévention[9], et que vous voyez les choses avec
30 d'étranges yeux.

SCÈNE 7. TOINETTE, ARGAN, BÉRALDE.

TOINETTE. Monsieur, voilà un médecin qui demande à vous voir.

ARGAN. Et quel médecin ?

TOINETTE. Un médecin de la médecine.

5 **ARGAN.** Je te demande qui il est.

---

1. **Il** reprend « ce qu'il dit » ; emploi neutre, usuel au XVIIe siècle (le français moderne emploierait *cela*).
2. **Oracle** : dans la mythologie gréco-latine, interprète auprès des hommes de la volonté des dieux.
3. **Le filet de vos jours** : le fil de votre vie ; allusion mythologique aux trois Parques qui filaient, dévidaient puis coupaient le fil de la vie des hommes.
4. **Principes** : causes premières.
5. **À vous défaire** : propre à vous débarrasser.
6. **À ne pouvoir** : tel que vous ne puissiez pas.
7. **Tempérament** : voir p. 263.
8. **Gouverner** : conduire, soigner ; dans le langage religieux, *gouverner quelqu'un*, c'est diriger sa conscience.
9. **D'une grande prévention** : plein d'idées préconçues.

■ SITUER

Arrive l'apothicaire, M. Fleurant, un clystère à la main. Renvoyé par Béralde, en dépit des protestations d'Argan, il va se plaindre à M. Purgon, qui fond sur son patient récalcitrant.

■ RÉFLÉCHIR

REGISTRES ET TONALITÉS : parler sans vouloir entendre
1. Étudiez l'enchaînement des répliques de M. Purgon et la structure de ses phrases : en quoi constituent-elles une tirade ? Argan arrive-t-il à se faire entendre de lui ? Quel rôle joue ici Toinette ? (Voir p. 217.)
2. Comment est construite l'accumulation de termes dans les menaces de M. Purgon (l. 55 à 81) ? Quel effet ces termes produisent-ils sur Argan ? et sur le spectateur (voir p. 212) ?
3. Sur quoi repose le comique de la scène 5 ? En quoi fait-elle avancer l'action ?

PERSONNAGES : folie du médecin, folie du malade
4. En quoi M. Purgon est-il « tout médecin depuis la tête jusqu'aux pieds », comme le dit Béralde ? Quel rapport instaure-t-il entre lui et son malade (voir p. 199) ?
5. La réaction d'Argan aux menaces de M. Purgon est-elle raisonnable ? En quoi la réplique de Béralde : « Ne donnez point tant à votre imagination » nous éclaire-t-elle sur la folie d'Argan (voir p. 201 et 263) ?

SOCIÉTÉ : de M. Fleurant à M. Purgon, la satire de l'art médical
6. Montrez que les traitements, les maladies, les relations entre M. Fleurant et M. Purgon sont conformes à la théorie et à la pratique médicales du temps (voir p. 201).
7. En quoi l'intervention de M. Purgon aggrave-t-elle la satire de la médecine ? et celle de la religion ? Comment comprenez-vous la phrase de Béralde : « Les principes de votre vie sont en vous-même » (l. 17-18) ?

MISE EN SCÈNE : un oracle médical écrasant sa victime
8. Quel costume imagineriez-vous pour M. Purgon ? Quels gestes lui feriez-vous faire ? Sur quel ton le feriez-vous parler (voir p. 248) ?

■ ÉCRIRE

9. Imaginez comment Toinette pourrait raconter la scène à Angélique.

TOINETTE.   Je ne le connais pas ; mais il me ressemble comme deux gouttes d'eau, et si je n'étais sûre que ma mère était honnête femme, je dirais que ce serait quelque petit frère qu'elle m'aurait donné depuis le trépas de mon père.

10 **ARGAN.** Fais-le venir.

BÉRALDE.   Vous êtes servi à souhait : un médecin vous quitte, un autre se présente.

ARGAN. J'ai bien peur que vous ne soyez cause de quelque malheur.

15 **BÉRALDE.** Encore ! Vous en revenez toujours là.

ARGAN. Voyez-vous, j'ai sur le cœur toutes ces maladies-là que je ne connais point, ces…

SCÈNE 8. TOINETTE, *en médecin* ; ARGAN, BÉRALDE.

TOINETTE.   Monsieur, agréez[1] que je vienne vous rendre visite et vous offrir mes petits services pour toutes les saignées et les purgations dont vous aurez besoin.

ARGAN.   Monsieur, je vous suis fort obligé[2]. Par ma foi,
5 voilà Toinette elle-même.

TOINETTE. Monsieur, je vous prie de m'excuser, j'ai oublié de donner une commission à mon valet, je reviens tout à l'heure[3].

ARGAN.   Eh ! ne diriez-vous pas que c'est effectivement
10 Toinette ?

BÉRALDE.   Il est vrai que la ressemblance est tout à fait grande. Mais ce n'est pas la première fois qu'on a vu de ces sortes de choses, et les histoires ne sont pleines que de ces jeux de la nature.

15 **ARGAN.** Pour moi, j'en suis surpris, et…

---

1. **Agréez :** acceptez.
2. **Obligé :** reconnaissant.
3. **Tout à l'heure :** tout de suite.

SCÈNE 9. TOINETTE, ARGAN, BÉRALDE.

TOINETTE *quitte son habit de médecin si promptement qu'il est difficile de croire que ce soit elle qui a paru en médecin.* Que voulez-vous, monsieur ?

ARGAN. Comment ?

5 **TOINETTE.** Ne m'avez-vous pas appelée ?

ARGAN. Moi ? non.

TOINETTE. Il faut donc que les oreilles m'aient corné.

ARGAN. Demeure un peu ici pour voir comme ce médecin te ressemble.

10 **TOINETTE,** *en sortant, dit.* Oui, vraiment, j'ai affaire là-bas, et je l'ai assez vu.

ARGAN. Si je ne les voyais tous deux, je croirais que ce n'est qu'un.

BÉRALDE. J'ai lu des choses surprenantes de[1] ces sortes de
15 ressemblance, et nous en avons vu, de notre temps, où tout le monde s'est trompé.

ARGAN. Pour moi, j'aurais été trompé à celle-là, et j'aurais juré que c'est la même personne.

SCÈNE 10. TOINETTE, *en médecin,* ARGAN, BÉRALDE.

TOINETTE. Monsieur, je vous demande pardon de tout mon cœur.

ARGAN. Cela est admirable !

TOINETTE. Vous ne trouverez pas mauvais[2], s'il vous plaît,
5 la curiosité que j'ai eue de voir un illustre malade comme

---

1. **De :** au sujet de.
2. **Vous ne trouverez pas mauvais :** vous ne trouverez pas de mal à (l'adjectif « mauvais » ne s'accorde pas avec le terme « curiosité » dont il est attribut, signe du figement de la locution verbale *trouver mauvais*).

147

vous êtes, et votre réputation, qui s'étend partout, peut excuser la liberté que j'ai prise.

ARGAN. Monsieur, je suis votre serviteur[1].

TOINETTE. Je vois, Monsieur, que vous me regardez fixement. Quel âge croyez-vous bien que j'aie ?

ARGAN. Je crois que tout au plus vous pouvez avoir vingt-six ou vingt-sept ans.

TOINETTE. Ah, ah, ah, ah, ah ! J'en ai quatre-vingt-dix.

ARGAN. Quatre-vingt-dix ?

TOINETTE. Oui. Vous voyez un effet des secrets de mon art, de me conserver ainsi frais et vigoureux.

ARGAN. Par ma foi ! voilà un beau jeune vieillard pour quatre-vingt-dix ans.

TOINETTE. Je suis médecin passager[2], qui vais de ville en ville, de province en province, de royaume en royaume, pour chercher d'illustres matières à ma capacité[3], pour trouver des malades dignes de m'occuper, capables d'exercer[4] les grands et beaux secrets que j'ai trouvés dans la médecine. Je dédaigne de m'amuser[5] à ce menu fatras[6] de maladies ordinaires, à ces bagatelles de rhumatismes et de défluxions[7], à ces fiévrottes[8], à ces vapeurs[9], et à ces migraines. Je veux des maladies d'importance : de bonnes fièvres continues[10] avec des transports au cerveau[11], de bonnes fièvres pourprées[12], de

---

1. **Je suis votre serviteur :** formule de politesse (Je vous remercie).
2. **Médecin passager :** médecin itinérant.
3. **À ma capacité :** à la hauteur de ma compétence.
4. **Exercer :** mettre à l'épreuve.
5. **M'amuser :** perdre mon temps.
6. **Menu fatras :** amas sans intérêt.
7. **Défluxions :** afflux de liquide dans une partie du corps.
8. **Fiévrottes :** petites fièvres (diminutif).
9. **Vapeurs :** étourdissements.
10. **Fièvres continues :** terme de médecine ; fièvres qui ne relâchent pas, à la différence des fièvres intermittentes (fièvre tierce, fièvre quarte).
11. **Transports au cerveau :** accès de délire.
12. **Fièvres pourprées :** fièvres accompagnées d'une éruption de taches rouges.

bonnes pestes, de bonnes hydropisies formées[1], de bonnes
30 pleurésies[2] avec des inflammations de poitrine : c'est là que je
me plais, c'est là que je triomphe ; et je voudrais, Monsieur,
que vous eussiez toutes les maladies que je viens de dire, que
vous fussiez abandonné[3] de tous les médecins, désespéré[4], à
l'agonie, pour vous montrer l'excellence de mes remèdes, et
35 l'envie que j'aurais de vous rendre service.

ARGAN. Je vous suis obligé[5], Monsieur, des bontés que
vous avez pour moi.

TOINETTE. Donnez-moi votre pouls. Allons donc, que l'on
batte comme il faut. Ahy, je vous ferai bien aller comme vous
40 devez. Hoy, ce pouls-là fait l'impertinent : je vois bien que
vous ne me connaissez pas encore. Qui est votre médecin ?

ARGAN. Monsieur Purgon.

TOINETTE. Cet homme-là n'est point écrit sur mes tablettes[6]
entre[7] les grands médecins. De quoi dit-il que vous êtes malade ?

45 **ARGAN.** Il dit que c'est du foie, et d'autres disent que c'est
de la rate.

TOINETTE. Ce sont tous des ignorants : c'est du poumon
que vous êtes malade.

ARGAN. Du poumon ?

50 **TOINETTE.** Oui. Que sentez-vous ?

ARGAN. Je sens de temps en temps des douleurs de tête.

TOINETTE. Justement, le poumon.

---

1. **Hydropisie :** enflure du corps causée par une rétention d'eau ; **formées :** déclarées.
2. **Pleurésies :** inflammations du poumon.
3. Terme ambivalent. On dit *abandonné des médecins* (sans espoir de guérison) et *abandonné de Dieu* (réprouvé, damné).
4. **Désespéré :** condamné, sans espoir de guérison (sens médical) ; qui a perdu la foi (sens religieux).
5. **Je vous suis obligé :** je vous remercie.
6. **N'est point écrit sur mes tablettes :** ne figure pas sur mon répertoire : d'où le sens figuré : je ne le connais pas (les *tablettes* sont un petit agenda de poche où l'on note ce dont on veut se souvenir).
7. **Entre :** parmi.

ARGAN. Il me semble parfois que j'ai un voile devant les yeux.

55 **TOINETTE.** Le poumon.

ARGAN. J'ai quelquefois des maux de cœur.

TOINETTE. Le poumon.

ARGAN. Je sens parfois des lassitudes par[1] tous les membres.

TOINETTE. Le poumon.

65 **ARGAN.** Et quelquefois il me prend des douleurs dans le ventre, comme si c'étaient des coliques.

TOINETTE. Le poumon. Vous avez appétit à ce que vous mangez ?

ARGAN. Oui, Monsieur.

65 **TOINETTE.** Le poumon. Vous aimez à boire un peu de vin ?

ARGAN. Oui, Monsieur.

TOINETTE. Le poumon. Il vous prend un petit sommeil après le repas, et vous êtes bien aise de dormir ?

ARGAN. Oui, Monsieur.

70 **TOINETTE.** Le poumon, le poumon, vous dis-je. Que vous ordonne votre médecin pour votre nourriture ?

ARGAN. Il m'ordonne du potage.

TOINETTE. Ignorant.

ARGAN. De la volaille.

75 **TOINETTE.** Ignorant.

ARGAN. Du veau.

TOINETTE. Ignorant.

ARGAN. Des bouillons.

TOINETTE. Ignorant.

---

1. **Par :** à travers.

80 **ARGAN.** Des œufs frais.

TOINETTE. Ignorant.

ARGAN. Et le soir de petits pruneaux pour lâcher le ventre.

TOINETTE. Ignorant.

85 **ARGAN.** Et surtout de boire mon vin fort trempé[1].

TOINETTE. *Ignorantus, ignoranta, ignorantum*[2]. Il faut boire votre vin pur ; et pour épaissir votre sang, qui est trop subtil[3], il faut manger de bon gros bœuf, de bon gros porc, de bon fromage de Hollande[4], du gruau[5] et du riz, et des
90 marrons et des oublies[6], pour coller et conglutiner[7]. Votre médecin est une bête. Je veux vous en envoyer un de ma main[8], et je viendrai vous voir de temps en temps, tandis que[9] je serai en cette ville.

ARGAN. Vous m'obligez beaucoup.

95 **TOINETTE.** Que diantre[10] faites-vous de ce bras-là ?

ARGAN. Comment ?

TOINETTE. Voilà un bras que je me ferais couper tout à l'heure[11], si j'étais que de vous[12].

ARGAN. Et pourquoi ?

---

1. **Trempé :** coupé d'eau.
2. *Ignorantus, ignoranta, ignorantum* : nominatif masculin, féminin, neutre d'un faux adjectif latin *ignorantus* (formé sur le français *ignorant*).
3. **Subtil :** liquide.
4. **De bon gros bœuf, de bon gros porc, de bon fromage de Hollande :** la préposition *de*, à valeur de prélèvement, remplace ici le partitif *du*, à cause de la présence d'un adjectif antéposé.
5. **Gruau :** bouillie à la farine d'avoine.
6. **Oublies :** pâtisseries roulées en forme de cornet.
7. **Congluer :** coller, lier ; terme technique.
8. **De ma main :** formé par moi.
9. **Tandis que :** tant que.
10. **Diantre :** euphémisme* pour *diable*.
11. **Tout à l'heure :** tout de suite.
12. **Si j'étais que de vous :** si j'étais à votre place.

100 **TOINETTE.** Ne voyez-vous pas qu'il tire à soi toute la nourriture, et qu'il empêche ce côté-là de profiter ?

ARGAN. Oui, mais j'ai besoin de mon bras.

TOINETTE. Vous avez là aussi un œil droit que je me ferais crever, si j'étais en votre place[1].

105 **ARGAN.** Crever un œil ?

TOINETTE. Ne voyez-vous pas qu'il incommode l'autre, et lui dérobe sa nourriture ? Croyez-moi, faites-vous-le crever au plus tôt, vous en verrez plus clair de l'œil gauche.

ARGAN. Cela n'est pas pressé.

110 **TOINETTE.** Adieu. Je suis fâché de vous quitter si tôt ; mais il faut que je me trouve à une grande consultation qui se doit faire pour un homme qui mourut hier.

ARGAN. Pour un homme qui mourut hier ?

TOINETTE. Oui, pour aviser[2] et voir ce qu'il aurait fallu lui
115 faire pour le guérir. Jusqu'au revoir.

ARGAN. Vous savez que les malades ne reconduisent point[3].

BÉRALDE. Voilà un médecin qui paraît fort habile[4].

ARGAN. Oui, mais il va un peu bien vite.

BÉRALDE. Tous les grands médecins sont comme cela.

120 **ARGAN.** Me couper un bras, me crever un œil, afin que l'autre se porte mieux ? J'aime bien mieux qu'il ne se porte pas si bien. La belle opération de me rendre borgne et manchot !

---

1. L'œil qu'il faut crever, comme le bras qu'il faudrait couper (l. 97), variation parodique sur le précepte évangélique (Marc IX, verset 43 *sqq.*).
2. Aviser : réfléchir
3. Ne reconduisent point : ne raccompagnent pas (leurs visiteurs jusqu'à la porte).
4. Habile : savant.

■ SITUER

M. Purgon vient de rompre toute relation avec Argan, qui se voit déjà mort. C'est alors que Toinette lui annonce l'arrivée d'un nouveau médecin. Après les Diafoirus et M. Purgon, qui allons-nous voir entrer ?

■ RÉFLÉCHIR

GENRES : une « imagination burlesque »

1. Comment cette scène a-t-elle été préparée (voir III, 2) ? Le spectateur sait-il que le nouveau médecin n'est autre que Toinette ? Comment peut-il le deviner ?

2. Pourquoi Molière fait-il répéter les termes « ressembler, ressemblance » à ses personnages ? En quoi la réplique d'Argan : « Si je ne les voyais tous deux, je croirais que ce n'est qu'un » (sc. 9) est-elle comique ?

3. Quel est le rôle de Béralde dans ces quatre scènes ?

REGISTRES ET TONALITÉS : une consultation parodique mais dans les règles de l'art

4. Montrez que le déroulement de la scène 10 correspond aux étapes d'une consultation médicale. À quel moment cette consultation devient-elle franchement bouffonne ?

5. Dans les l. 48 à 87, en quoi les répétitions contribuent-elles à enchaîner les répliques ? Quel est l'effet produit ?

STRATÉGIES : guérir par l'outrance

6. Quel est le but recherché par Toinette dans sa consultation ? Que cherche-t-elle à provoquer chez Argan en voulant lui couper le bras et lui crever l'œil (voir p. 211) ?

7. Pourquoi Argan se montre-t-il si crédule ? Est-ce vraisemblable ? À quel moment se révolte-t-il contre le prétendu médecin ?

8. Cette scène fait-elle avancer l'action ?

THÈMES : les derniers traits du ridicule médical

9. Que pensez-vous des symptômes d'Argan, du diagnostic et du régime de Toinette, comparés à ceux de Diafoirus ou de M. Purgon (voir p. 211) ?

10. En quoi cette scène complète-t-elle et confirme-t-elle la satire des médecins ? Était-elle nécessaire ?

MISE EN SCÈNE : du tablier de servante à la robe de médecin

11. Le travestissement de Toinette (costume, voix) doit-il être vraisemblable ? Commentez, de ce point de vue, la photo n° 2 p. 3.

SCÈNE 11. TOINETTE, ARGAN, BÉRALDE.

TOINETTE. Allons, allons, je suis votre servante[1], je n'ai pas envie de rire.

ARGAN. Qu'est-ce que c'est ?

TOINETTE. Votre médecin, ma foi ! qui me voulait tâter le
5 pouls.

ARGAN. Voyez un peu, à l'âge de quatre-vingt-dix ans !

BÉRALDE. Oh çà, mon frère, puisque voilà votre Monsieur Purgon brouillé avec vous, ne voulez-vous pas bien que je vous parle du parti qui s'offre pour ma nièce ?

10 **ARGAN.** Non, mon frère : je veux la mettre dans un convent, puisqu'elle s'est opposée à mes volontés. Je vois bien qu'il y a quelque amourette là-dessous, et j'ai découvert certaine entrevue secrète qu'on ne sait pas que j'ai découverte.

BÉRALDE. Hé bien ! mon frère, quand il y aurait quelque
15 petite inclination, cela serait-il si criminel, et rien[2] peut-il vous offenser, quand tout ne va qu'à des choses honnêtes comme le mariage ?

ARGAN. Quoi qu'il en soit, mon frère, elle sera religieuse, c'est une chose résolue.

20 **BÉRALDE.** Vous voulez faire plaisir à quelqu'un.

ARGAN. Je vous entends[3] : vous en revenez toujours là, et ma femme vous tient au cœur.

BÉRALDE. Hé bien ! oui, mon frère, puisqu'il faut parler à cœur ouvert, c'est votre femme que je veux dire ; et non plus
25 que l'entêtement de la médecine[4], je ne puis vous souffrir

---

1. **Je suis votre servante :** formule de politesse ironique.
2. **Rien :** quelque chose (valeur positive).
3. **Je vous entends :** je vois ce que vous voulez dire.
4. **L'entêtement de la médecine :** l'entêtement que vous avez pour la médecine. Voir p. 264.

l'entêtement où vous êtes pour elle, et voir que vous donniez tête baissée dans tous les pièges qu'elle vous tend.

TOINETTE. Ah ! Monsieur, ne parlez point de Madame : c'est une femme sur laquelle il n'y a rien à dire, une femme
30 sans artifice[1], et qui aime Monsieur, qui l'aime… On ne peut pas dire cela.

ARGAN. Demandez-lui un peu les caresses[2] qu'elle me fait.

TOINETTE. Cela est vrai.

ARGAN. L'inquiétude que lui donne ma maladie.

35 **TOINETTE.** Assurément.

ARGAN. Et les soins et les peines qu'elle prend autour de moi.

TOINETTE. Il est certain. Voulez-vous que je vous convainque, et vous fasse voir tout à l'heure comme Madame aime Monsieur ? Monsieur, souffrez que je lui montre son bec
40 jaune[3], et le tire d'erreur.

ARGAN. Comment ?

TOINETTE. Madame s'en va revenir. Mettez-vous tout étendu dans cette chaise, et contrefaites[4] le mort. Vous verrez la douleur où elle sera quand je lui dirai la nouvelle.

45 **ARGAN.** Je le veux bien.

TOINETTE. Oui ; mais ne la laissez pas longtemps dans le désespoir, car elle en pourrait bien mourir.

ARGAN. Laisse-moi faire.

TOINETTE, *à Béralde.* Cachez-vous, vous, dans ce coin-là.

50 **ARGAN.** N'y a-t-il point quelque danger à contrefaire le mort ?

---

1. **Artifice :** tromperie.
2. **Caresses :** marques d'affection (gestes mais aussi paroles).
3. **Son bec jaune :** son erreur ; image du langage de la fauconnerie (familier).
4. **Contrefaites :** faites.

TOINETTE. Non, non : quel danger y aurait-il ? Étendez vous là seulement. *(Bas.)* Il y aura plaisir à confondre[1] votre frère. Voici Madame. Tenez-vous bien.

SCÈNE 12. BÉLINE, TOINETTE, ARGAN, BÉRALDE.

TOINETTE, *s'écrie.* Ah, mon Dieu ! Ah, malheur ! Que étrange accident[2] !

BÉLINE. Qu'est-ce, Toinette ?

TOINETTE. Ah, Madame !

5 **BÉLINE.** Qu'y a-t-il ?

TOINETTE. Votre mari est mort.

BÉLINE. Mon mari est mort ?

TOINETTE. Hélas ! oui. Le pauvre défunt est trépassé.

BÉLINE. Assurément ?

10 **TOINETTE.** Assurément. Personne ne sait encore cet acci dent-là, et je me suis trouvée ici toute seule. Il vient de passer[3] entre mes bras. Tenez, le voilà tout de son long dan cette chaise.

BÉLINE. Le Ciel en soit loué ! Me voilà délivrée d'un gran 15 fardeau. Que tu es sotte, Toinette, de t'affliger de cette mort !

TOINETTE. Je pensais, Madame, qu'il fallût pleurer.

BÉLINE. Va, va, cela n'en vaut pas la peine. Quelle perte est ce que la sienne ? et de quoi[4] servait-il sur la terre ? Un homme 20 incommode[5] à tout le monde, malpropre, dégoûtant, san cesse un lavement ou une médecine dans le ventre, mouchant toussant, crachant toujours, sans esprit, ennuyeux, de mauvais

---

1. **Confondre :** convaincre de son erreur.
2. **Accident :** événement fortuit.
3. **Passer :** mourir.
4. **De quoi :** le verbe *servir* se construit usuellement avec *à* ou *de*.
5. **Incommode :** gênant.

humeur, fatiguant sans cesse les gens, et grondant jour et nuit
servantes et valets.

25 **TOINETTE.**   Voilà une belle oraison funèbre[1].

BÉLINE.   Il faut, Toinette, que tu m'aides à exécuter mon
dessein[2], et tu peux croire qu'en me servant[3] ta récompense
est sûre. Puisque, par un bonheur[4], personne n'est encore
averti de la chose, portons-le dans son lit, et tenons cette
30 mort cachée jusqu'à ce que j'aie fait mon affaire. Il y a des
papiers, il y a de l'argent, dont je me veux saisir, et il n'est
pas juste que j'aie passé sans fruit[5] auprès de lui mes plus
belles années. Viens, Toinette : prenons auparavant toutes
ses clefs.

35 **ARGAN,** *se levant brusquement.*   Doucement.

BÉLINE, *surprise et épouvantée.*   Ahy !

ARGAN.   Oui, Madame ma femme, c'est ainsi que vous
m'aimez ?

TOINETTE.   Ah, ah ! le défunt n'est pas mort.

40 **ARGAN,** *à Béline, qui sort.*   Je suis bien aise de voir votre
amitié[6], et d'avoir entendu le beau panégyrique[7] que vous
avez fait de moi. Voilà un avis au lecteur[8] qui me rendra sage
à l'avenir, et qui m'empêchera de faire bien des choses.

BÉRALDE, *sortant de l'endroit où il s'est caché.*   Hé bien, mon
45 frère, vous le voyez.

---

1. **Oraison funèbre :** discours solennel prononcé au moment des
   funérailles, et faisant généralement l'éloge du défunt (ici ironique).
2. **Dessein :** projet.
3. **En me servant :** si tu me sers ; liberté syntaxique usuelle du gérondif, qui
   a ici pour sujet sémantique le pronom « tu », impliqué par le possessif,
   « ta récompense ».
4. **Par un bonheur :** par chance.
5. **Sans fruit :** sans profit.
6. **Amitié :** affection.
7. **Panégyrique :** discours solennel qui fait l'éloge d'une personne.
8. **Avis au lecteur :** utile avertissement (un avis au lecteur est une préface).

TOINETTE. Par ma foi ! je n'aurais jamais cru cela. Mai[s] j'entends votre fille : remettez-vous comme vous étiez e[t] voyons de quelle manière elle recevra[1] votre mort. C'est un[e] chose qu'il n'est pas mauvais d'éprouver[2] ; et puisque vou[s]
50 êtes en train[3], vous connaîtrez par là les sentiments que votr[e] famille a pour vous.

SCÈNE 13. ANGÉLIQUE, ARGAN, TOINETTE, BÉRALDE

TOINETTE *s'écrie.* Ô Ciel ! ah, fâcheuse[4] aventure ! Malheu[r]reuse journée !

ANGÉLIQUE. Qu'as-tu, Toinette, et de quoi pleures-tu ?

TOINETTE. Hélas ! j'ai de tristes nouvelles à vous donner.

5 **ANGÉLIQUE.** Hé quoi !

TOINETTE. Votre père est mort.

ANGÉLIQUE. Mon père est mort, Toinette ?

TOINETTE. Oui, vous le voyez là. Il vient de mourir tout [à] l'heure d'une faiblesse qui lui a pris.

10 **ANGÉLIQUE.** Ô Ciel ! quelle infortune[5] ! quelle atteint[e] cruelle ! Hélas ! faut-il que je perde mon père, la seule chos[e] qui me restait au monde, et qu'encore, pour un surcroît d[e] désespoir, je le perde dans un moment où il était irrité contr[e] moi ? Que deviendrai-je, malheureuse, et quelle consolatio[n]
15 trouver après une si grande perte ?

---

1. **Recevra :** apprendra la nouvelle de.
2. **Éprouver :** faire l'expérience.
3. **En train :** dans de bonnes dispositions.
4. **Fâcheuse :** terrible.
5. **Infortune :** événement funeste.
6. **Atteinte :** coup du sort.

SITUER

Voilà Argan brouillé avec M. Purgon et déconcerté par la consultation de Toinette. Béralde revient à la charge en faveur de Cléante. Mais comment faire entendre raison à Argan ?

RÉFLÉCHIR

DRAMATURGIE : une résurrection imprévue

1. En quoi les trois dernières répliques de Toinette à la scène 11 préparent-elles le coup de théâtre* qui suit ? Comment caractériseriez-vous sa réplique à Argan commençant par la didascalie* « *Bas* » (l. 53) ? Qui est présent sur la scène ? qui est caché ? Rapprochez la scène 12 de la scène 5 de l'acte IV du *Tartuffe*. Quels sont les éléments communs aux deux scènes ?

2. Comparez le début des scènes 12 et 13 : en quoi se ressemblent-ils ? Quel est l'effet produit sur les personnages ? sur le spectateur ? Quels sont les éléments comiques ? quels sont ceux qui ne le sont pas ?

PERSONNAGES : « Une belle oraison funèbre »

3. À qui et pour qui Toinette parle-t-elle dans la scène 12 ? Comment se marque son ironie et aux dépens de qui s'exerce-t-elle ?

4. Dans la scène 12, en quels termes Béline fait-elle le portrait d'Argan ? Est-ce un portrait chargé ou exact ?

5. Comparez les réactions de Béline et d'Angélique : en quoi leurs vocabulaires s'opposent-ils ? Quelles différences de caractère apparaissent ainsi ? Comment la scène 12 complète-t-elle le portrait de Béline ? Pour qui est-ce une surprise ?

MISE EN SCÈNE : « le défunt n'est pas mort »

6. Comment mettriez-vous en scène la première fausse mort d'Argan et sa résurrection, de façon à rendre sensible scéniquement le contraste (d'attitude, de jeu, de ton) entre Béline et Toinette et à ménager le coup de théâtre ? Aidez-vous des didascalies.

7. Démasquée, Béline sort de scène sans un mot : comment la feriez-vous sortir ?

ÉCRIRE

8. Imaginez une lettre dans laquelle Béline ferait sans ménagement le portrait d'Argan.

SCÈNE 14. CLÉANTE, ANGÉLIQUE, ARGAN, TOINETTE, BÉRALDE.

CLÉANTE. Qu'avez-vous donc, belle Angélique ? et que malheur pleurez-vous ?

ANGÉLIQUE. Hélas ! je pleure tout ce que dans ma vie j pouvais perdre de plus cher et de plus précieux : je pleure l
5 mort de mon père.

CLÉANTE. Ô ciel ! quel accident ! quel coup inopiné[1] Hélas ! après la demande que j'avais conjuré[2] votre oncle d lui faire pour moi, je venais me présenter à lui et tâcher, pa mes respects et par mes prières, de disposer son cœur à vou
10 accorder à mes vœux.

ANGÉLIQUE. Ah ! Cléante, ne parlons plus de rien. Lais sons là toutes les pensées du mariage. Après la perte de mo père, je ne veux plus être du monde[3], et j'y renonce[4] pou jamais. Oui, mon père, si j'ai résisté tantôt[5] à vos volontés, j
15 veux suivre du moins une de vos intentions et réparer par l le chagrin que je m'accuse de vous avoir donné. Souffrez mon père, que je vous en donne ici ma parole, et que je vou embrasse pour vous témoigner mon ressentiment[6].

ARGAN, *se lève*. Ah, ma fille !

20 **ANGÉLIQUE**, *épouvantée*. Ahy !

ARGAN. Viens. N'aie point de peur, je ne suis pas mort. Va tu es mon vrai sang, ma véritable fille, et je suis ravi d'avoi vu ton bon naturel[7].

---

1. **Inopiné :** inattendu.
2. **Conjuré :** supplié.
3. **Être du monde :** vivre en société.
4. **J'y renonce :** je renonce au monde (pour entrer au couvent).
5. **Tantôt :** tout à l'heure, il y a peu de temps.
6. **Ressentiment :** sentiment éprouvé en retour ; ici, douleur et remord d'avoir contrarié Argan.
7. **Naturel :** voir p. 264.

ANGÉLIQUE.   Ah ! quelle surprise agréable, mon père !
25 Puisque, par un bonheur[1] extrême, le Ciel vous redonne à
mes vœux, souffrez qu'ici je me jette à vos pieds pour vous
supplier d'une chose. Si vous n'êtes pas favorable au
penchant[2] de mon cœur, si vous me refusez Cléante pour
époux, je vous conjure, au moins, de ne me point forcer d'en
30 épouser un autre. C'est toute la grâce que je vous demande.

CLÉANTE *se jette à genoux.* Eh ! Monsieur, laissez-vous
toucher à[3] ses prières et aux miennes, et ne vous montrez
point contraire aux mutuels empressements[4] d'une si belle
inclination.

35 **BÉRALDE.**   Mon frère, pouvez-vous tenir là contre[5] ?

TOINETTE. Monsieur,   serez-vous   insensible   à   tant
d'amour ?

ARGAN.   Qu'il se fasse médecin, je consens au mariage. Oui,
faites-vous médecin, je vous donne ma fille.

40 **CLÉANTE.**   Très volontiers, Monsieur s'il ne tient qu'à cela
pour être votre gendre, je me ferai médecin, apothicaire
même, si vous voulez. Ce n'est pas une affaire que cela, et je
ferais bien d'autres choses pour obtenir la belle Angélique.

BÉRALDE.   Mais, mon frère, il me vient une pensée : faites-
45 vous médecin vous-même. La commodité sera encore plus
grande d'avoir en vous tout ce qu'il vous faut.

TOINETTE.   Cela est vrai. Voilà le vrai moyen de vous guérir
bientôt[6] ; et il n'y a point de maladie si osée, que de[7] se jouer
à[8] la personne d'un médecin.

---

1. **Bonheur :** événement imprévu et favorable qui cause de la joie.
2. **Penchant :** inclination amoureuse.
3. **À :** par, préposition usuelle avec *faire* et *laisser* (valeur d'origine).
4. **Empressements :** témoignages d'affection.
5. **Tenir là contre :** résister à cela.
6. **Bientôt :** en peu de temps.
7. **Si osée que de :** assez hardie pour ; valeur de conséquence.
8. **Se jouer à :** s'attaquer à.

50 **ARGAN.** Je pense, mon frère, que vous vous moquez de moi : est-ce que je suis en âge d'étudier ?

BÉRALDE. Bon, étudier ! Vous êtes assez savant ; et il y en a beaucoup parmi eux qui ne sont pas plus habiles que vous.

ARGAN. Mais il faut savoir parler latin, connaître les
55 maladies et les remèdes qu'il y faut faire.

BÉRALDE. En recevant la robe et le bonnet de médecin, vous apprendrez tout cela, et vous serez après plus habile que vous ne voudrez.

ARGAN. Quoi ! l'on sait discourir sur les maladies quand on
60 a cet habit-là ?

BÉRALDE. Oui. L'on n'a qu'à parler avec une robe et un bonnet, tout galimatias devient savant, et toute sottise devient raison.

TOINETTE. Tenez, Monsieur, quand il n'y aurait que votre
65 barbe[1], c'est déjà beaucoup, et la barbe fait plus de la moitié d'un médecin.

CLÉANTE. En tout cas je suis prêt à tout.

BÉRALDE. Voulez-vous que l'affaire se fasse tout à l'heure ?

ARGAN. Comment tout à l'heure ?

70 **BÉRALDE.** Oui, et dans votre maison.

ARGAN. Dans ma maison ?

BÉRALDE. Oui. Je connais une Faculté de mes amies, qui viendra tout à l'heure en faire la cérémonie dans votre salle. Cela ne vous coûtera rien.

75 **ARGAN.** Mais moi, que dire, que répondre ?

---

1. Dans le rôle d'Argan, Molière portait, semble-t-il, une moustache et une grosse mouche ; pour certains, la barbe était un signe distinctif du médecin autant que la robe.

SITUER

C'est la dernière scène : Béline, démasquée, a disparu et Angélique pleure la mort d'Argan. Comment la comédie va-t-elle s'achever ?

RÉFLÉCHIR

PERSONNAGES : une fille de bon naturel

1. Dans quels termes Angélique exprime-t-elle sa douleur et sa décision de renoncer au monde ? Comment Cléante lui répond-il ?

2. À qui Angélique s'adresse-t-elle successivement dans sa seconde réplique ? Qui lui répond ? Ce dialogue est-il vraisemblable ? émouvant ? comique ? Justifiez vos réponses.

DRAMATURGIE : un premier dénouement et l'annonce du second

3. Quelle est la réplique d'Argan qui dénoue l'intrigue ? Ce dénouement* était-il prévisible ? Pourquoi ?

4. Comment et par qui le dernier intermède se trouve-t-il introduit ? Comment se trouve-t-il lié à la comédie ? Par quels arguments Béralde persuade-t-il Argan de se faire médecin et Angélique de jouer le jeu ?

5. Dans le discours de Béralde, relevez les termes qui appartiennent au champ lexical de la médecine et ceux qui appartiennent au champ lexical de la comédie : quel rapport établissent-ils entre guérir et divertir ?

MISE EN SCÈNE : des pleurs à la joie

6. Comment la mise en scène pourrait-elle faire ressortir la parenté et le contraste entre les deux résurrections d'Argan ?

ÉCRIRE

7. Imaginez comment Béralde, témoin des scènes 12 à 14, pourrait les raconter à un ami.

BÉRALDE.   On vous instruira en deux mots, et l'on vous donnera par écrit ce que vous devez dire. Allez-vous-en vous mettre en habit décent[1], je vais les envoyer querir[2].

ARGAN.   Allons, voyons cela.

80   **CLÉANTE.**   Que voulez-vous dire, et qu'entendez-vous[3] avec cette Faculté de vos amies ?

TOINETTE.   Quel est donc votre dessein ?

BÉRALDE.   De nous divertir un peu ce soir. Les comédiens ont fait un petit intermède[4] de la réception d'un médecin[5],
85   avec des danses et de la musique ; je veux que nous en prenions ensemble le divertissement, et que mon frère y fasse le premier personnage.

ANGÉLIQUE.   Mais mon oncle, il me semble que vous vous jouez[6] un peu beaucoup de mon père.

90   **BÉRALDE.**   Mais ma nièce, ce n'est pas tant le jouer que s'accommoder à ses fantaisies[7]. Tout ceci n'est qu'entre nous. Nous y pouvons aussi prendre chacun un personnage, et nous donner ainsi la comédie les uns aux autres. Le carnaval[8] autorise cela. Allons vite préparer toutes choses.

95   **CLÉANTE,** *à Angélique.*   Y consentez-vous ?

ANGÉLIQUE.   Oui, puisque mon oncle nous conduit.

---

1. **Décent :** convenant à la cérémonie.
2. **Querir :** chercher.
3. **Qu'entendez-vous :** que voulez-vous dire ?
4. **Intermède :** divertissement.
5. **La réception d'un médecin :** la cérémonie au cours de laquelle un candidat est reçu médecin.
6. **Vous vous jouez :** vous vous moquez.
7. **Fantaisies :** voir p. 262.
8. **Le carnaval :** la période du carnaval.

TROISIÈME INTERMÈDE

C'est une cérémonie burlesque[1] d'un homme qu'on fait médecin en récit[2], chant, et danse.

ENTRÉE DE BALLET

Plusieurs tapissiers viennent préparer la salle et placer les bancs en cadence ; ensuite de quoi toute l'assemblée (composée de huit porte-seringues, six apothicaires, vingt-deux docteurs, celui qui se fait recevoir médecin, huit chirurgiens dansants, et deux chantants) entre, et prend ses places, selon les rangs.

---

1. **Burlesque* :** comique, parodique.
2. **Récit :** récitatif, partie parlée avec accompagnement de musique.

PRAESES

Sçavantissimi doctores,
Medicinae professores,
Qui hic assemblati estis,
Et vos, altri messiores,
5 Sententiarum Facultatis
Fideles executores,
Chirurgiani et apothicari,
Atque tota compania aussi,
Salus, honor, et argentum,
10 Atque bonum appetitum.

Non possum, docti Confreri,
En moi satis admirari
Qualis bona inventio
Est medici professio,
15 Quam bella chosa est, et bene trovata,
Medicina illa benedicta,
Quae suo nomine solo,
Surprenanti miraculo,
Depuis si longo tempore,
20 Facit à gogo vivere
Tant de gens omni genere.

Per totam terram videmus
Grandam vogam ubi sumus,
Et quod grandes et petiti
25 Sunt de nobis infatuti.
Totus mundus, currens ad nostros remedios,
Nos regardat sicut Deos,
Et nostris ordonnanciis
Principes et reges soumissos videtis.

30 Doncque il est nostrae sapientiae,
Boni sensus atque prudentiae,
De fortement travaillare

TRADUCTION

LE PRÉSIDENT

Très savants docteurs,
Professeurs de médecine,
Qui êtes ici assemblés,
Et vous, autres Messieurs,
5   Des sentences de la Faculté
Fidèles exécuteurs,
Chirurgiens et apothicaires,
Et toute la compagnie aussi,
Salut, honneur et argent,
10   Et bon appétit !

Je ne puis, doctes Confrères,
En moi assez admirer
Quelle bonne invention
Est la profession de médecin,
15   Quelle belle chose et bien trouvée,
Cette médecine bénie,
Qui, par son seul nom,
Miracle surprenant,
Depuis si longtemps,
20   Fait vivre à gogo
Tant de gens de tout genre.

Par toute la terre nous voyons
La grande vogue où nous sommes,
Et que grands et petits
25   Sont de nous infatués.
Le monde entier, courant à nos remèdes,
Nous regarde comme des Dieux ;
Et à nos ordonnances
Princes et rois vous voyez soumis.

30   Donc il est de notre sagesse,
Bon sens et prudence,
De fortement travailler

A nos bene conservare
In tali credito, voga, et honore,
35 *Et prandere gardam à non recevere*
In nostro docto corpore
Quam personas capabiles,
Et totas dignas ramplire
Has plaças honorabiles.

40 *C'est pour cela que nunc convocati estis :*
Et credo quod trovabitis
Dignam materiam medici
In sçavanti homine que voici,
Lequel, in chosis omnibus,
45 *Dono ad interrogandum*
Et à fond examinandum
Vostris capacitatibus.

PRIMUS DOCTOR

Si mihi licentiam dat Dominus Praeses,
Et tanti docti Doctores,
50 *Et assistantes illustres,*
Très sçavanti Bacheliero,
Quem estimo et honoro,
Domandabo causam et rationem quare
Opium facit dormire.

BACHELIERUS

55 *Mihi a docto Doctore*
Domandatur causam et rationem quare
Opium facit dormire :
A quoi respondeo
Quia est in eo
60 *Virtus dormitiva,*
Cujus est natura
Sensus assoupire.

À nous bien conserver
En tels crédit, vogue et honneur,
35 Et de prendre garde à ne recevoir
Dans notre docte corps
Que des personnes capables,
Et entièrement dignes de remplir
Ces places honorables.

40 C'est pour cela qu'à présent vous avez été convoqués :
Et je crois que vous trouverez
La digne matière d'un médecin
Dans le savant homme que voici,
Lequel, en toutes choses
45 Je donne à interroger
Et à fond examiner
Par vos capacités.

LE PREMIER DOCTEUR

Si s'en donne licence Monsieur le Président,
Et tant de Doctes Docteurs,
50 Et d'assistants illustres,
Au très savant Bachelier,
Que j'estime et honore,
Je demanderai la cause et la raison pourquoi
L'opium fait dormir.

LE BACHELIER

55 Par le docte Docteur
Il m'est demandé la cause et la raison pourquoi
L'opium fait dormir :
À quoi je réponds
Parce qu'il y a en lui
60 Une vertu dormitive,
Dont la nature est
D'assoupir les sens.

CHORUS

Bene, bene, bene, bene respondere :
Dignus, dignus est intrare
65 *In nostro docto corpore.*

SECUNDUS DOCTOR

Cum permissione Domini Praesidis,
Doctissimae Facultatis,
Et totius his nostris actis
Companiae assistantis,
70 *Domandabo tibi, docte Bacheliere,*
Quae sunt remedia,
Quae in maladia
Ditte hydropisia
Convenit facere.

BACHELIERUS

75 *Clysterium donare,*
Postea seignare,
Ensuitta purgare.

CHORUS

Bene, bene, bene, bene respondere :
Dignus, dignus est intrare
80 *In nostro docto corpore.*

TERTIUS DOCTOR

Si bonum semblatur Domino Praesidi,
Doctissimae Facultati
Et companiae praesenti,
Domandabo tibi, docte Bacheliere,
85 *Quae remedia eticis,*
Pulmonicis, atque asmaticis,
Trovas à propos facere.

BACHELIERUS

Clysterium donare,
Postea seignare,
90 *Ensuitta purgare.*

LE CHŒUR

Bien, bien, bien, bien répondu.
Digne, digne est-il d'entrer
65 Dans notre docte corps.

LE SECOND DOCTEUR

Avec la permission de Monsieur le Président,
De la doctissime Faculté,
Et de toute la compagnie
Assistant à nos actes,
70 Je te demanderai, docte Bachelier,
Quels sont les remèdes,
Que dans la maladie
Dite hydropisie,
Il convient de faire.

LE BACHELIER

75 Donner le Clystère,
Puis saigner,
Ensuite purger.

LE CHŒUR

Bien, bien, bien, bien répondu :
Digne, digne est-il d'entrer
80 Dans notre docte corps.

LE TROISIÈME DOCTEUR

S'il semble bon à Monsieur le Président,
À la docte Faculté,
Et à la compagnie présente,
Je te demanderai, docte Bachelier,
85 Quels remèdes aux étiques,
Aux pulmoniques et asthmatiques
Tu trouves à propos de faire.

LE BACHELIER

Donner le Clystère,
Puis saigner,
90 Ensuite purger.

CHORUS

Bene, bene, bene, bene respondere :
Dignus, dignus est intrare
In nostro docto corpore.

QUARTUS DOCTOR

Super illas maladias,
95 *Doctus Bachelierus dixit maravillas*
Mais, si non ennuyo Dominum Praesidem,
Doctissimam Facultatem,
Et totam honorabilem
Companiam ecoutantem,
100 *Faciam illi unam questionem.*
De hiero maladus unus
Tombavit in meas manus :
Habet grandam fievram cum redoublamentis,
Grandam dolorem capitis,
105 *Et grandum malum au costé,*
Cum granda difficultate
Et pena de respirare :
Veillas mihi dire,
Docte Bacheliere,
110 *Quid illi facere ?*

BACHELIERUS

Clysterium donare,
Postea seignare,
Ensuitta purgare.

QUINTUS DOCTOR

Mais si maladia,
115 *Opiniatria,*
Non vult se garire,
Quid illi facere ?

BACHELIERUS

Clysterium donare,
Postea seignare,
120 *Ensuitta purgare.*

LE CHŒUR

Bien, bien, bien, bien répondu :
Digne, digne est-il d'entrer
Dans notre docte corps.

LE QUATRIÈME DOCTEUR

Sur ces maladies
95 Le docte Bachelier a dit des merveilles,
Mais si je n'ennuie pas Monsieur le Président,
La très docte Faculté,
Et toute l'honorable
Compagnie qui m'écoute,
100 Je lui ferai une question.
Dès hier un malade
Est tombé entre mes mains :
Il a une grande fièvre avec redoublements,
Une grande douleur de tête,
105 Et un grand mal au côté,
Avec une grande difficulté
Et peine à respirer :
Veux-tu me dire,
Docte Bachelier,
110 Ce qu'il lui faut faire ?

LE BACHELIER

Donner le Clystère,
Puis saigner,
Ensuite purger.

LE CINQUIÈME DOCTEUR

Mais si la maladie
115 Opiniâtre
Ne veut se guérir,
Que lui faire ?

LE BACHELIER

Donner le clystère,
Puis saigner,
120 Ensuite purger,

173

CHORUS

Bene, bene, bene, bene respondere :
Dignus, dignus est intrare
In nostro docto corpore.

PRAESES

Juras gardare statuta
125 *Per Facultatem praescripta,*
Cum sensu et jugeamento ?

BACHELIERUS

Juro.

PRAESES

Essere in omnibus
Consultationibus
130 *Ancieni aviso,*
Aut bono,
Aut mauvaiso ?

BACHELIERUS

Juro.

PRAESES

De non jamais te servire
135 *De remediis aucunis,*
Quam de ceux seulement doctae Facultatis,
Maladus dût-il crevare,
Et mori de suo malo ?

BACHELIERUS

Juro.

PRAESES

140 *Ego, cum isto boneto*
Venerabili et docto,
Dono tibi et concedo
Virtutem et puissanciam
Medicandi,

LE CHŒUR

Bien, bien, bien, bien répondu
Digne, digne est-il d'entrer
Dans notre docte corps.

LE PRÉSIDENT

Jures-tu de garder les statuts
125 Prescrits par la Faculté
Avec sens et jugement ?

LE BACHELIER

Je jure.

LE PRÉSIDENT

D'être dans toutes
Les consultations,
130 De l'avis des anciens,
Qu'il soit bon,
Ou mauvais ?

LE BACHELIER

Je jure.

LE PRÉSIDENT

De ne jamais te servir
135 De remèdes aucuns
Que de ceux seulement de la docte Faculté,
Le malade dût-il crever,
Et mourir de son mal ?

LE BACHELIER

Je jure.

LE PRÉSIDENT

140 Moi, avec ce bonnet
Vénérable et docte,
Je te donne et t'accorde
La vertu et la puissance
De médiquer,

145 *Purgandi,*
Seignandi,
Perçandi,
Taillandi,
Coupandi,
150 *Et occidendi*
Impune per totam terram.

ENTRÉE DE BALLET

Tous les chirurgiens et apothicaires viennent lui faire la révérence en cadence.

BACHELIERUS

Grandes doctores doctrinae,
De la rhubarbe et du séné,
Ce serait sans douta à moi chosa folla,
155 *Inepta et ridicula,*
Si j'alloibam m'engageare
Vobis louangeas donare,
Et entreprenoibam adjoutare
Des lumieras au soleillo,
160 *Et des étoilas au cielo,*
Des ondas à l'Oceano,
Et des rosas au printanno.
Agreate qu'avec uno moto,
Pro toto remercimento,
165 *Rendam gratiam corpori tam docto.*
Vobis, vobis debeo
Bien plus qu'à naturae et qu'à patri meo :
Natura et pater meus
Hominem me habent factum ;
170 *Mais vos me, ce qui est bien plus,*
Avetis factum medicum.
Honor, favor, et gratia,
Qui, in hoc corde que voilà,
Imprimant ressentimenta
175 *Qui dureront in secula.*

145 Purger,
Saigner,
Percer,
Tailler,
Couper,
150 Et occire
Impunément par toute la terre.

ENTRÉE DE BALLET

LE BACHELIER

Grands docteurs de la doctrine,
De la rhubarbe et du séné,
Ce serait sans doute à moi chose folle,
155 Inepte et ridicule,
Si j'allais m'engager
À vous donner des louanges,
Et si j'entreprenais d'ajouter
Des lumières au soleil,
160 Et des étoiles au ciel,
Des ondes à l'Océan,
Et des roses au printemps.
Agréez qu'avec un mot,
Pour tout remerciement,
165 Je rende grâces à un corps si docte.
À vous, à vous que je dois
Bien plus qu'à la nature et qu'à mon père :
La nature et mon père
M'ont fait homme ;
170 Mais vous, ce qui est bien plus,
M'avez fait médecin.
Honneur, faveur, et grâce,
Qui, dans le cœur que voilà,
Impriment des sentiments
175 Qui dureront pour des siècles.

CHORUS

Vivat, vivat, vivat, vivat, cent fois vivat,
Novus Doctor, qui tam bene parlat !
Mille, mille annis, et manget, et bibat,
Et seignet, et tuat !

ENTRÉE DE BALLET

Tous les chirurgiens et les apothicaires dansent au son des instruments et des voix, et des battements de mains, et des mortiers d'apothicaires.

CHIRURGUS

180 *Puisse-t-il voir doctas*
Suas ordonnancias
Omnium chirurgorum
Et apothiquarum
Remplire boutiquas !

CHORUS

185 *Vivat, vivat, vivat, vivat, cent fois vivat,*
Novus Doctor, qui tam bene parlat !
Mille, mille annis, et manget, et bibat,
Et seignet, et tuat !

CHIRURGUS

Puissent toti anni
190 *Lui essere boni*
Et favorabiles,
Et n'habere jamais
Quam pestas, verolas,
Fievras, pluresias,
195 *Fluxus de sang et dyssenterias !*

CHORUS

Vivat, vivat, vivat, vivat, cent fois vivat,
Novus Doctor, qui tam bene parlat !
Mille, mille annis, et manget, et bibat,
Et seignet, et tuat !

DERNIÈRE ENTRÉE DE BALLET

LE CHŒUR

Vive, vive, vive, vive, cent fois vive,
Le nouveau Docteur, qui parle si bien !
Mille, mille ans, qu'il mange et boive,
Et saigne et tue !

ENTRÉE DE BALLET

LE CHIRURGIEN

180 Puisse-t-il voir
Ses doctes ordonnances
De tous les chirurgiens
Et apothicaires
Remplir les boutiques !

LE CHŒUR

185 Vive, vive, vive, vive, cent fois vive,
Le nouveau Docteur, qui parle si bien !
Mille, mille ans, qu'il mange et boive,
Et saigne et tue !

LE CHIRURGIEN

Puissent toutes ces années
190 Lui être bonnes
Et favorables,
Et n'avoir jamais
Que des pestes, véroles,
Fièvres, pleurésies,
195 Flux de sang et dysenteries.

LE CHŒUR

Vive, vive, vive, vive, cent fois vive,
Le nouveau Docteur, qui parle si bien !
Mille, mille ans, qu'il mange et boive
Et saigne et tue !

Grandville, *Une scène du* Malade imaginaire *de Molière*, vers 1860.

SITUER

Avec le dernier intermède, qui va introniser Argan comme médecin, c'est la fin brillante et inattendue de la comédie.

RÉFLÉCHIR

SOCIÉTÉ : la satire de la médecine : robe, bonnet, barbe et galimatias

1. Relevez les éléments satiriques de l'interrogatoire du bachelier (voir p. 195). Quel est l'effet produit par la répétition de *Clysterium donare,* / *Postea seignare,* / *Ensuitta purgare* ?

2. Dans le discours de remerciement du bachelier (l. 152 à 175), relevez quelques exemples de mélange de français et de pseudo-latin : quel effet cocasse produit ce latin macaronique* ? En quoi peut-on rapprocher cette tirade du compliment que Thomas Diafoirus destine à Argan (II, 5) ?

3. En quoi l'intermède conclut-il également la satire de la religion ?

GENRES : le dénouement ultime de la comédie : Argan médecin, Argan guéri ?

4. Quel rôle Argan joue-t-il dans l'intermède ? Sommes-nous dans un univers vraisemblable ou un univers de pure fantaisie ? En quoi l'intermède constitue-t-il le vrai dénouement, dramatique, psychologique, et satirique de la comédie ?

5. Relevez quelques éléments qui vous paraissent justifier le qualificatif de « burlesque » que Molière applique à la cérémonie. En quoi cet intermède est-il comique ? Dans quel climat permet-il de conclure la pièce et dans quel sentiment met-il le spectateur ?

MISE EN SCÈNE : la métamorphose d'Argan

6. Comparez la photographie p. 16 à celle de l'acte I, scène 1 (p. 8), et relevez tous les éléments qui ont changé en Argan : costume, objets, position, gestes, expression du visage. Quelle métamorphose se trouve ainsi traduite ?

ÉCRIRE

7. Imaginez le compte-rendu qu'un spectateur de 1673 pourrait faire de la pièce et les éloges qu'il décernerait à l'intermède final.

L'ACTION : triple obstacle et double mariage

1. À quel moment et comment vont se lever successivement les trois obstacles au mariage d'Angélique et de Cléante : les Diafoirus, Béline et Argan lui-même ?

2. Le mariage d'Angélique et de Cléante conclut-il la comédie ? Pourquoi se poursuit-elle par l'intermède final. En quoi peut-on parler d'un double dénouement ? À quoi le *juro* final marie-t-il Argan ?

PERSONNAGES : les méchants évincés, les amants réunis et un père emporté dans la comédie-ballet

À la fin de la pièce sont éliminés les opposants au mariage d'Angélique et de Cléante, et triomphent autour du couple d'amants ceux qui les ont aidés, Béralde et Toinette. Argan, quant à lui, quitte le cercle familial pour le corps médical et le monde de la comédie-ballet.

3. *Béline, paradoxalement trahie par sa sincérité.*

Comment l'acte III complète-t-il le portrait de Béline ? Le spectateur la plaint-il ? Pourquoi ?

4. *Les médecins, des fous qui se sabordent eux-mêmes.*

Pourquoi M. Purgon rompt-il toute relation avec Argan ? Pourquoi entraîne-t-il avec lui les Diafoirus et M. Fleurant ?

5. *Cléante et Angélique : des enfants de « bon naturel ».*

Quelle preuve Angélique donne-t-elle de son amour pour son père ? Et Cléante de son « bon naturel » ?

6. *Toinette et Béralde, unis dans le parti du bon sens.*

Le frère et la servante d'Argan occupent le devant de l'acte III. À quels moments leur complicité est-elle manifeste ? Usent-ils des mêmes moyens pour faire triompher le bon sens ?

7. *Argan comble sa folie de médecine en devenant médecin.*

Quelles sont les étapes et les moyens de la désintoxication médicale à laquelle Béralde et Toinette soumettent Argan ? Cette cure est-elle réussie ? Comment l'intermède conclut-il la pièce ?

THÈMES : le débat sur la médecine et les médecins

L'acte III est en grande partie dominé par le débat sur la médecine, les médecins et les malades (voir p. 195).

8. *La médecine, folie ou vérité ?*

À la scène 3 de l'acte III, qui attaque la médecine ? Qui la défend ? Quels sont les arguments respectivement fournis ? Et Molière, de quel côté est-il ?

9. *Les médecins, imposteurs ou savants ?*

Pourquoi Molière a-t-il mis en scène dans l'acte III de nouveaux membres du corps médical, réels ou fictifs ? Comment l'acte III complète-t-il la satire des médecins ?

10. *La médecine, masque de la religion.*

Un nouvel enjeu se fait jour dans l'acte III : celui de la religion que Béralde assimile aux « belles imaginations » de la médecine (voir p. 214). Quelle est l'importance de cet enjeu et pourquoi doit-il rester masqué ?

11. *Les malades : divertissements contre remèdes.*

En faisant référence à ses comédies, quelle leçon Molière veut-il donner au spectateur ?

REGISTRES ET TONALITÉS :
la diversité des tons et des formes de comique

12. *Un mélange contrôlé.*

Que nous apprend du goût de Molière pour le mélange des tons la transition de la scène 3 aux scènes 5 el 10 ? puis de la scène 14 au troisième intermède ? Molière ménage-t-il ses transitions abruptement ou en douceur ?

13. *L'acte III et le triomphe du jeu de théâtre.*

Tous ses contemporains se sont accordés à louer en Molière, qui incarnait Argan, un prodigieux acteur comique. De ce point de vue quels sont les moments les plus réussis dans l'acte III ? Quel est le rôle du déguisement dans le jeu du théâtre ?

L'ACTION : une intrigue conventionnelle mais un dénouement imprévu

1. Comment se mettent en place à l'acte I les différents éléments de l'intrigue ? À quel moment la situation semble-t-elle irrémédiablement bloquée ?

2. Des différents obstacles qui s'opposent au mariage d'Angélique et de Cléante, lequel est le plus difficile à lever ?

3. Comment l'acte III dénoue-t-il l'intrigue ?

THÈMES : un regard acéré sur la société

La satire familiale : Argan, époux, père et maître

4. Quelles sont les scènes qui peignent le mieux les rapports d'Argan avec sa femme, ses filles et sa servante ? Comment les liens familiaux se voient-ils menacés puis resserrés au cours de la comédie ?

La satire sociale :
le rire et la raison contre la médecine et les médecins

5. Molière met en scène dans *Le Malade imaginaire* un notaire, trois médecins et un apothicaire : quels sont leurs caractères communs ? sont-ils traités de la même façon ? À travers eux, quels abus Molière dénonce-t-il ?

6. Sur quels tons différents est conduite cette satire ?

La satire religieuse :
Molière contre la religion, les prêtres et les dévots

7. Derrière le procès de la médecine, on peut entendre, par la voix de Béralde, un réquisitoire libertin contre la religion : sous quelle forme et pourquoi ? En quoi le réquisitoire est-il dans le droit fil des préoccupations de Molière depuis *Tartuffe* et *Dom Juan* ?

PERSONNAGES : une galerie de personnages

8. Parmi les personnages, lesquels évoluent au cours de la pièce ? Sont-ils originaux ? Sont-ils vraisemblables ?

Une puissante création :
le Malade imaginaire, entre vraisemblance et folie.

9. Quels sont les principaux traits du caractère d'Argan ? Change-t-il au cours de la pièce ? À la fin de la comédie, de quoi est-il guéri ?

10. Comparez les interprétations d'Argan illustrées par les photos de cette édition : en quoi éclairent-elles la complexité du personnage ? Laquelle vous semble la plus intéressante ?

GENRES : comédie-miroir et comédie bouffonne

Entre vraisemblance et ridicule

La tradition du genre comique permet d'opposer la comédie-miroir qui cherche à imiter la réalité sociale et psychologique avec mesure et vraisemblance, et la comédie bouffonne qui déforme la réalité pour provoquer le rire.

11. Pouvez-vous distinguer dans *Le Malade imaginaire* ces deux formes de comédie ? D'après les illustrations proposées pp. 1-16, pouvez-vous caractériser les choix faits par les différentes mises en scène ? De quel côté le dernier intermède conclut-il la pièce ?

Les formes du comique dans Le Malade imaginaire

Molière reprend diverses formes de comique.

• Le comique d'intrigue et de situation : l'intrigue ressemble à celle du *Tartuffe*, de *L'Avare*, du *Bourgeois gentilhomme* ou des *Femmes savantes* : la folie d'un père (ou d'une mère) compromet le bonheur de deux jeunes gens.

• Le comique de caractères : les personnages du *Malade imaginaire* renvoient à d'autres : Toinette à Dorine, Béline à Tartuffe, Argan à Orgon, Harpagon ou M. Jourdain.

• Le comique satirique : avec les médecins, Molière reprend un thème traditionnel de la farce et un motif récurrent de son théâtre.

• Le comique du dialogue reprend des recettes éprouvées : séries de répliques, répétitions, interruptions, perturbations, jusqu'à des quasi-décalques de passages du *Tartuffe* ou des *Fourberies de Scapin*.

• Le comique du jeu de théâtre : gestes, jeux de scène, diction*, déguisement.

12. Donnez un exemple de chacune des formes de comique dans la pièce. Laquelle avez-vous préférée ? Pourquoi ?

ET LES INTERMÈDES ?

13. Faut-il les jouer ? Comment, au terme de la pièce, répondriez-vous à cette question (voir p. 204) ?

L'UNIVERS
DE L'ŒUVRE

Dossier documentaire
et pédagogique

LE TEXTE
ET SES IMAGES

DRÔLE DE MALADIE ! (P. 2-3)

1. Pouvez-vous situer la scène, les personnages et les répliques auxquels correspondent les photos 1 et 2 ?

2. Quels objets identifiez-vous sur la photo 1 ? Quel effet produit le choix des couleurs ? Est-ce un décor d'époque ?

3. Relevez les éléments du costume et du maquillage des personnages dans les deux photos. En quoi sont-ils traditionnels ? En quoi sont-ils originaux ? En quoi sont-ils comiques ?

4. Dans la photo 1, quels indices pour l'interprétation du personnage de Béline vous fournissent son costume, son attitude, son expression ? Quels semblent être ses rapports avec Argan ?

5. Dans la photo 2, le déguisement de Toinette est-il vraisemblable ? Comment joue-t-elle le faux médecin ? La mise en scène tire-t-elle vers le réalisme ou vers la fantaisie ?

6. Dans ces deux documents, c'est le corps d'Argan qui est l'objet de l'attention de Béline et de Toinette. De quelle façon le traitent-elle ? Quel but poursuivent-elles ?

TROIS ÉPOQUES, TROIS VISIONS
DU *MALADE IMAGINAIRE* (P. 4-5)

7. À quelles scènes les documents 3, 4 et 5 se rapportent-ils ?

8. Quels personnes, éléments de décor, objets et accessoires reconnaissez-vous dans les trois illustrations ? Quels sont les éléments communs ? les éléments qui diffèrent ?

9. Quels termes critiques de la liste suivante appliqueriez-vous à chacune des trois illustrations ? Justifiez votre réponse.

Historique – réaliste – moderne – satirique – caricatural – bouffon – vraisemblable.

LA CONSULTATION DES DIAFOIRUS (P. 6-7)

10. Que font les Diafoirus sur les photos 6, 7 et 8 ? Quelle scène se trouve ici illustrée ?

11. Relevez les éléments communs aux trois mises en scène : costumes, gestes, attitudes et position respective des personnages. Quelles sont les différences qui vous frappent ? Qu'en déduisez-vous en ce qui concerne la vision que le metteur en scène veut donner des Diafoirus et de leurs rapports avec Argan ?

12. Laquelle de ces trois mises en scène vous paraît la plus fidèle à la réalité historique ? la plus bouffonne ? la plus inquiétante ? De quel document proposé pages 4 et 5 rapprocheriez-vous chacune des photographies ?

ARGAN :
MALADE SÉRIEUX OU MALADE POUR RIRE ? (P. 8-9)

13. À quelle scène se rapportent les photos 9 et 10 ? Quels sont les éléments communs aux deux mises en scène ? quels sont les éléments qui diffèrent ? En quoi la mise en scène de Gildas Bourdet (photo 10) reprend-elle, tout en les renouvelant, les éléments de la tradition comique, tels que les indiquent notamment les didascalies de la scène I, 1 ?

14. Comparez les incarnations d'Argan dans les deux mises en scène : costume, gestes, regard et expression du visage. Qu'en concluez-vous pour l'interprétation du rôle d'Argan ?

15. Quel rapport la photo 10 implique-t-elle entre la maladie et l'argent ? En quoi le sérieux avec lequel Argan examine ses comptes est-il vraisemblable ? en quoi est-il comique ?

16. Dans la photo 10, Argan vous paraît-il pleinement intégré dans le monde des adultes ? Pourquoi ?

17. Lequel de ces deux Argan vous semble le plus réaliste ? le plus « imaginaire » ? le plus comique ?

AFFAIRES DE FAMILLE (P. 10-11)

18. Pouvez-vous situer exactement les trois photos dans la pièce (quelle scène, quel groupe de répliques) ?

19. Entre la mise en scène originale de Gildas Bourdet et sa reprise, comment le costume d'Argan a-t-il évolué (comparez avec la photo 8 p. 7) ? Quel est celui que vous préférez ?

20. Comment ces trois photos caractérisent-elles les rapports qu'Argan entretient avec les femmes qui l'entourent : épouse, filles, servante ? Quels sont les sentiments que celles-ci éprouvent envers lui et que veulent-elles obtenir de lui ? Comment les photos illustrent-elles ces relations affectives contrastées ?

21. À la lumière de ces photos, comment caractériseriez-vous Argan père, Argan maître, Argan époux ?

**FASTES ET FANTAISIES
DE LA COMÉDIE-BALLET (P. 12-13)**

22. Quels personnages du prologue et des intermèdes reconnaissez-vous sur les documents 14 à 17 ? Quels détails de leur costume vous permettent de les identifier ?

23. Les costumes sont-ils riches ? sont-ils variés ? Ressemblent-ils à ceux des personnages de la comédie parlée ? Quel effet produisent-ils sur le spectateur ?

24. Comment les musiciens et le chef d'orchestre se trouvent-ils intégrés dans le spectacle ?

25. Rapprochez les photos de la mise en scène de Jean-Marie Villégier (ill. 16 et 17) de la gravure de Lepautre (ill. 18, p. 14) : l'interprétation moderne du *Malade imaginaire* intégrant les intermèdes vous paraît-elle fidèle à la vérité historique ?

PAR-DELÀ LE RÉEL, LE THÉÂTRE (P. 14-15)

26. Dans la gravure de Jean Lepautre (ill. 18), comment se trouvent distingués les deux plans de la scène et la salle ? Que représente le décor du théâtre ? Qui voit-on sur la scène et dans la salle ? En quoi cette gravure illustre-t-elle la spécificité du dispositif théâtral, comme conversation entre des acteurs, surprise par le public ?

27. Quel est l'effet produit par le face-à-face entre Argan et le roi ? Qui peut-on voir derrière Argan ?

28. En quoi l'acte de décès de Molière (ill. 19) consigne-t-il la réalité de la vie d'une troupe de théâtre ? en quoi est-il émouvant ? Comment fait-il entrer la mort de Molière dans la légende du théâtre ?

ARGAN MÉDECIN, ARGAN HEUREUX (P. 16)

29. À quel moment de la pièce la photo a-t-elle été prise ? Quels sont les attributs du médecin arborés par Argan ?

30. Comparez cette photo avec les autres photos d'Argan proposées dans le cahier iconographique (en particulier la photo 9 p. 8) et relevez les éléments qui diffèrent ; quel est l'effet produit par ce changement ?

31. Quelle est l'expression d'Argan ? Quelle interprétation du dernier intermède et de l'ensemble de la pièce cette photo propose-t-elle ? En quoi la réception d'Argan comme médecin est-elle le dernier mot de la pièce ?

Théâtre et déguisement
au temps du *Malade imaginaire*

QU'EST-CE QUE LE DÉGUISEMENT ?

Hérité du théâtre antique, le déguisement est un procédé éprouvé, qui règne sur tout le théâtre européen – il est très fréquent chez Shakespeare, par exemple dans *La Nuit des rois*. Il ne s'agit pas ici du sens étroit de « costume », mais du sens large de « fausse identité, volontaire ou involontaire d'un personnage ». On peut distinguer deux grands types de déguisement : le déguisement involontaire (ou ignorance d'identité), venu de la tragédie antique – ainsi d'Œdipe qui, ignorant sa naissance, tue son père et épouse sa mère –, et le déguisement volontaire (ou usurpation d'identité), celui d'un personnage qui se donne une identité qui n'est pas la sienne et joue consciemment un rôle.

QUAND ET OÙ SE DÉGUISE-T-ON ?

En France, on se déguise tout au long du Grand Siècle et dans tous les genres dramatiques. La grande période, pour le théâtre, est celle de Richelieu-Mazarin, entre 1620 et 1660. On se déguise partout avec une prédilection pour la tragi-comédie* et la pastorale* dans les années 1630-1640. Après 1650, le déguisement devient un procédé essentiellement comique, peu employé dans la tragédie.

COMMENT SE DÉGUISE-T-ON ?

Quand on se déguise, on peut changer : d'identité (prendre un autre nom), de condition sociale (par exemple, passer de maître à valet, ou l'inverse), de sexe (se travestir en homme et plus rarement

en femme), de langage (parler comme le personnage que l'on prétend être), de costume (l'adapter à sa nouvelle identité). Tous ces
ingrédients sont réunis dans le déguisement de Toinette à l'acte III
du *Malade imaginaire*. De même, dans l'intermède final, Argan,
recevant « la robe et le bonnet de médecin », maîtrisera du même
coup le « galimatias » médical.

QUI SE DÉGUISE ?

Tout le monde, les hommes comme les femmes, se déguise, et
avant tout les héros, qui changent volontiers de condition (c'est le
motif du prince déguisé) ou de sexe (surtout les femmes), mais
aussi les valets et les servantes, et, surtout chez Molière, les bar-
bons ridicules, bernés à la faveur de leur déguisement. Ainsi dans
Le Malade imaginaire, le déguisement touche aussi bien Cléante,
qui se fait passer pour le maître à chanter d'Angélique, que
Toinette et Argan lui-même.

POURQUOI SE DÉGUISE-T-ON ?

Dans *Le Malade imaginaire*, deux motifs sont invoqués : favoriser le mariage d'Angélique et de Cléante, et guérir Argan de sa
folie médicale. Le déguisement cumule plusieurs fonctions :

• une fonction dramatique : le déguisement noue et dénoue
l'intrigue, retarde, fait avancer ou rebondir l'action. Dans *Le
Malade imaginaire*, les déguisements sont centrés sur Argan :
celui de Cléante lui permet de s'introduire chez le père
d'Angélique, celui de Toinette sert à le dégoûter de la médecine,
enfin sa fausse mort démasque Béline ;

• une fonction psychologique : comment le personnage
déguisé va-t-il jouer son rôle et quelles réactions suscitera-t-il chez
les autres personnages ? Devant Argan jouant le faux mort, on voit
Béline quitter son rôle de femme dévouée pour se montrer
au naturel ;

• une fonction satirique : le déguisement permet d'imiter et de tourner en ridicule les travers d'une personne ou d'une profession (les médecins notamment) ;

• une fonction comique, surtout : on rit de l'habileté du trompeur, de la bêtise de sa victime ou de la folie du « chimérique » déguisé ; ainsi, dans *Le Malade imaginaire*, l'éloquence amoureuse de Cléante (II, 5) ou la verve de Toinette (III, 8-10) bernant tous deux Argan, et la folie du malade devenu médecin ;

• une fonction esthétique : le déguisement est fait aussi pour le plaisir du spectacle ; tel est le rôle, chez Molière, de la cérémonie turque du *Bourgeois gentilhomme* ou de l'intermède final du *Malade imaginaire*.

Dans le déguisement, Molière voit ce qu'il appelle « tout le jeu du théâtre » (Avis au lecteur de *L'Amour médecin*), ce dernier étant avant tout une affaire de mots, de « galimatias » : c'est par la parole que le personnage impose son identité fictive. Il suffit à Toinette de se donner quatre-vingt-dix ans, de se dire « médecin passager », de décliner les noms de toutes les « maladies d'importance », de répéter « le poumon » pour s'imposer comme médecin aux yeux d'Argan. En outre, le dernier mot du déguisement est le divertissement, qui permet de s'accommoder aux « fantaisies » d'Argan et de basculer dans le monde imaginaire de la comédie-ballet.

Molière, les médecins
et la médecine

Avec *Le Malade imaginaire*, Molière revient pour la dernière fois sur un sujet qui lui avait déjà inspiré de nombreuses pièces : Argan est le dernier malade, et les Purgon et Diafoirus les derniers médecins de ce qu'on peut appeler le « théâtre médical » de Molière.

Quels sont le statut des médecins et l'état de la science médicale au temps de Molière ? Quelles sont les principales cibles de la satire qu'en fait Molière ? Quelle est la maladie d'Argan et quel en est le traitement ?

LES MÉDECINS ET L'ART MÉDICAL

Au XVIIᵉ siècle, le corps médical jouit d'un grand respect et d'un grand pouvoir social. Parmi les médecins illustres du siècle, on peut citer Guy Patin, membre de la faculté de Paris et représentant de la médecine traditionnelle et conservatrice (il restera jusqu'au bout un adversaire obstiné de la circulation du sang), et Fagon, protégé de Mme de Maintenon et premier médecin de Louis XIV à partir de 1693.

Comment devient-on médecin ?

La qualité de médecin et le droit d'exercer ne sont reconnus qu'aux titulaires du doctorat délivré par les facultés de médecine, au nombre d'une vingtaine en France, de qualité et d'exigences très inégales. Les deux facultés les plus célèbres, rivales depuis toujours, sont la faculté de médecine de Paris, conservatrice et catholique, et celle de Montpellier, libérale et ouverte aux nouveautés.

Les études de médecine sont longues et onéreuses : baccalauréat à 25 ans, après deux années d'étude, licence après deux années supplémentaires, et enfin doctorat, au bout de la cinquième année. Les examens comportent notamment la soutenance publique d'une thèse destinée à l'impression (celle-là même que brandit fièrement Thomas Diafoirus, II, 5). La réception du nouveau bachelier dans le corps médical se fait au cours d'une cérémonie solennelle (raillée par Molière dans le troisième intermède), durant laquelle le candidat prononce le *juro* (« je le jure ») qui l'intronise comme médecin mais ne lui donne pas encore le droit d'exercer ; il lui faut pour cela obtenir la licence. Thomas Diafoirus est un pur produit de la faculté de médecine de Paris ; il a, selon son père, obtenu (laborieusement) sa licence, soutenu sa thèse et, d'après Argan, doit être reçu médecin dans trois jours.

L'enseignement se fait en latin. Avant tout livresque, il est fondé sur la rhétorique et ce que l'on appelle à l'époque les « disputes », c'est-à-dire les débats publics sur une thèse. En revanche il laisse peu de place, botanique exceptée, à ce que Béralde appelle « l'expérience » (III, 3), c'est-à-dire à l'expérimentation et aux travaux pratiques : les leçons d'anatomie sont rares et les dissections, qui ne sont autorisées que sur les corps des criminels, sont exceptionnelles (d'où la proposition « galante » de Thomas d'y convier Angélique). Au total, la connaissance du corps humain et de ses mécanismes est fort confuse.

Dans la pratique de son art, le médecin observe et interprète les symptômes, en tire un diagnostic et ordonne les médicaments. Mais il se refuse à toute intervention ou préparation, qui sont le fait des chirurgiens et des apothicaires (l'équivalent de nos pharmaciens), de formation très différente (ils ne passent pas par la faculté de médecine), et qui sont à la fois subordonnés aux médecins (ils n'interviennent que sur leur ordonnance) et en conflit permanent avec ceux-ci.

Autorités et principes de l'art médical

La médecine classique, dominée par l'autorité des médecins grecs Hippocrate (Vᵉ-IVᵉ siècle av. J.-C.) et Galien (IIᵉ siècle ap. J.-C.), n'a guère évolué depuis l'Antiquité. La plupart des médecins, surtout à Paris, sont aveuglément conservateurs et hostiles à toute nouveauté scientifique. La querelle la plus célèbre du siècle est celle de la circulation du sang, découverte en 1616 par l'Anglais Harvey, mais longtemps refusée par la faculté de médecine de Paris. Cela dit, quand Molière écrit *Le Malade imaginaire* en 1673, la circulation est communément admise et les Diafoirus, anti-circulationnistes irréductibles, font figure de pédants archaïques et bornés.

La médecine classique est dominée par la physiologie des humeurs, héritée de l'Antiquité[1]. Selon cette théorie, le corps humain contient quatre humeurs fondamentales (liquides secrétés par certains organes) : le sang, le flegme (ou pituite), la bile jaune (ou bile) et la bile noire (ou mélancolie). La santé dépend de leur équilibre (ou « tempérament ») et de leur pureté au sein du corps humain. À l'inverse, le déséquilibre par excès ou défaut de l'une des humeurs, ou la corruption de l'une d'entre elles, provoque une « intempérie » (déséquilibre) des humeurs et une inflammation de l'organe, voire du corps tout entier, et se trouve être la cause des diverses maladies.

L'équilibre relatif des humeurs est par nature instable, et tout homme a une humeur dominante qui détermine son tempérament : ainsi le mélancolique – c'est le cas de l'Alceste du *Misanthrope* et d'Argan (selon ses médecins du moins) – est caractérisé par la dominance de l'humeur atrabilaire (ou bile noire, produite par la rate). Pour bien traiter un malade, le médecin doit donc connaître son « tempérament », comme M. Purgon connaît celui d'Argan (III, 6).

---

1. Voir p. 263.

Les médecins et leurs malades : diagnostic et thérapeutique

Tout l'art du médecin consiste à interpréter les symptômes présentés par le malade. Le diagnostic s'appuie essentiellement sur la prise du pouls, l'examen du sang, l'examen des excrétions (urine et selles), ainsi que sur la qualité du sommeil et de l'appétit. Tels sont les signes auxquels s'intéressent de très près Argan et ses médecins au cours de la pièce.

Le principe de départ étant que la maladie naît d'un dérèglement des humeurs, le but de tout traitement est de restaurer l'équilibre perturbé en corrigeant l'excès ou le défaut de telle humeur, ou d'évacuer les humeurs corrompues (ou « humeurs peccantes »). Pour cela, la médecine officielle a recours à trois traitements dominants : la saignée, qui évacue le sang corrompu ou trop riche ; la purge, souvent quotidienne ; et le clystère (ou lavement), également très fréquent. Si la saignée est épargnée à Argan, les deux derniers traitements sont particulièrement prisés par M. Purgon, qui entend bien « vider le fond du sac » (III, 3).

Lavements, potions et médicaments en général sont préparés par l'apothicaire sur l'ordonnance du médecin. Ils privilégient l'élément liquide ou onctueux (bouillons, petit-lait, sirops, juleps, onguents, crèmes), et sont essentiellement composés à base de plantes, souvent exotiques comme la casse ou le séné. On utilise également des ingrédients d'origine animale, comme le bézoard (concrétion calcaire extraite de l'estomac de certains animaux), ou minérale (poudres de perles ou de pierres précieuses). Argan en donne une description détaillée dans la scène 1 de l'acte I.

Le régime alimentaire est également important : M. Purgon, qui croit Argan malade du foie, lui prescrit exclusivement du bouilli (voir III, 10) ; les Diafoirus, eux, le pensent malade de la rate et sont partisans du rôti.

LE « CAS » ARGAN

Argan et ses médecins

Autour d'Argan s'empressent plusieurs figures médicales.

• M. Fleurant est l'apothicaire. La civilité de ses factures ne masque pas leur excès aux yeux d'Argan, qui les rectifie soigneusement au premier acte. C'est lui qui compose les médecines suivant l'ordonnance de monsieur Purgon et qui administre les lavements. Autrement dit, il n'est « pas accoutumé de parler à des visages », comme le raille Béralde (III, 4).

• M. Purgon est, selon le portrait qu'en trace Béralde, « un homme tout médecin depuis la tête jusqu'aux pieds » (III, 3). Cet homme tout d'une pièce est un fanatique, dangereux à proportion de la confiance aveugle qu'il a dans les règles de la médecine, de son absence de sens commun et de la tyrannie qu'il exerce sur ses malades. Il traite Argan pour une mélancolie hypocondriaque[1] (sans pour autant que le terme soit prononcé) dans les règles de la médecine de son temps, « avec une impétuosité de prévention, une raideur de confiance, une brutalité de sens commun » qui confinent à la folie et que dénonce vigoureusement Béralde.

Les Diafoirus sont, comme M. Purgon, de purs produits de la tradition médicale la plus conservatrice ; hostiles à toute nouveauté, ils sont en outre sots et pédants. La clef de la formation médicale vue par M. Diafoirus est dans l'obstination : ne jamais démordre de son opinion et toujours contredire son voisin. Le père est aveuglément fier de son « benêt » de fils et en trace un portrait qui nous le montre incurablement bête et lent d'esprit, quoique assidu au travail. Tout cela n'empêche pas Thomas d'être fort satisfait des « prémices de [son] esprit ». En outre, les Diafoirus ne perdent ni l'un ni l'autre le sens de leurs intérêts : le père préfère exercer son métier auprès du public populaire qui est moins exigeant que les grands, le fils est résolu à épouser Angélique, quelque répugnance que celle-ci lui témoigne.

---

1. Voir « Humeur », p. 263.

La caricature de la fonction médicale est accomplie avec Toinette et le dernier intermède. Toinette raille le cérémonial de la consultation médicale : prise de pouls, diagnostic imprévu (« le poumon »), préalable à tout examen clinique et contredisant résolument ceux de ses prétendus confrères, traitements déments et contre nature (crever un œil, couper un bras). Quant aux médecins du dernier intermède, ils proposent pour tous les maux les mêmes remèdes, « *Clysterium donare, Postea seignare, Ensuitta purgare* », et ont le mot de la fin, en souhaitant au nouveau docteur de bien manger, bien boire, bien saigner et bien tuer.

Il convient cependant de nuancer la vision satirique que Molière donne du corps médical : comme toute charge, la pièce de Molière est à la fois excessive et partiale, et il ne faudrait pas réduire médecins et apothicaires aux Diafoirus, Purgon et Fleurant. Le XVIIᵉ siècle a connu de grands médecins et de grands apothicaires, qui ont exercé leur art, certes dans les limites de la science de leur époque, mais avec conscience et souvent efficacité. Quant à la médecine, loin d'être pur « roman », elle a connu pendant cette période de grandes avancées qui l'ont forcée à modifier sa conception de l'homme et de l'univers.

Argan et son frère Béralde : le procès de la médecine

La grande scène 3 de l'acte III oppose les deux frères sur le sujet de la médecine.

Béralde, qui voudrait guérir Argan « de la maladie des médecins », incarne, face à la folie et au ridicule d'Argan, un idéal de raison, de modération et de mesure qui en font le représentant de l'honnête homme classique. C'est sans aucun doute lui qui incarne la voix de Molière. À l'opposé d'Argan qui croit aveuglément à la médecine, Béralde la tient pour « une des plus grandes folies qui soit parmi les hommes » et manifeste un scepticisme radical à l'égard de la connaissance par les médecins des « ressorts de notre machine » (le corps humain et ses mécanismes). Il reproche aux médecins leur confiance aveugle dans une science illusoire (« le roman de la médecine »), leur « galimatias » qui ne sert qu'à en imposer aux malades et masque leur inefficacité (« Ils savent [...] parler en beau latin, savent nommer en grec toutes les maladies, les définir et les diviser ; mais pour ce qui est de guérir, c'est ce qu'ils ne savent point du tout »), leur nocivité (« il ne fera, en vous tuant, que ce qu'il fait à sa femme et à ses enfants, et ce qu'en un besoin il ferait à lui-même »). À la question d'Argan : « Que faut-il donc faire quand on est malade ? », Béralde répond ainsi : « Rien. » Et il oppose à l'« impatience » et à l'« inquiétude » d'Argan l'exemple de Molière, vrai malade s'il en est, qui garde des forces pour « porter son mal ». La leçon que Béralde propose à Argan est une leçon de lucidité et de courage face à la souffrance, héritée du stoïcisme des grands moralistes antiques et de Montaigne.

Face à Béralde, Argan est dans l'« erreur populaire » (celle de tout le monde) de tenir la médecine pour « véritable », d'y croire aveuglément et d'être « embéguiné » des médecins au point de ne pouvoir se passer d'eux un moment et de leur attribuer le pouvoir de décider de sa vie et de sa mort (les seules menaces de M. Purgon en III, 6 le font se sentir mort).

Argan et sa maladie : un « malade imaginaire »

Argan se croit malade, vit en malade au rythme des prescriptions de son médecin, revendique les privilèges des malades (dévouement sans faille et égards constants de ses proches, obéissance immédiate de ses serviteurs) et, au total, aime sa maladie qui lui permet de satisfaire son narcissisme.

On peut se faire une idée de la maladie supposée d'Argan par les traitements purgatifs prescrits par M. Purgon et complaisamment détaillés à la scène 1 de l'acte I. Les symptômes présentés par Argan sont avant tout d'ordre digestif (flatulences, vents, constipation obstinée) ; il présente aussi une corruption de la bile et un échauffement du sang. Si l'on y joint l'inquiétude et l'irritabilité constantes dénoncées par Béralde (III, 3) et par Béline dans son oraison funèbre (III, 12), on a là les symptômes que la médecine traditionnelle donne comme caractéristiques de la mélancolie hypocondriaque, qui est décrite comme une inflammation et une corruption de la bile (jaune ou noire) dans les régions basses de l'organisme (le bas-ventre ou les « hypocondres ») et notamment dans la rate et le foie, inflammation qui remonte au cerveau, causant chez le malade une espèce de délire sans fièvre. Et c'est manifestement pour cette pathologie que le soigne M. Purgon, sans que le terme apparaisse pour autant dans la pièce.

Le problème est qu'Argan n'est pas le moins du monde malade. Bien au contraire, il « marche, dort, mange et boit tout comme les autres » (II, 2). Toinette et Béralde sont là pour rappeler que, malgré purges et clystères, il se porte comme un charme : « J'entends, mon frère, que je ne vois point d'homme qui soit moins malade que vous, et que je ne demanderais point une meilleure constitution que la vôtre » (III, 3). Sa maladie n'est pas une maladie réelle, un dérèglement de l'imagination causée par un désordre du corps, mais c'est une maladie imaginaire, qui n'a aucun support physiologique.

Cette maladie de l'âme, qui consiste à se croire malade alors qu'on ne l'est pas, a son origine dans ce que la tradition morale appelle les « passions de l'âme ». Les passions dominantes d'Argan sont la peur de la maladie et de la souffrance, et le plaisir secret d'être malade, qui ne sont que les formes visibles d'un amour effréné de soi-même et d'un égoïsme féroce (son comportement à l'égard de sa fille en est un signe évident). À ces passions se joignent son défaut de jugement, son entêtement pour la médecine et sa vénération aveugle pour les médecins.

L'originalité de la maladie imaginaire d'Argan est donc dans la certitude absolue d'être malade, alors qu'il a un corps parfaitement sain, et dans l'idée fixe de la médecine. Il réalise ainsi la synthèse des deux formes de délire ridicule des héros moliéresques : la chimère de la maladie (l'illusion d'être malade) et la marotte de la médecine (l'obsession d'être soigné, la « maladie des médecins » dit Béralde).

Argan est le dernier des grands « imaginaires » de Molière, frère d'Arnolphe, d'Alceste, d'Harpagon ou de M. Jourdain. Mais n'oublions pas que Molière, lui-même gravement malade, a choisi d'incarner le personnage, de jouer au théâtre maladie et mort imaginaires et d'en faire rire.

LE THÉÂTRE VAUT BIEN UNE « PRISE DE CASSE » (III, 1)

Ultime leçon de la comédie et de la carrière de Molière, c'est le divertissement par le théâtre qui est le seul remède à la maladie de l'âme. Ainsi, Béralde invite Argan successivement à prendre plaisir aux « danses mêlées de chansons » des « Égyptiens vêtus en Mores » (Second intermède), à aller voir une comédie de Molière (III, 3), et enfin à devenir acteur dans la comédie-ballet avec la cérémonie finale d'intronisation. Devenir médecin ne guérira pas Argan de sa folie, mais lui permettra de satisfaire sa chimère de la maladie et sa marotte de la médecine en étant à la fois malade et médecin.

Molière applique ainsi à la comédie le principe tragique de la *catharsis*, ou purgation des passions. Le rire, incomparablement plus efficace que le clystère, purge l'âme de la maladie en purifiant l'âme du malade et celle des spectateurs de la terreur de la maladie et de l'amour immodéré de soi. Leçon proprement héroïque chez Molière que ce défi lancé à la maladie et à la mort, qui auront le dernier mot en février 1673.

Le Malade imaginaire
et la comédie-ballet

NAISSANCE, ESSOR
ET COURTE VIE D'UN GENRE : 1661-1673

La comédie-ballet est inventée par Molière en 1661 avec *Les Fâcheux*, créés à Vaux-le-Vicomte, au cours de la fête donnée à Louis XIV par le surintendant Foucquet. C'est d'abord une création due aux circonstances. En effet un ballet était prévu mais, à cause du nombre restreint de danseurs, il fallut scinder les entrées de ballet et les intercaler entre les entractes de la comédie. Mais Molière sut vite lui donner sa marque et en faire un genre nouveau : il a, écrit *Le Mercure galant* en 1673, « le premier inventé la manière de mêler des scènes de musique et des ballets dans la comédie ».

Le genre profite de la convergence de plusieurs facteurs : un goût, celui de Louis XIV, lui-même excellent danseur, pour la danse et la musique ; une politique, celle de la fête et du divertissement célébrant la gloire du roi ; un génie créateur, celui de Molière imaginant un spectacle complet, mêlant le dialogue, la musique, le chant et la danse.

De 1661 à 1673, Molière donne ainsi, à côté de dix-sept simples comédies, onze comédies-ballets, des *Fâcheux* au *Malade imaginaire*, soit presque une comédie-ballet chaque année. À partir de 1664, toutes, sauf *Le Malade imaginaire*, sont créées à la Cour pour les fêtes royales, puis reprises devant le public parisien du théâtre du Palais-Royal où Molière fait faire d'importants travaux pour pouvoir les représenter.

Cette création ne survivra guère à son inventeur et sera détrônée, après la mort de Molière, par la faveur grandissante de l'opéra.

DÉFINITION DE LA COMÉDIE-BALLET

La combinaison de trois langages :
parole, musique et danse

L'originalité de la comédie-ballet réside dans l'association entre la comédie et ce qu'on appelle à l'époque les « ornements » de musique et de danse. L'ensemble forme un spectacle complet, le dialogue étant encadré et enlacé par des intermèdes musicaux et chorégraphiques.

Le Malade imaginaire, « comédie mêlée de musique et de danse », comme l'indique son sous-titre, illustre bien cette définition, avec son prologue pastoral qui ouvre la comédie et ses trois intermèdes : la sérénade de Polichinelle à la fin de l'acte I, les chansons et danses des Mores à la fin de l'acte II, et la cérémonie burlesque d'intronisation d'Argan à la fin de l'acte III, intermède plus complet que les deux premiers et qui mêle « récit, chant et danse ».

Les créateurs :
Molière, Beauchamp, Lully et Charpentier

La comédie-ballet naît et vit de la collaboration entre Molière, homme de théâtre et maître d'œuvre du genre, le chorégraphe Beauchamp et les musiciens Lully puis Charpentier.

Beauchamp est maître à danser du roi et l'un des plus célèbres maîtres de l'Académie royale de danse, créée en 1662 : il est le chorégraphe de toutes les comédies-ballets de Molière.

Lully et Molière, eux, sont unis par des conceptions artistiques communes. Musicien génial et ambitieux forcené, Lully connaît une ascension prodigieuse à la Cour grâce à la faveur de Louis XIV. Sa collaboration avec Molière dans la création des divertissements royaux commence avec *La Princesse d'Élide*, connaît son point culminant avec l'éblouissante cérémonie turque du *Bourgeois gentilhomme* et se termine avec leur brouille en 1672. Lully se fait alors donner le privilège de l'Académie royale de musique et le monopole de l'opéra dans tout le royaume, et il va même jusqu'à interdire toute représentation accompagnée de plus de deux chanteurs et deux instrumentistes, ce qui revient à tuer la comédie-ballet. La rupture entre Molière et Lully tient d'abord à des raisons d'intrigue et d'ambition, mais il s'y joint une raison esthétique plus profonde : Lully évolue vers l'opéra et Molière tient à maintenir la séparation entre comédie parlée d'une part, et chant et musique de l'autre.

Succédant à Lully, c'est Marc-Antoine Charpentier qui composera la musique de *La Comtesse d'Escarbagnas* et du *Malade imaginaire*.

LA COMÉDIE-BALLET : AU SEIN DE LA DIVERSITÉ, UNE UNITÉ DRAMATIQUE ET ESTHÉTIQUE

Certes, depuis la première comédie-ballet, le dessein de Molière est de fondre parole, musique et danse dans un spectacle complet et harmonieux. Cependant cette unité s'épanouit au sein d'une grande diversité de formes et de langages.

Les jeux de la diversité et du contraste

Il est aisé de voir que Molière use d'un principe de contraste entre la comédie parlée et les intermèdes :

• contrastes dans les décors : le plus saisissant est le passage brutal du cadre champêtre du prologue à l'atmosphère confinée de la chambre d'Argan ;

• contrastes entre les personnages : à la famille d'Argan s'opposent bergers, Polichinelle, femmes mores et un corps médical de fantaisie ;

• contrastes entre les univers : le monde bourgeois de la comédie se voit confronté à un monde pastoral ou exotique, à celui de la Comédie-Italienne et à l'univers burlesque de la cérémonie médicale ;

• contrastes entre les langages, avec l'opposition entre la parole, le chant et la danse, la prose et les vers, le langage bourgeois et trivial et la préciosité galante ou la fantaisie burlesque, et jusqu'au contraste entre les langues elles-mêmes : français, italien et latin de cuisine ;

• contrastes, enfin, entre les thèmes et les tons : si le prologue et le second intermède célèbrent les jeux de l'amour, le premier intermède raille les infortunes d'un barbon et le dernier dénoue la comédie par le burlesque et le rire.

Une unité profonde

De cette diversité même naît une unité, voulue depuis *Les Fâcheux* par Molière qui entend « ne faire qu'une seule chose du ballet et de la comédie ».

L'unité dramatique impose d'articuler les intermèdes sur l'action de la comédie. Très étroit dans *Le Bourgeois gentilhomme*, ce lien se relâche avec *Le Malade imaginaire* : le lien entre le prologue, le premier intermède et l'action est artificiel. Il se resserre, d'une part avec le petit opéra impromptu chanté par Cléante et Angélique, parfaitement intégré à l'action et qui leur permet de se dire leur amour à la barbe d'Argan, d'autre part avec le second intermède annoncé par Béralde comme un divertissement destiné à Argan (« cela vaudra bien une ordonnance de monsieur Purgon », II, 9) et qui vaut bien « une prise de casse » (III, 1). L'intermède final est intimement et nécessairement uni à la comédie : il dénoue l'intrigue en permettant le mariage des amoureux et en faisant passer Argan du statut de malade à celui, plus imaginaire encore, de médecin, et il fait jouer les personnages mêmes de la comédie, Argan le premier : « Nous y pouvons aussi prendre chacun un personnage et nous donner ainsi la comédie les uns aux autres », dit Béralde.

L'unité esthétique fait converger comédie, danse et musique dans la production d'effets semblables. D'une part, ils visent à faire naître chez le spectateur les mêmes émotions : aux sentiments tendres des bergers du prologue répondent ceux chantés par Angélique et Cléante ; d'autre part, ils suscitent le même rire : aux tourments burlesques de Polichinelle dans le premier intermède répondent les chagrins d'Argan aux prises avec M. Purgon ou avec Toinette. Enfin, les médecins et apothicaires de la comédie, Diafoirus père et fils, Purgon et Fleurant, sont raillés avec l'ensemble de leur confrérie dans le burlesque intermède final.

La comédie-ballet conçue par Molière ne se contente donc pas de juxtaposer comédie parlée et ornements, elle entend les fondre dans une unité harmonieuse pour mieux les faire servir à une intention cohérente et unique, mais laquelle ?

LA SIGNIFICATION DE LA COMÉDIE-BALLET

Avec le prologue, le ton est donné : l'amour et la vie triompheront de tout. Puis les deux premiers intermèdes permettent de faire que les deux premiers actes se terminent non sur une note amère et désenchantée mais sur une tonalité aimable et riante. Enfin, avec l'intermède final, le dernier mot du *Malade imaginaire* reste au divertissement et au plaisir du spectacle : c'est ainsi que sa robe de médecin libère Argan de son angoisse de la mort. Là réside la fonction essentielle des ornements : dissiper les chagrins, comme le dit Béralde à son frère (II, 9) ; alléger la vision souvent violente et pessimiste que la comédie réaliste donne de l'homme, de la famille et de la société ; remplacer l'amertume par la joie de la musique et la danse. La leçon que donnent les intermèdes, en accord avec la comédie, est dans le triomphe de l'amour, de l'énergie vitale, de la fantaisie et de l'imagination sur les pesanteurs et les difficultés du réel.

On ne peut donc que souscrire à l'invite qui nous est faite par un fin connaisseur des comédies-ballets : « Il faut jouer les intermèdes des comédies-ballets de Molière » (C. Mazouer).

LA STRUCTURE
DU *MALADE IMAGINAIRE*

ACTES	SCÈNES	PERSONNAGES											SUJET DE LA SCÈNE
		Argan	Toinette	Angélique	Béline	Béralde	Cléante	Louison	Les Diafoirus	M. Purgon	M. Fleurant	M. Bonnefoy	
	Prologue : bergers, bergères et divinités.												Églogue et louange au roi.
ACTE I	1	■											Comptes d'Argan.
	2	■	■										Querelle domestique.
	3	■											Entrée/sortie.
	4		■	■									Récit de l'aventure amoureuse d'Angélique.
	5	■	■	■									Quiproquo. Querelle.
	6	■			■								Amour conjugal.
	7	■			■							■	Préparation du testament.
	8	■	■										Introduction de l'intermède.
	1ᵉʳ intermède : Polichinelle, une vieille, les archers.												Sérénade et bastonnade.
ACTE II	1	■	■										Stratagème de Cléante.
	2	■	■										Entrée/sortie.
	3			■			■						Surprise d'Angélique.
	4	■	■										Annonce des Diafoirus.
	5	■	■	■			■		■				Compliments des Diafoirus. Opéra impromptu.
	6	■		■	■		■		■				Affrontements Angélique/Thomas et Angélique/Béline.
	7	■			■								Introduction de la scène 8.
	8	■						■					Interrogatoire de Louison.
	9	■				■							Introduction du second intermède.

ACTES	SCÈNES	PERSONNAGES											SUJET DE LA SCÈNE
		Argan	Toinette	Angélique	Béline	Béralde	Cléante	Louison	Les Diafoirus	M. Purgon	M. Fleurant	M. Bonnefoy	
	2ⁿᵈ intermède : femmes mores, Argan et Béralde.												Éloge de la jeunesse.
ACTE III	1	×	×			×							Introduction de la conversation.
	2	×				×							Projets pour empêcher le mariage d'Angélique.
	3	×				×							Le mariage d'Angélique, la médecine et les médecins.
	4	×				×					×		Argan refuse le clystère de M. Fleurant.
	5	×				×				×			Fureur de M. Purgon.
	6	×	×			×							Affolement d'Argan et raillerie de Béralde.
	7	×	×			×							Annonce d'un nouveau médecin.
	8	×	×			×							Entrée et sortie de Toinette déguisée en médecin.
	9	×	×			×							Entrée et sortie de la vraie Toinette.
	10	×	×			×							Consultation de Toinette déguisée.
	11	×	×			×							Toinette convainc Argan de faire le mort.
	12	×	×		×								1ʳᵉ fausse mort d'Argan, défaite de Béline.
	13	×	×	×									2ᵉ fausse mort d'Argan, désespoir d'Angélique.
	14	×	×	×		×	×						Résurrection d'Argan, dénouement.
	3ᵉ intermède : apothicaires, médecins et chirurgiens + les personnages de la comédie.												Intronisation d'Argan comme médecin.

LES THÈMES

L'ARGENT

Argan est riche (« avec tout le bien que vous avez », lui dit Toinette, I, 5) et il dépense sa fortune dans la maladie. Dès son entrée en scène, jetons et comptes lient la maladie à l'argent : la maladie se paye et elle est source de profit pour les médecins. Toinette dit crûment d'Argan qu'il est « une bonne vache à lait » (I, 2) et de M. Purgon qu'« il faut qu'il ait tué bien des gens pour s'être fait si riche » (I, 5). Le mariage également est indissoluble-ment lié à l'argent : épouser Angélique est une bonne affaire pour Thomas Diafoirus, mais Argan y trouvera aussi son compte (« le parti est plus avantageux qu'on ne pense », I, 5). C'est le personnage de Béline, assistée de son notaire véreux, M. Bonnefoy, qui est le plus marqué par l'obsession de l'argent. Elle est de ces femmes que dénonce Angélique, « qui font du mariage un commerce de pur intérêt » (II, 6). Les mots de « vingt mille francs en or » et « billets au porteur » (I, 7) attisent sa convoitise, et sa cupidité éclate à la fausse mort d'Argan : elle est prête à le dépouiller sur-le-champ (III, 12).

Les amoureux échappent à cette obsession de l'argent : « Qu'il dispose de son bien à sa fantaisie, pourvu qu'il ne dis-pose point de mon cœur », dit Angélique à Toinette (I, 8) ; et ceux qui les aident : Béralde et Toinette.

LE CORPS

À la liberté des corps caractéristique de la Renaissance suc-cède, au XVIIᵉ siècle, leur effacement : le corps est assimilé au « bas », au sale, voire au mal, et dévalorisé par rapport à l'esprit (c'est ainsi la position d'Armande dans *Les Femmes savantes*). Face à son époque marquée par l'austérité morale et les règles de la politesse, Molière a toujours défendu le corps comme bon, sain et naturel.

Le Malade imaginaire met en scène deux partis. D'un côté ceux qui méprisent et brutalisent le corps : ce sont les médecins ; M. Purgon par exemple, pour qui le corps est pourriture, « corruption, intempérie, féculence » qu'il faut constamment « nettoyer » pour « vider le fond du sac » (III, 5). La pièce s'ouvre sur cette obsession de l'excrément et du nettoyage : « entrailles », « bas-ventre », « mauvaises humeurs », clystères, lavements, purgations, dont Argan fait un compte scrupuleux et douillet. Argan, lui, chérit ce corps prétendument malade, il le dorlote, le surveille, est à son écoute constante : « Ai-je bien fait de la bile », demande-t-il à Toinette. Son statut de malade lui permet de se réfugier dans une dépendance infantile par rapport à sa femme, de sa servante et de ses médecins, et de tyranniser son entourage.

De l'autre, le parti des amoureux de la pièce (Cléante et Angélique) et des intermèdes (bergers et femmes mores) qui réhabilitent le corps comme objet de désir et de jouissance : à côté de la « mauvaise grâce » de Thomas Diafoirus (II, 5), Cléante est « bien fait » et a « l'air le meilleur du monde » (I, 4), Angélique n'est que charmes, et l'opéra impromptu leur permet de se dire leur désir naturel d'aimer.

LE LANGAGE

Être médecin, c'est en porter les signes, « robe et bonnet », mais c'est aussi en parler le langage. Béralde dénonce ainsi la science purement verbale des médecins : ils « savent parler en beau latin, savent nommer en grec toutes les maladies, les définir et les diviser, mais pour ce qui est de les guérir, c'est ce qu'ils ne savent point du tout » (III, 3). Quand il met en scène des médecins, Molière insiste surtout sur leur « pompeux galimatias » : abondance incontrôlée de termes techniques de la langue médicale, rhétorique laborieuse et mal dominée (il suffit à Thomas d'une interruption pour perdre le contrôle de son discours), latin de cuisine raillé dans le dernier intermède. Pour Argan et ses médecins, les mots valent les choses : nommer les maladies, c'est les rendre réelles, d'où l'affolement d'Argan devant les menaces de M. Purgon : « Ah ! mon Dieu, je suis mort. […] Vous voyez, mon frère, les étranges maladies dont il m'a menacé » (III, 6).

À l'opposé du langage ampoulé de Thomas et bien loin de la fadeur niaise des « Mamie », « Mamour » que s'échangent Argan et Béline, on ne peut qu'être séduit, comme Angélique (I, 4), par l'aisance de Cléante et la noblesse passionnée de ses discours. Dans les répliques à double entente de l'opéra, le langage des deux amants est à la fois précieux* et sincère : « Oui, Tircis, je vous aime » (II, 5).

LA MORT

Pour les médecins, c'est un accident négligeable et un excellent moyen de pression sur leurs malades : « Monsieur Purgon dit que je succomberais s'il était seulement trois jours sans prendre soin de moi », avoue Argan (III, 3). C'est en revanche l'obsession d'Argan et sa peur constante, d'où son affolement réel devant la fausse mort de Louison (II, 8) et ses réticences à « faire semblant » : « N'y a-t-il point quelque danger à contre faire le mort ? » (III, 11). S'il se prête au jeu de Toinette, c'est surtout pour jouir de la douleur de sa famille, qui lui donnera la preuve qu'il est aimé. Enfin, le dernier intermède défie la mort : il est prédit au nouveau docteur qu'il vivra mille ans à manger, à boire, à saigner et à tuer. Contraste entre la comédie et la réalité : Molière mourra sur scène au cours de la cérémonie finale.

LES OBJETS

Si la tragédie est particulièrement économe pour ce qui est du décor et des objets concrets, la comédie au contraire les intègre pleinement. Toute l'action du *Malade* se déroule, de façon très originale et en contraste avec le décor du prologue, dans la chambre d'Argan, un lieu confiné et peu attrayant, qui jouxte un petit cabinet, à la fois lieu d'aisance (il s'y rend par

deux fois pour se soulager) et bureau où va se traiter discrètement l'affaire du testament. Dans cette chambre, un fauteuil,
symbole à la fois de sa dépendance et de ses exigences de
malade, et une alcôve qui lie très explicitement l'amour conjugal à l'argent (c'est dans cette alcôve qu'Argan renferme son
argent et qu'il espère, avec l'aide de l'indispensable M. Purgon,
faire un enfant à Béline). Tous les objets que possède et manie
Argan sont les signes de son univers rétréci et obsessionnel : les
factures et les jetons, qui lient médecine et argent ; son bâton
censé soulager son corps affaibli ; son costume négligé et
douillet, comme il convient à un malade ; le clystère que brandit M. Fleurant. Ces objets quotidiens sont des révélateurs psy-
chologiques du caractère d'Argan et des mobiles de ses proches :
maladie et amour immodéré de soi, cupidité, fausse tendresse.

LA PATERNITÉ ET LES RELATIONS FAMILIALES

La pièce met en scène deux pères, Argan et M. Diafoirus qui,
chacun à sa façon, renvoient une image désastreuse de la pater-
nité. M. Diafoirus est un père à la fois tyrannique et aveugle.
Quant à Argan, c'est un père inconstant et imprévisible. Parfois
attendri comme avec Louison (II, 8), il est le plus souvent des-
potique et égocentrique : il veut ainsi marier Angélique pour lui-
même et n'hésite pas une seconde à déshériter ses filles en faveur
de Béline (I, 7), ni à envisager pour elles le couvent (I, 5).

Quant aux relations familiales, elles sont empoisonnées par la
maladie d'Argan autour de laquelle tourne toute la vie de la
famille. Seul moyen d'échapper à la tyrannie du malade : la dis-
simulation et le mensonge.

LA MÉDECINE ET LA RELIGION

Dans *Le Malade imaginaire,* la satire antimédicale dissimule
une visée proprement antireligieuse, et le procès de la médecine
et des médecins peut se lire aussi comme un procès instruit
contre la religion et les prêtres. La lecture antireligieuse de la

pièce s'appuie sur des indices récurrents, notamment dans les scènes 3 à 10 de l'acte III :

• l'emploi de termes polysémiques, à valeur à la fois médicale et religieuse : *croire* (à la médecine et à la foi chrétienne), *docteur* (le savoir des médecins et des prêtres est garanti par un doctorat), *salut* (santé du corps au sens étymologique et santé de l'âme au sens religieux), *corruption* (du corps et de l'âme), *secours* (les secours de la médecine et les derniers sacrements) ; le recours à un vocabulaire proprement religieux pour parler de la médecine : *mystères, voiles, gouverner* (c'est le rôle d'un directeur de conscience), (il vous expédiera) *de la meilleure foi du monde*, (le désordre où la nature) *est tombée* (rappel de la chute et du péché originel) ;

• le recours à des arguments traditionnels de l'apologétique religieuse pour défendre la médecine : ainsi l'argument de l'antiquité de la médecine avancé par Argan (« une chose établie par tout le monde et que tous les siècles ont révérée », III, 3) reprend-il celui de la perpétuité de la religion, qui doit ébranler l'incrédule ;

• la variation parodique sur les préceptes évangéliques (« Si ta main est pour toi un sujet de scandale, coupe-la », Marc, IX, 43) dans la bouche de Toinette déguisée en médecin : « Voilà un bras que je me ferais couper tout à l'heure, si j'étais que de vous » (III, 10) ;

• l'assimilation du médecin et du prêtre, au-delà des ressemblances convenues (habit noir, latin) : même relation au malade, faite d'assujettissement consenti (le médecin sait *gouverner* son malade, qui lui doit en retour *obéissance*), même foi absolue dans son art et même refus d'en *examiner* les règles (ce qui pose la question religieuse du libre examen).

Dans cette lecture antireligieuse, le personnage de Béralde acquiert un autre relief : ce n'est plus l'homme sensé qui s'oppose à un frère « imaginaire », ni le sceptique face à l'« embéguiné » de médecine, mais l'incrédule, le libre-penseur qui, face à un dévot, dresse un réquisitoire libertin contre la religion. Béralde dénonce ainsi l'illusionnisme pratiqué par les médecins et les prêtres, la dépendance du malade/dévot à l'égard du médecin/prêtre, la confiance absurde dans l'efficacité des remèdes/ de la grâce, et s'oppose à la transcendance religieuse en proclamant solennellement un principe de vie, physique et spirituelle, strictement immanent – « les principes de votre vie sont en vous-même » (III, 6) –, qui peut synthétiser le credo philosophique de Molière (L. Thirouin).

LE DIALOGUE

« Une pièce est une conversation », disait Louis Jouvet, c'est-à-dire un dialogue entre des protagonistes, le locuteur (celui qui parle) et l'allocuté (celui à qui on parle), qui a son modèle dans un échange idéal, coopératif et harmonieux. L'originalité du dialogue de Molière est qu'il joue constamment de l'écart par rapport à ce modèle idéal et y multiplie les perturbations. Dernière pièce de Molière, *Le Malade imaginaire* est une éblouissante illustration du dialogue moliéresque, tel qu'il s'est forgé au cours des créations successives, depuis les premières farces jusqu'aux grandes comédies en vers et en prose. On y trouve ainsi :

• Des discours non adressés, qui brisent le principe de coopération entre les protagonistes, sous les deux formes dramaturgiquement éprouvées que sont le monologue, discours à soi-même (Argan, I, 1) et l'aparté, discours secret à soi-même (Toinette, I, 5) ou à autrui (Cléante à Angélique, II, 5 ; Toinette à Argan, III, 12).

• Des perturbations du dialogue : interruptions (Toinette interrompant Argan, I, 2 ; Argan interrompant Toinette, II, 2 ; Béline interrompant et déconcertant Thomas Diafoirus, II, 6 ; M. Purgon interrompant les explications d'Argan, III, 5) ; chevauchements (M. Diafoirus et Argan parlant en même temps, II, 5) ; refus d'écouter (M. Purgon face à Argan, III, 5) ou de parler (Toinette faisant semblant de parler, II, 2).

• Des dialogues non canoniques, qui s'écartent de l'échange normal entre deux protagonistes clairement identifiés :

– les dialogues fictifs, avec trois cas de figure : le locuteur s'adresse à un allocuté absent (Argan s'adressant à M. Fleurant

dans son monologue, I, 1) ; le locuteur parle au nom d'un locuteur fictif (Toinette déguisée en médecin, III, 8 et 10) ; locuteur
et allocuté endossent des identités fictives (Cléante et Angélique
en berger et bergère, II, 5) ;

– les dialogues indirects, avec substitution de protagonistes :
substitution de locuteur, avec Toinette parlant à la place
d'Angélique face à Argan (I, 5), comme Dorine face à Orgon
dans *Tartuffe* – Molière n'a pas repris la substitution d'allocuté
des *Femmes savantes,* lorsque Chrysale feint de s'adresser à sa
sœur Bélise alors que le destinataire visé est Philaminte ;

– les discours équivoques, discours à double sens tel celui de
Cléante et Angélique s'avouant leur amour sous le couvert de la
fiction pastorale.

• Un enchaînement serré des répliques, par anaphore prono-
minale, répétition lexicale, jeu de questions-réponses (ainsi dans la
scène I, 5 entre Argan et Toinette ou III, 3 entre Argan et
Béralde).

• Une fantaisie verbale, qui repose sur :

– la répétition de mots : « Le poumon » et « Ignorant » de
Toinette (III, 10), selon une formule éprouvée depuis « Le
pauvre homme » (*Le Tartuffe*), les « Sans dot » et « Ma cas-
sette » (*L'Avare*), le « Que diable allait-il faire à cette galère ? »
(*Les Fourberies de Scapin)* ;

– le jeu de mots : *Ignorantus, ignoranta, ignorantum*
(« Ignorant homme ») de Toinette ;

– le ballet de paroles (R. Garapon), c'est-à-dire l'alternance
réglée des tours de parole (ainsi la prise de parole alternée de
Toinette et d'Argan face à M. Purgon, III, 5) ;

– la satire des jargons de spécialité (le langage médical des
Diafoirus, imité par Toinette).

Tous ces jeux de dialogue créent un style comique original,
fait du contraste entre un style naturel, proche de la conversation ordinaire, et un style mécanique, hérité de la farce, qui joue
de la fantaisie verbale et des dysfonctionnements concertés du
dialogue (P. Larthomas).

Vrais-faux médecins, vrais-faux malades

MOLIÈRE, *LE MÉDECIN VOLANT*, 1659

Déjà un faux médecin, déjà un rire sans contrainte

Dans Le Médecin volant, *une de ses premières farces, Molière inaugure le thème de la médecine. Sganarelle s'y fait passer pour médecin, afin d'aider son maître à enlever la fille de Gorgibus. Cette scène est comme une première version, dans une tonalité plus franchement farcesque, des consultations des Diafoirus (II, 6) et de Toinette (III, 10) dans* Le Malade imaginaire.

« SABINE. Je vous trouve à propos, mon oncle, pour vous apprendre une bonne nouvelle. Je vous amène le plus habile médecin du monde, un homme qui vient des pays étrangers, qui sait les plus beaux secrets, et qui sans doute guérira ma cousine. On me l'a indiqué par bonheur, et je vous l'amène. Il est si savant que je voudrais de bon cœur être malade, afin qu'il me guérît.

GORGIBUS. Où est-il donc ?

SABINE. Le voilà qui me suit ; tenez, le voilà.

GORGIBUS. Très humble serviteur à Monsieur le Médecin ! Je vous envoie quérir pour voir ma fille, qui est malade ; je mets toute mon espérance en vous.

SGANARELLE. Hippocrate dit, et Galien par vives raisons persuade qu'une personne ne se porte pas bien quand elle est malade. Vous avez raison de mettre votre espérance en moi ; car je suis le plus grand, le plus habile, le plus docte médecin qui soit dans la faculté végétale sensitive et minérale.

GORGIBUS. J'en suis fort ravi.

SGANARELLE. Ne vous imaginez pas que je sois un médecin ordinaire, un médecin du commun. Tous les autres médecins ne sont, à mon égard, que des avortons de médecine. J'ai des talents particuliers, j'ai des secrets. *Salamalec, salamalec.* "Rodrigue, as-tu du cœur[1] ?" *Signor, si ; segnor, non. Per omnia saecula saeculorum.* Mais encore voyons un peu.

SABINE. Hé ! ce n'est pas lui qui est malade, c'est sa fille.

SGANARELLE. Il n'importe : le sang du père et de la fille ne sont qu'une même chose ; et par l'altération de celui du père, je puis connaître la maladie de la fille. Monsieur Gorgibus, y aurait-il moyen de voir de l'urine de l'égrotante[2] ?

GORGIBUS. Oui-da ; Sabine, vite allez quérir de l'urine de ma fille. Monsieur le Médecin, j'ai grand-peur qu'elle ne meure.

SGANARELLE. Ah ! qu'elle s'en garde bien ! il ne faut pas qu'elle s'amuse à se laisser mourir sans l'ordonnance du médecin. Voilà de l'urine qui marque grande chaleur, grande inflammation dans les intestins : elle n'est pas tant mauvaise pourtant.

GORGIBUS. Hé quoi ? Monsieur, vous l'avalez ?

SGANARELLE. Ne vous étonnez pas de cela ; les médecins, d'ordinaire, se contentent de la regarder ; mais moi, qui suis un médecin hors du commun, je l'avale, parce qu'avec le goût je discerne bien mieux la cause et la suite de la maladie. Mais, à vous dire la vérité, il y en avait trop peu pour asseoir un bon jugement : qu'on la fasse encore pisser[3].

SABINE. J'ai bien eu de la peine à la faire pisser.

SGANARELLE. Que cela ? Voilà bien de quoi ! Faites-la pisser copieusement, copieusement. Si tous les malades pissent de la sorte, je veux être médecin toute ma vie.

SABINE. Voilà tout ce qu'on peut avoir : elle ne peut pas pisser davantage.

---

1. « Rodrigue, as-tu du cœur ? » : vers 261, extrait de la tragi-comédie *Le Cid* de Corneille (1637).
2. **Égrotante :** malade (terme technique).
3. Le terme n'est pas vulgaire au XVIIe siècle.

Sganarelle. Quoi ? Monsieur Gorgibus, votre fille ne pisse que des gouttes ! voilà une pauvre pisseuse que votre fille ; je vois bien qu'il faudra que je lui donne une potion pissative. N'y aurait-il pas un moyen de voir la malade ?

Sabine. Elle est levée ; si vous voulez, je la ferai venir. »

Molière, *Le Médecin volant*, scène 4.

Questions

1. Sur quels éléments Sganarelle fonde-t-il son diagnostic ? Quelles sont les autorités qu'il invoque ? En quoi sa consultation burlesque ressemble-t-elle à celle des Diafoirus et de Toinette ?

2. Comparez la façon dont se présente Sganarelle et celle dont se présente Toinette : quels sont leurs point communs ?

3. Quelles cocasseries relevez-vous dans le langage et dans les jeux de scène ? Dans quel genre comique sommes-nous ?

MOLIÈRE, *DOM JUAN*, 1665

Scepticisme et dévotion avant Béralde et Argan

Dom Juan et Sganarelle se sont déguisés pour échapper à leurs poursuivants ; Sganarelle est fort satisfait de son habit de médecin dont il a déjà tiré d'appréciables avantages. La conversation entre le maître et le valet annonce celle de Béralde et Argan (Le Malade imaginaire, *III, 3) : même scepticisme du côté de Dom Juan, même crédulité du côté de Sganarelle.*

« Sganarelle. Cinq ou six paysans et paysannes, en me voyant passer, me sont venus demander mon avis sur différentes maladies.

Dom Juan. Tu leur as répondu que tu n'y entendais rien ?

Sganarelle. Moi ? Point du tout. J'ai voulu soutenir l'honneur de mon habit : j'ai raisonné sur le mal, et leur ai fait des ordonnances à chacun.

Dom Juan. Et quels remèdes encore leur as-tu ordonnés ?

SGANARELLE. Ma foi ! Monsieur, j'en ai pris par où j'en ai pu attraper ; j'ai fait mes ordonnances à l'aventure, et ce serait une chose plaisante si les malades guérissaient, et qu'on m'en vînt remercier.

DOM JUAN. Et pourquoi non ? Par quelle raison n'aurais-tu pas les mêmes privilèges qu'ont tous les autres médecins ? Ils n'ont pas plus de part que toi aux guérisons des malades, et tout leur art est pure grimace. Ils ne font rien que recevoir la gloire des heureux succès et tu peux profiter comme eux du bonheur du malade et voir attribuer à tes remèdes tout ce qui peut venir des faveurs du hasard et des forces de la nature.

SGANARELLE. Comment, Monsieur, vous êtes aussi impie en médecine ?

DOM JUAN. C'est une des grandes erreurs qui soit parmi les hommes.

SGANARELLE. Quoi ? vous ne croyez pas au séné, ni à la casse, ni au vin émétique[1] ?

DOM JUAN. Et pourquoi veux-tu que j'y croie ?

SGANARELLE. Vous avez l'âme bien mécréante. Cependant vous voyez depuis un temps, que le vin émétique fait bruire ses fuseaux[2]. Ses miracles ont converti les plus incrédules esprits, et il n'y a pas trois semaines que j'en ai vu, moi qui vous parle, un effet merveilleux.

DOM JUAN. Et quel ?

SGANARELLE. Il y avait un homme qui, depuis six jours, était à l'agonie ; on ne savait plus que lui ordonner, et tous les remèdes ne faisaient rien ; on s'avisa à la fin de lui donner de l'émétique.

DOM JUAN. Il réchappa, n'est-ce pas ?

SGANARELLE. Non, il mourut.

DOM JUAN. L'effet est admirable.

---

1. **Vin émétique :** vomitif.
2. **Faire bruire ses fuseaux :** avoir du succès.

SGANARELLE. Comment ? Il y avait six jours entiers qu'il ne pouvait mourir, et cela le fit mourir tout d'un coup. Voulez-vous rien de plus efficace. »

MOLIÈRE, *Dom Juan*, III, 1.

QUESTIONS

1. En quoi consiste l'« impiété » de Dom Juan en matière médicale ? Rapprochez ces arguments de la position de Béralde.

2. Quels avantages immédiats Sganarelle a-t-il tiré de l'habit de médecin ? À quelle scène du *Malade imaginaire* cet éloge de l'habit de médecin vous fait-il penser ?

3. Quel est l'argument qu'avance Sganarelle pour persuader Dom Juan de l'efficacité de l'émétique ? À quel passage du *Malade imaginaire* cela vous fait-il penser ?

MOLIÈRE, *LE MÉDECIN MALGRÉ LUI*, 1666

Diagnostic et éloquence médicale : Sganarelle, « habile homme »

Pour éviter les coups de bâton, Sganarelle a préféré se dire médecin. Il est appelé en consultation auprès de Lucinde, fille de Géronte, qui se prétend muette pour échapper au mariage arrangé par son père. Sganarelle maîtrise immédiatement l'art du galimatias médical. C'est une des meilleures scènes du comique médical de Molière, tous les ingrédients étant réunis : parodie de consultation, latin et grec de cuisine, anatomie fantaisiste, et une verve qui n'a d'égal que la sottise des auditeurs ébahis. La scène annonce la consultation parodique de Toinette (Le Malade imaginaire, III, 10).

« GÉRONTE. Enfin, monsieur, nous vous prions d'employer tous vos soins pour la soulager de son mal.

SGANARELLE. Ah ! ne vous mettez pas en peine. Dites-moi un peu : ce mal l'oppresse-t-il beaucoup ?

GÉRONTE. Oui, Monsieur.

SGANARELLE. Tant mieux. Sent-elle de grandes douleurs ?

GÉRONTE. Fort grandes.

SGANARELLE. C'est fort bien fait. Va-t-elle où vous savez ?

GÉRONTE. Oui.

SGANARELLE. Copieusement ?

GÉRONTE. Je n'entends rien à cela.

SGANARELLE. La matière est-elle louable ?

GÉRONTE. Je ne me connais pas à ces choses.

SGANARELLE, *se tournant vers la malade.* Donnez-moi votre bras. Voilà un pouls qui marque que votre fille est muette.

GÉRONTE. Eh oui, Monsieur, c'est là son mal ; vous l'avez trouvé tout du premier coup.

SGANARELLE. Ah ! ah !

JACQUELINE. Voyez comme il a deviné sa maladie !

SGANARELLE. Nous autre grands médecins, nous connaissons d'abord les choses. Un ignorant aurait été embarrassé, et vous eût été dire : "C'est ceci, c'est cela" ; mais moi, je touche au but du premier coup, et je vous apprends que votre fille est muette.

GÉRONTE. Oui ; mais je voudrais bien que vous me pussiez dire d'où cela vient.

SGANARELLE. Il n'est rien de plus aisé ; cela vient de ce qu'elle a perdu la parole.

GÉRONTE. Fort bien. Mais la cause, s'il vous plaît, qui fait qu'elle a perdu la parole ?

SGANARELLE. Tous nos meilleurs auteurs vous diront que c'est l'empêchement de l'action de sa langue.

GÉRONTE. Mais encore, vos sentiments sur cet empêchement de l'action de la langue ?

SGANARELLE. Aristote, là-dessus, dit... de fort belles choses.

GÉRONTE. Je le crois.

SGANARELLE. Ah ! c'était un grand homme !

GÉRONTE. Sans doute.

SGANARELLE, *levant son bras depuis le coude.* Grand homme tout
à fait : un homme qui était plus grand que moi de tout cela.
Pour revenir donc à notre raisonnement, je tiens que cet empêchement de l'action de sa langue est causé par de certaines
humeurs, qu'entre nous autres savants nous appelons humeurs
peccantes ; peccantes, c'est-à-dire…humeurs peccantes ; d'autant que les vapeurs formées par les exhalaisons des influences
qui s'élèvent dans la région des maladies, venant… pour ainsi
dire… à… Entendez-vous le latin ?

GÉRONTE. En aucune façon.

SGANARELLE, *se levant avec étonnement.* Vous n'entendez point
le latin !

GÉRONTE. Non.

SGANARELLE, *en faisant diverses plaisantes postures.* "*Cabricias
arci thuram catalamus, singulariter, nominativo haec Musa,* "la
Muse", *bonus, bona, bonum, Deux sanctus, estne oratio latinas ?
Etiam,* "oui", *Quare ?,* "Pourquoi" ? *Quia substantivo et adjec-
tivum concordat in generi, numerum, et casus.*

GÉRONTE. Ah ! que n'ai je étudié !

JACQUELINE. L'habile homme que velà !

LUCAS. Oui, ça est si biau, que je n'y entends goutte.

SGANARELLE. Or ces vapeurs dont je vous parle venant à passer,
du côté gauche, où est le foie, au côté droit, où est le cœur, il se
trouve que le poumon, que nous appelons en latin *armyan*, ayant
communication avec le cerveau, que nous nommons en grec *nas-
mus*, par le moyen de la veine cave, que nous appelons en hébreu
cubile, rencontre en son chemin lesdites vapeurs qui remplissent
les ventricules de l'omoplate ; et parce que lesdites vapeurs…
comprenez bien ce raisonnement, je vous prie ; et parce que lesdites vapeurs ont une certaine malignité… Écoutez bien ceci, je
vous conjure.

GÉRONTE. Oui.

SGANARELLE. Ont une certaine malignité qui est causée… soyez
attentif, s'il vous plaît.

GÉRONTE. Je le suis.

SGANARELLE. Qui est causée par l'âcreté des humeurs engendrées dans la concavité du diaphragme, il arrive que ces vapeurs… *Ossabandus, nequeys, nequer, potarinum, quipsa milus.* Voilà justement ce qui fait que votre fille est muette. »

MOLIÈRE, *Le Médecin malgré lui*, II, 4.

QUESTIONS

1. Quels sont les termes techniques qu'utilise Sganarelle ? Son discours médical est-il cohérent ? Comment établit-il son diagnostic ? Quels remèdes ordonne-t-il ?

2. En quoi peut-on rapprocher sa consultation de celle de Toinette ?

3. Quels sont les principaux traits comiques de la scène ? Les retrouve-t-on dans la scène 10 de l'acte III du *Malade imaginaire* ?

MOLIÈRE, *MONSIEUR DE POURCEAUGNAC*, 1669

Un comique glaçant

Monsieur de Pourceaugnac, hobereau limousin égaré à Paris, aussi sot que bien portant, est aux prises avec deux médecins qui veulent absolument qu'il soit atteint de mélancolie hypocondriaque. Nouvelle occasion pour Molière de faire la satire du jargon et de la pratique médicale, avec un ton très différent : plus de diagnostic approximatif ni de consultation fantaisiste, mais des médecins implacables qui déroulent impassiblement une description clinique parfaitement cohérente et exacte de la mélancolie hypocondriaque. L'effet est glaçant, surtout si l'on songe que Molière, probablement, transpose ici son expérience personnelle et prête à Pourceaugnac sa toux et sa maigreur.

« PREMIER MÉDECIN. Allons, Monsieur : prenez votre place, Monsieur.

Lorsqu'ils sont assis, les deux médecins lui prennent chacun une main, pour lui tâter le pouls.

Monsieur de Pourceaugnac, *présentant ses mains.* Votre très humble valet. (*Voyant qu'ils lui tâtent le pouls.*) Que veut dire cela ?

Premier médecin. Mangez-vous bien, Monsieur ?

Monsieur de Pourceaugnac. Oui, et bois encore mieux.

Premier médecin. Tant pis : cette grande appétition du froid et de l'humide est une indication de la chaleur et sécheresse qui est au dedans. Dormez-vous fort ?

Monsieur de Pourceaugnac. Oui, quand j'ai bien soupé.

Premier médecin. Faites-vous des songes ?

Monsieur de Pourceaugnac. Quelquefois.

Premier médecin. De quelle nature sont-ils ?

Monsieur de Pourceaugnac. De la nature des songes. Quelle diable de conversation est-ce là ?

Premier médecin. Vos déjections, comment sont-elles ?

Monsieur de Pourceaugnac. Ma foi ! Je ne comprends rien à toutes ces questions, et je veux plutôt boire un coup.

Premier médecin. Un peu de patience, nous allons raisonner sur votre affaire devant vous, et nous le ferons en français, pour être plus intelligibles.

Monsieur de Pourceaugnac. Quel grand raisonnement faut-il pour manger un morceau ?

Premier médecin. Comme ainsi soit qu'on ne puisse guérir une maladie qu'on ne la connaisse parfaitement, et qu'on ne la puisse parfaitement connaître sans en bien établir l'idée particulière, et la véritable espèce, par ses signes diagnostiques et prognostiques, vous me permettrez, Monsieur notre ancien, d'entrer en considération de la maladie dont il s'agit, avant que de toucher à la thérapeutique, et aux remèdes qu'il nous conviendra faire pour la parfaite curation d'icelle. Je dis donc, Monsieur, avec votre permission, que notre malade ici présent est malheureusement attaqué, affecté, possédé, travaillé de cette sorte de folie que nous nommons fort bien mélancolie hypocondriaque, espèce de folie très fâcheuse, et qui ne demande pas moins qu'un Esculape comme vous, consommé dans notre art, vous, dis-je, qui avez blanchi, comme on dit, sous le harnois, et auquel il en a tant passé par les mains de toutes les façons. Je l'appelle mélancolie hypocondriaque, pour la distinguer des deux autres ; car le célèbre Galien établit doctement à son ordinaire trois espèces de cette maladie que nous nommons mélancolie, ainsi appelée non seulement par les Latins, mais encore par les Grecs, ce qui est bien à remarquer pour notre affaire : la première, qui vient du propre vice du cerveau ; la seconde, qui vient de tout le sang, fait et rendu atrabilaire ; la troisième, appelée hypocondriaque, qui est la nôtre, laquelle procède du vice de quelque partie du bas-ventre et de la région inférieure, mais particulièrement de la rate, dont la chaleur et l'inflammation porte au cerveau de notre malade beaucoup de fuligines épaisses et crasses, dont la vapeur noire et maligne cause dépravation aux fonctions de la faculté princesse, et fait la maladie dont, par notre raisonnement, il est manifestement atteint et convaincu. Qu'ainsi ne soit, pour diagnostic incontestable de ce que je dis, vous n'avez qu'à considérer ce grand sérieux que vous voyez ; cette tristesse accompagnée de crainte et de défiance, signes pathognomoniques et individuels de cette maladie, si bien marquée chez le divin vieillard Hippocrate ; cette physionomie, ces yeux rouges et hagards, cette grande barbe, cette habitude du corps, menue, grêle, noire et velue, lesquels signes le dénotent très affecté de cette maladie, procédante du vice des hypocondres : laquelle maladie, par laps de temps naturalisée, enveillie, habituée, et ayant pris droit de bourgeoisie chez lui, pourrait bien dégénérer ou en manie, ou en phtisie, ou en apoplexie, ou même en fine frénésie et fureur. Tout ceci supposé, puisqu'une maladie bien connue est à demi guérie, car *ignoti nulla est curatio morbi*, il ne vous sera pas difficile de convenir des remèdes que nous devons faire à monsieur. Premièrement, pour remédier à cette pléthore obturante, et à cette cacochymie luxuriante par tout le corps, je suis d'avis qu'il soit phlébotomisé libéralement, c'est à dire que les saignées soient fréquentes et plantureuses : en premier lieu de la basilique, puis de la céphalique ; et même, si le mal est opiniâtre, de lui ouvrir la veine du front, et que l'ouverture soit large, afin que le gros sang puisse sortir ; et en même temps, de le purger, désopiler, et évacuer par purgatifs propres et convenables, c'est-à-dire par cholagogues, mélanogogues, *et caetera* ; et comme la véritable source de tout le mal est ou une humeur crasse et féculente, ou une vapeur noire et grossière qui obscurcit, infecte et salit les esprits animaux, il est à propos ensuite qu'il prenne un bain d'eau pure et nette, avec force petit-lait clair, pour purifier par l'eau la féculence de l'humeur crasse, et éclaircir par le lait clair la noirceur de cette vapeur ; mais, avant toute chose, je trouve qu'il est bon de le réjouir par agréables conversations, chants et instruments de musique, à quoi il n'y a pas d'inconvénient de joindre des danseurs, afin que leurs mouvements, disposition et agilité puissent exciter et réveiller la paresse de ses esprits engourdis, qui occasionne l'épaisseur de son sang, d'où procède la maladie. Voilà les remèdes que j'imagine, auxquels pourront être ajoutés beaucoup d'autres meilleurs par Monsieur notre maître et ancien, suivant l'expérience, jugement, lumière et suffisance qu'il s'est acquise dans notre art. *Dixi*. »

MOLIÈRE, *Monsieur de Pourceaugnac,* acte I, scène 8.

QUESTIONS

1. Sur quels éléments le premier médecin fonde-t-il son diagnostic et quels traitements propose-t-il ? Cette consultation vous paraît-elle conforme à la pratique médicale du temps ?

2. Cette scène vous paraît-elle comique ? Comparez-la aux scènes II, 6 et III, 5 du *Malade imaginaire* ? À quoi tiennent les différences d'effet ?

3. Quelles sont les difficultés auxquelles se heurte la mise en scène ? Envisagez les différents partis possibles, qui permettent de tirer la scène vers le comique ou l'inquiétant.

PROUST, *DU CÔTÉ DE CHEZ SWANN*, 1913

La tante Léonie : un hypocondriaque femelle

La tante du narrateur vit confinée dans sa chambre mais suit de très près, par la fenêtre et par les visites qu'elle reçoit, la vie de Combray. Plus inactive et de tendance plus nettement dépressive qu'Argan, elle est tout aussi égocentrique et également obsédée par la maladie et les médicaments. Quand le narrateur vient lui dire bonjour le matin, il lui arrive de la surprendre dans son savoureux rituel de malade imaginaire. On peut comparer cette scène au monologue d'Argan (I, 1) et au début de la scène 2 de l'acte II.

« La cousine de mon grand-père – ma grand-tante – chez qui nous habitions, était la mère de cette tante Léonie qui, depuis la mort de son mari, mon oncle Octave, n'avait plus voulu quitter, d'abord Combray puis à Combray sa maison, puis sa chambre, puis son lit et ne "descendait" plus, toujours couchée dans un état incertain de chagrin, de débilité physique, de maladie, d'idée fixe et de dévotion. […]

Dans la chambre voisine, j'entendais ma tante qui causait toute seule à mi-voix. Elle ne parlait jamais qu'assez bas parce qu'elle croyait avoir dans la tête quelque chose de cassé et de flottant qu'elle eût déplacé en parlant trop fort, mais elle ne restait jamais longtemps, même seule, sans dire quelque chose, parce qu'elle croyait que c'était salutaire pour sa gorge et qu'en empêchant le sang de s'y arrêter, cela rendrait moins fréquents les étouffements et les angoisses dont elle souffrait ; puis, dans l'inertie absolue où elle vivait, elle prêtait à ses moindres sensations une importance extraordinaire ; elle les douait d'une motilité[1] qui lui rendait difficile de les garder pour elle, et à défaut de confident à qui les communiquer, elle se les annonçait à elle-même, en un perpétuel monologue qui était sa seule forme d'activité. Malheureusement, ayant pris l'habitude de penser tout haut, elle ne faisait pas toujours attention à ce qu'il n'y eût personne dans la chambre voisine, et je l'entendais souvent se dire à elle-même : "Il faut que je me rappelle bien que je n'ai pas dormi" (car ne jamais dormir était sa grande prétention dont notre langage à tous gardait le respect et la trace : le matin Françoise ne venait pas "l'éveiller", mais "entrait" chez elle ; quand ma tante voulait faire un somme dans la journée, on disait qu'elle voulait "réfléchir" ou "reposer" ; et quand il lui arrivait de s'oublier en causant jusqu'à dire : "ce qui m'a réveillée" ou "j'ai rêvé que", elle rougissait et se reprenait au plus vite). »

Marcel PROUST, *Du côté de chez Swann*.

---

1. **Motilité :** caractère changeant.

1. Quelles sont les manies de la tante Léonie ? Pouvez-vous les rapprocher de celles d'Argan (voir en particulier II, 2) ?

2. Que trouvez-vous de comique dans cette description de la tante Léonie ? Y a-t-il des éléments communs avec le comique du *Malade imaginaire* ? Rapportez-vous notamment aux propos de Toinette rectifiant les affirmations imprudentes de Cléante (II, 2).

ROMAINS, *KNOCK*, 1924

Knock : l'art de faire des malades imaginaires

Knock a succédé au docteur Parpalaid, dont la clientèle n'était pas florissante, mais il entend bien faire fortune en appliquant l'adage : « Les gens bien portants sont des malades qui s'ignorent. » Sa première consultation nous le montre face à un robuste tambour de ville, qu'il va convaincre de s'aliter. On ne se privera pas de citer ce texte très célèbre, qui est, deux cent cinquante ans plus tard, comme un écho de la consultation de Toinette.

« KNOCK. [...] De quoi souffrez-vous ?

LE TAMBOUR. Attendez que je réfléchisse ! (*Il rit.*) Voilà. Quand j'ai dîné, il y a des fois que je sens une espèce de démangeaison ici. (*Il montre le haut de son épigastre.*) Ça me chatouille, ou plutôt, ça me grattouille.

KNOCK, *d'un air de profonde concentration.* Attention. Ne confondons pas. Est-ce que ça vous chatouille, ou est-ce que ça vous grattouille ?

LE TAMBOUR. Ça me grattouille. (*Il médite.*) Mais ça me chatouille bien un peu aussi.

KNOCK. Désignez-moi exactement l'endroit.

LE TAMBOUR. Par ici.

KNOCK. Par ici... où cela, par ici ?

LE TAMBOUR. Là. Ou peut-être là... Entre les deux.

KNOCK. Juste entre les deux ?... Est-ce que ça ne serait pas plutôt un rien à gauche, là, où je mets mon doigt ?

LE TAMBOUR. Il me semble bien.

KNOCK. Ça vous fait mal quand j'enfonce mon doigt ?

LE TAMBOUR. Oui, on dirait que ça me fait mal.

KNOCK. Ah ! ah ! (*Il médite d'un air sombre.*) Est-ce que ça ne vous grattouille pas davantage quand vous avez mangé de la tête de veau à la vinaigrette ?

LE TAMBOUR. Je n'en mange jamais. Mais il me semble que si j'en mangeais, effectivement, ça me grattouillerait plus.

KNOCK. Ah ! ah ! très important. Ah ! ah ! Quel âge avez-vous ?

LE TAMBOUR. Cinquante et un, dans mes cinquante-deux.

KNOCK. Plus près de cinquante-deux ou de cinquante et un ?

LE TAMBOUR, *il se trouble peu à peu.* Plus près de cinquante-deux. Je les aurai fin novembre.

KNOCK, *lui mettant la main sur l'épaule.* Mon ami, faites votre travail aujourd'hui comme d'habitude. Ce soir, couchez-vous de bonne heure. Demain matin, gardez le lit. Je passerai vous voir. Pour vous, mes visites seront gratuites. Mais ne le dites pas. C'est une faveur.

LE TAMBOUR, *avec anxiété.* Vous êtes trop bon, docteur. Mais c'est donc grave, ce que j'ai ?

KNOCK. Ce n'est peut-être pas encore très grave. Il était temps de vous soigner. Vous fumez ?

LE TAMBOUR, *tirant son mouchoir.* Non, je chique.

KNOCK. Défense absolue de chiquer. Vous aimez le vin ?

LE TAMBOUR. J'en bois raisonnablement.

KNOCK. Plus une goutte de vin. Vous êtes marié ?

LE TAMBOUR. Oui, docteur. *Le Tambour s'essuie le front.*

KNOCK. Sagesse totale de ce côté-là, hein ?

LE TAMBOUR. Je puis manger ?

KNOCK. Aujourd'hui, comme vous travaillez, prenez un peu de potage. Demain, nous en viendrons à des restrictions plus sérieuses. Pour l'instant, tenez-vous-en à ce que je vous ai dit.

LE TAMBOUR, *s'essuie à nouveau.* Vous ne croyez pas qu'il vaudrait mieux que je me couche tout de suite ? Je ne me sens réellement pas à mon aise.

KNOCK, *ouvrant la porte.* Gardez-vous-en bien ! Dans votre cas, il est mauvais d'aller se mettre au lit entre le lever et le coucher du soleil. Faites vos annonces comme si de rien n'était, et attendez tranquillement jusqu'à ce soir.

Le Tambour sort. Knock le reconduit. »

Jules ROMAINS, *Knock ou le Triomphe de la médecine*, III, 1,
© éd. Gallimard.

QUESTIONS

1. Le Tambour présente-t-il des symptômes de maladie ? Knock délivre-t-il un diagnostic précis ? À quel régime soumet-il le prétendu malade ?

2. Par quels moyens Knock impose-t-il son autorité médicale au Tambour ? En quoi ce dernier lui facilite-t-il la tâche ?

3. Quels sont les points communs entre cette consultation et celle de Toinette ? Le ton est-il le même

QUESTIONS D'ENSEMBLE

1. Dans tous ces textes, comme dans *Le Malade imaginaire,* c'est d'abord par la parole que la médecine s'impose. Quels procédés récurrents permettent aux médecins d'asseoir leur autorité et leur compétence, et de convaincre leurs malades de leur maladie et de la nécessité de se faire soigner ?

2. Le ton de ces textes est-il le même ? Sur quoi repose leur comique ?

3. Quel est le statut de la médecine et du médecin dans l'organisation des rapports sociaux ? Est-il un facteur de trouble ou de régulation ?

Le conflit maître-valet au théâtre

MOLIÈRE, *LE TARTUFFE,* 1669

Dorine, une servante maîtresse ?

Molière reprend à la farce et à la comédie antérieure, notamment italienne, les deux types traditionnels de valets : le bouffon et le fourbe. Mais son génie comique va renouveler profondément cet héritage et peupler le théâtre de puissantes créations, valets ou servantes, qui, loin d'être des personnages secondaires, sont les acteurs de la comédie au même titre que leurs maîtres ; deux grandes figures dominent : Scapin (*Les Fourberies de Scapin*) et Dorine (*Le Tartuffe*). Celle-ci fait partie des servantes à forte personnalité, qui tiennent tête à un maître entiché de diverses lubies : dévotion pour Orgon (*Le Tartuffe*), noblesse pour Monsieur Jourdain (*Le Bourgeois gentilhomme*), médecine pour Argan (*Le Malade imaginaire*). Dorine, Nicole, Toinette opposent à la folie de leur maître un rire salutaire et une parole sans détours ; elles prennent aussi, devant un père obstiné, la défense et la place, par la parole, de filles trop timorées pour affronter la colère paternelle. Dorine intervient ici dans le dialogue entre Orgon et sa fille Mariane, pour s'insurger, comme le fera plus tard Toinette, contre le projet de mariage conçu par Orgon.

ORGON
Que faites-vous là ?
La curiosité qui vous pousse est bien forte ?
Mamie, à nous venir écouter de la sorte.

DORINE
Vraiment, je ne sais pas si c'est un bruit qui part
De quelque conjecture, ou d'un coup de hasard,
Mais de ce mariage on m'a dit la nouvelle,
Et j'ai traité cela de pure bagatelle.

ORGON
Quoi donc , la chose est-elle incroyable ?

DORINE
À tel point,
Que vous-même, Monsieur, je ne vous en crois point.

ORGON
Je sais bien le moyen de vous le faire croire.

DORINE
Oui, oui, vous nous contez une plaisante histoire.

ORGON
Je conte justement ce qu'on verra dans peu.

DORINE
Chansons !

ORGON
Ce que je dis, ma fille, n'est point jeu.

DORINE
Allez, ne croyez point à Monsieur votre père :
Il raille.

ORGON
Je vous dis…

DORINE
Non, vous avez beau faire,
On ne vous croira point.

ORGON
À la fin mon courroux…

DORINE
Hé bien ! on vous croit donc, et c'est tant pis pour vous.
Quoi ? se peut-il, Monsieur, qu'avec l'air d'homme sage
Et cette barbe large au milieu du visage,
Vous soyez assez fou pour vouloir…

ORGON
Écoutez :
Vous avez pris céans certaines privautés
Qui ne me plaisent point ; je vous le dis, mamie.

DORINE
Parlons sans nous fâcher, Monsieur, je vous supplie.
Vous moquez-vous des gens d'avoir fait ce complot ?

Votre fille n'est point l'affaire d'un bigot :
Il a d'autres emplois auxquels il faut qu'il pense.
Et puis, que vous apporte une telle alliance ?
À quel sujet aller, avec tout votre bien,
Choisir un gendre gueux ?...

ORGON

       Taisez-vous. S'il n'a rien,
Sachez que c'est par là qu'il faut qu'on le révère.
Sa misère est sans doute une honnête misère ;
Au-dessus des grandeurs elle doit l'élever,
Puisque enfin de son bien il s'est laissé priver
Par son trop peu de soin des choses temporelles.
Et sa puissante attache aux choses éternelles.
Mais mon secours pourra lui donner les moyens
De sortir d'embarras et rentrer dans ses biens :
Ce sont fiefs qu'à bon titre au pays on renomme ;
Et tel que l'on le voit, il est bien gentilhomme.

DORINE

Oui, c'est lui qui le dit : et cette vanité,
Monsieur, ne sied pas bien avec la pitié.
Qui d'une sainte vie embrasse l'innocence
Ne doit point tant prôner son nom et sa naissance,
Et l'humble procédé de la dévotion
Souffre mal les éclats de cette ambition.
À quoi bon cet orgueil ?... Mais ce discours vous blesse :
Parlons de sa personne, et laissons sa noblesse.
Ferez-vous possesseur, sans quelque peu d'ennui,
D'une fille comme elle un homme comme lui ?
Et ne devez-vous pas songer aux bienséances,
Et de cette union prévoir les conséquences ?
Sachez que d'une fille on risque la vertu,
Lorsque dans son hymen son goût est combattu,
Que le dessein d'y vivre en honnête personne,
Dépend des qualités du mari qu'on lui donne,
Et que ceux dont partout on montre au doigt le front

Font leurs femmes souvent ce qu'on voit qu'elles sont.
Il est bien difficile enfin d'être fidèle
À de certains maris faits d'un certain modèle ;
Et qui donne à sa fille un homme qu'elle hait
Est responsable au Ciel des fautes qu'elle fait.
Songez à quels périls votre dessein vous livre.

ORGON

Je vous dis qu'il me faut apprendre d'elle à vivre.

DORINE

Vous n'en feriez que mieux de suivre mes leçons.

ORGON

Ne nous amusons point, ma fille, à ces chansons :
Je sais ce qu'il vous faut, et je suis votre père.
J'avais donné pour vous ma parole à Valère ;
Mais outre qu'à jouer on dit qu'il est enclin,
Je le soupçonne encor d'être un peu libertin :
Je ne remarque point qu'il hante les églises.

DORINE

Voulez-vous qu'il y coure à vos heures précises,
Comme ceux qui n'y sont que pour être aperçus ?

ORGON

Je ne demande pas votre avis là-dessus.
Enfin avec le Ciel l'autre est le mieux du monde,
Et c'est une richesse à nulle autre seconde.
Cet hymen de tous biens comblera vos désirs,
Il sera tout confit en douceurs et plaisirs.
Ensemble vous vivrez, dans vos ardeurs fidèles,
Comme deux vrais enfants, comme deux tourterelles ;
À nul fâcheux débat jamais vous n'en viendrez,
Et vous ferez de lui tout ce que vous voudrez.

DORINE

Elle ? elle n'en fera qu'un sot, je vous assure.

ORGON

Ouais ! quels discours !

DORINE

        Je dis qu'il en a l'encolure,

Et que son ascendant, Monsieur, l'emportera
Sur toute la vertu que votre fille aura.

ORGON

Cessez de m'interrompre, et songez à vous taire,
Sans mettre votre nez où vous n'avez que faire.

DORINE

Je n'en parle, Monsieur, que pour votre intérêt.

Elle l'interrompt toujours au moment qu'il se retourne pour parler à sa fille.

ORGON

C'est prendre trop de soin : taisez-vous, s'il vous plaît.

DORINE

Si l'on ne vous aimait…

ORGON

Je ne veux pas qu'on m'aime.

DORINE

Et je veux vous aimer, Monsieur, malgré vous-même.

ORGON

Ah !

DORINE

Votre honneur m'est cher, et je ne puis souffrir
Qu'aux brocards d'un chacun vous alliez vous offrir.

ORGON

Vous ne vous tairez point ?

DORINE

C'est une conscience
Que de vous laissez faire une telle alliance.

ORGON

Te tairas-tu, serpent, dont les traits effrontés… ?

DORINE

Ah ! vous êtes dévot, et vous vous emportez ? »

MOLIÈRE, *Le Tartuffe*, II, 2, vers 456-584.

1. Dans la scène suivante, Dorine reprochera à Mariane son silence en ces termes : « Avez-vous donc perdu, dites-moi, la parole, / Et faut-il qu'en ceci je fasse votre rôle ? « (v. 585-586). Comment le texte montre-t-il que Dorine parle pour Mariane ?

2. Comment Dorine s'installe-t-elle de force dans le dialogue face à Orgon et comment tient-elle tête à son maître ? Quels sont ses arguments pour s'opposer au mariage projeté par Orgon ?

3. Comparez cette scène et la scène 1 de l'acte V du *Malade imaginaire*.

MARIVAUX, *L'ÎLE DES ESCLAVES*, 1725

Le monde renversé

Le théâtre de Marivaux se fonde largement sur l'échange des rôles entre maître et valet : échange voulu comme dans *Le Jeu de l'amour et du hasard*, échange forcé comme dans *L'Île des esclaves*. Cet échange, qui dépouille le maître de sa qualité et revêt le valet d'une condition qui n'est pas la sienne, met à nu la vérité des cœurs et ouvre la voie à une vraie reconnaissance de soi-même et de l'autre : « Ah ! je vois clair dans mon cœur », dit la Silvia du *Jeu de l'amour et du hasard* (II, 12) quand Dorante lui révèle qui il est.

Échoués à la suite d'un naufrage dans une île gouvernée par des esclaves fugitifs, une coquette, Cléanthis, et un petit-maître, Iphicrate, sont obligés d'échanger leur condition de maître pour celle de leurs esclaves, Arlequin et Euphrosine ; ils font ainsi l'amère expérience de la sujétion, tandis que leurs nouveaux maîtres font celle du pouvoir. Mais la générosité des anciens valets l'emportera et chacun reviendra à sa condition primitive, leçon ambiguë d'une comédie utopique.

« IPHICRATE Cléanthis m'a dit que tu voulais t'entretenir avec moi ; que me veux-tu ? as-tu encore quelques nouvelles insultes à me faire ?

ARLEQUIN. Autre personnage qui va me demander encore ma compassion. Je n'ai rien à te dire, mon ami, sinon que je voulais te faire commandement d'aimer la nouvelle Euphrosine ; voilà tout. À qui diantre en as-tu ?

IPHICRATE. Peux-tu me le demander, Arlequin ?

ARLEQUIN. Eh ! pardi, oui, je le peux, puisque je le fais.

IPHICRATE. On m'avait promis que mon esclavage finirait bientôt, mais on me trompe, et c'en est fait, je succombe ; je me meurs, Arlequin, et tu perdras bientôt ce malheureux maître qui ne te croyait pas capable des indignités qu'il a souffertes de toi.

ARLEQUIN. Ah ! il ne nous manquait plus que cela, et nos amours auront bonne mine. Écoute, je te défends de mourir par malice ; par maladie, passe, je te le permets.

IPHICRATE. Les dieux te puniront, Arlequin.

ARLEQUIN. Eh ! de quoi veux-tu qu'ils me punissent ? d'avoir eu du mal toute ma vie ?

IPHICRATE. De ton audace et de tes mépris envers ton maître ; rien ne m'a été si sensible, je l'avoue. Tu es né, tu as été élevé avec moi dans la maison de mon père ; le tien y est encore ; il t'avait recommandé ton devoir en partant ; moi-même je t'avais choisi par un sentiment d'amitié pour m'accompagner dans mon voyage ; je croyais que tu m'aimais, et cela m'attachait à toi.

ARLEQUIN, *pleurant*. Eh ! qui est-ce qui te dit que je ne t'aime plus ?

IPHICRATE. Tu m'aimes, et tu me fais mille injures ?

ARLEQUIN. Parce que je me moque un petit brin de toi, cela empêche-t-il que je ne t'aime ? Tu disais bien que tu m'aimais, toi, quand tu me faisais battre ; est-ce que les étrivières sont plus honnêtes que les moqueries ?

IPHICRATE. Je conviens que j'ai pu quelquefois te maltraiter sans trop de sujet.

ARLEQUIN. C'est la vérité.

IPHICRATE. Mais par combien de bontés n'ai-je pas réparé cela !

ARLEQUIN. Cela n'est pas de ma connaissance.

IPHICRATE. D'ailleurs, ne fallait-il pas te corriger de tes défauts ?

ARLEQUIN. J'ai plus pâti des tiens que des miens ; mes plus grands défauts, c'était ta mauvaise humeur, ton autorité, et le peu de cas que tu faisais de ton pauvre esclave.

IPHICRATE. Va, tu n'es qu'un ingrat ; au lieu de me secourir ici, de partager mon affliction, de montrer à tes camarades l'exemple d'un attachement qui les eût touchés, qui les eût engagés peut-être à renoncer à leur coutume ou à m'en affranchir, et qui m'eût pénétré moi-même de la plus vive reconnaissance !

ARLEQUIN. Tu as raison, mon ami ; tu me remontres bien mon devoir ici pour toi ; mais tu n'as jamais su le tien pour moi, quand nous étions dans Athènes. Tu veux que je partage ton affliction, et jamais tu n'as partagé la mienne. Eh bien va, je dois avoir le cœur meilleur que toi ; car il y a plus longtemps que je souffre, et que je sais ce que c'est que de la peine. Tu m'as battu par amitié : puisque tu le dis, je te le pardonne ; je t'ai raillé par bonne humeur, prends-le en bonne part, et fais-en ton profit. Je parlerai en ta faveur à mes camarades ; je les prierai de te renvoyer, et s'ils ne le veulent pas, je te garderai comme mon ami ; car je ne te ressemble pas, moi ; je n'aurais point le courage d'être heureux à tes dépens.

IPHICRATE, *s'approchant d'Arlequin.* Mon cher Arlequin, fasse le ciel, après ce que je viens d'entendre, que j'aie la joie de te montrer un jour les sentiments que tu me donnes pour toi ! Va, mon cher enfant, oublie que tu fus mon esclave, et je me ressouviendrai toujours que je ne méritais pas d'être ton maître.

ARLEQUIN. Ne dites donc point comme cela, mon cher patron : si j'avais été votre pareil, je n'aurais peut-être pas mieux valu que vous. C'est à moi à vous demander pardon du mauvais service que je vous ai toujours rendu. Quand vous n'étiez pas raisonnable, c'était ma faute.

IPHICRATE, *l'embrassant.* Ta générosité me couvre de confusion.

ARLEQUIN. Mon pauvre patron, qu'il y a de plaisir à bien faire ! (*Après quoi, il déshabille son maître.*)

IPHICRATE. Que fais-tu, mon cher ami ?

ARLEQUIN. Rendez-moi mon habit, et reprenez le vôtre ; je ne suis pas digne de le porter.

IPHICRATE. Je ne saurais retenir mes larmes. Fais ce que tu voudras. »

MARIVAUX, *L'Île des esclaves*, scène 9.

QUESTIONS

1. Relevez dans le texte les termes appartenant au vocabulaire du sentiment, opposé à celui du devoir et à celui du châtiment. Qui les emploie ? Pour quelle argumentation ?

2. Comment se marque la supériorité morale du valet sur le maître ? Quel effet la générosité d'Arlequin a-t-elle sur Iphicrate ?

3. En quoi peut-on dire, d'après cette scène, que la pièce de Marivaux est ambiguë ?

HUGO, *RUY BLAS*, **1838**

Maître et valets à l'aune du romantisme

Quand Hugo s'empare du couple maître-valet dans *Ruy Blas*, il lui imprime la puissante marque de son génie. Le conflit du maître et du valet s'inscrit dans le jeu de la dualité et la tension des contraires, qui fait le fond de l'univers hugolien. Il dépasse ainsi le niveau psychologique ou social pour s'inscrire dans la tension métaphysique entre le Bien et le Mal.

Pour se venger de la reine d'Espagne, responsable de sa disgrâce, don Salluste de Bazan transforme en secret son valet Ruy Blas en Grand d'Espagne. Sous l'identité usurpée de don César de Bazan, Ruy Blas se fait aimer de la reine. Il est au comble du pouvoir et de l'exaltation amoureuse quand il voit apparaître son ancien maître, en habit de laquais, qui le ramène à sa condition servile et lui dicte les conditions de sa vengeance.

« **DON SALLUSTE**, *posant sa main sur l'épaule de Ruy Blas.*
Bonjour

RUY BLAS, *effaré.*

À part.
Grand Dieu ! je suis perdu ! le marquis !

DON SALLUSTE, *souriant.*
Je parie

Que vous ne pensiez pas à moi.

RUY BLAS
Sa seigneurerie

En effet me surprend.
À part.

Oh ! mon malheur renaît.
J'étais tourné vers l'ange et le démon venait.

Il court à la tapisserie qui cache le cabinet secret, et en ferme la petite porte au verrou ; puis il revient tout tremblant vers don Salluste.

DON SALLUSTE
Eh bien ! comment cela va-t-il ?

RUY BLAS, *l'œil fixé sur don Salluste impassible, pouvant à peine rassembler ses idées.*
Cette livrée ?…

DON SALLUSTE, *souriant toujours.*
Il fallait du palais me procurer l'entrée.
Avec cet habit-là l'on arrive partout.
J'ai pris votre livrée et la trouve à mon goût.
(*Il se couvre. Ruy Blas reste tête nue.*)

RUY BLAS
Mais j'ai peur pour vous…

DON SALLUSTE
Peur ! Quel est ce mot risible ?

RUY BLAS
Vous êtes exilé ?

DON SALLUSTE
Croyez-vous, c'est possible.

Ruy Blas

Si l'on vous reconnaît, au palais, en plein jour ?

Don Salluste

Ah bah ! des gens heureux, qui sont des gens de cour,
Iraient perdre leur temps, ce temps qui sitôt passe,
À se ressouvenir d'un visage en disgrâce !
D'ailleurs, regarde-t-on le profil d'un valet ?
Il s'assied dans un fauteuil, et Ruy Blas reste debout.
À propos, que dit-on à Madrid, s'il vous plaît ?
Est-il vrai que, brûlant d'un zèle hyperbolique,
Ici, pour les beaux yeux de la crise publique,
Vous exilez ce cher Priego, l'un des grands ?
Vous avez oublié que vous êtes parents.
Sa mère est Sandoval, la vôtre aussi. Que diable !
Sandoval porte d'or à la bande de sable.
Regardez vos blasons, don César. C'est fort clair.
Cela ne se fait pas entre parents, mon cher.
Les loups pour nuire aux loups font-ils les bons apôtres ?
Ouvrez les yeux pour vous, fermez-les pour les autres.
Chacun pour soi.

Ruy Blas, *se rassurant un peu.*

Pourtant, monsieur, permettez-moi.
Monsieur de Priego, comme noble du roi,
A grand tort d'aggraver les charges de l'Espagne.
Or, il va falloir mettre une armée en campagne ;
Nous n'avons pas d'argent, et pourtant il le faut.
L'héritier bavarois penche à mourir bientôt.
Hier, le comte d'Harrach, que vous devez connaître,
Me le disait au nom de l'empereur son maître.
Si monsieur l'archiduc veut soutenir son droit,
La guerre éclatera…

Don Salluste

L'air me semble un peu froid.
Faites-moi le plaisir de fermer la croisée.

Ruy Blas, pâle de honte et de désespoir, hésite un moment ; puis il fait un effort et se dirige lentement vers la fenêtre, la ferme, et revient vers don Salluste, qui, assis dans le fauteuil, le suit des yeux d'un air indifférent.

> **RUY BLAS**, *reprenant et essayant de convaincre*
> *don Salluste.*

Daignez voir à quel point la guerre est malaisée.
Que faire sans argent ? Excellence, écoutez.
Le salut de l'Espagne est dans nos probités.
Pour moi, j'ai, comme si notre armée était prête,
Fait dire à l'empereur que je lui tiendrais tête…

> **DON SALLUSTE**, *interrompant Ruy Blas et lui montrant*
> *son mouchoir qu'il a laissé tomber en entrant..*

Pardon ! ramassez-moi mon mouchoir.
Ruy Blas, comme à la torture, hésite encore, puis se baisse, ramasse le mouchoir, et le présente à don Salluste.

> **DON SALLUSTE**, *mettant le mouchoir dans sa poche.*

> – Vous disiez ?… »

Victor HUGO, *Ruy Blas*, III, 5.

QUESTIONS

1. Comment don Salluste oblige-t-il Ruy Blas à se dépouiller de sa qualité empruntée de Grand d'Espagne et le ramène-t-il à sa condition de valet ? Comment Ruy Blas résiste-t-il ? Qu'espère-t-il ?

2. Quelle est la fonction idéologique de l'affrontement entre don Salluste et Ruy Blas ? Quelles sont les idées qu'ils incarnent ou défendent l'un et l'autre ?

3. Comment se construit l'effet à la fois pathétique et tragique de la scène ? Quel suspens dramatique est ainsi ménagé ?

BECKETT, *EN ATTENDANT GODOT,* 1953

Maîtres et valets au XXᵉ siècle : un affrontement mortel

Les avatars modernes du couple maître-valet sont bien loin du genre de la comédie, et le conflit entre le maître et le valet devient un affrontement mortel, qui entraîne inévitablement la mise à mort du valet, comme chez Beckett (*En attendant Godot*), ou celle du maître, comme chez Genet (*Les Bonnes*).

« Sur un plateau dénudé, Vladimir et Estragon attendent Godot. C'est Pozzo qui entre en scène, un fouet à la main, tenant Lucky au bout d'une corde, image concrète et terrifiante de la violence humaine. Le couple Pozzo-Lucky est susceptible de plusieurs lectures : figuration du couple Dieu / homme et de la religion comme lien non pas d'amour, mais de sujétion ; figuration du couple tyran / esclave ; figuration du couple bourreau/victime. C'est autour de ce couple que s'ordonnent les lectures fondamentales de la pièce.

ACTE I

Entrent Pozzo et Lucky. Celui-là dirige celui-ci au moyen d'une corde passée autour du cou, de sorte qu'on ne voit d'abord que Lucky suivi de la corde, assez longue pour qu'il puisse arriver au milieu du plateau avant que Pozzo débouche de la coulisse. Lucky porte une lourde valise, un siège pliant, un panier à provisions et un manteau (sur le bras) ; Pozzo un fouet.

POZZO (*en coulisse*). Plus vite ! (*Bruit de fouet. Pozzo paraît. Ils traversent la scène. Lucky passe devant Vladimir et Estragon et sort. Pozzo, ayant vu Vladimir et Estragon, s'arrête. La corde se tend. Pozzo tire violemment dessus.*)

Arrière ! (*Bruit de chute. C'est Lucky qui tombe avec tout son chargement. Vladimir et Estragon le regardent, partagés entre l'envie d'aller à son secours et la peur de se mêler de ce qui ne les regarde pas. Vladimir fait un pas vers Lucky, Estragon le retient par la manche.*)

VLADIMIR. Lâche-moi !

ESTRAGON. Reste tranquille.

POZZO. Attention ! Il est méchant. (*Estragon et Vladimir le regardent.*) Avec les étrangers. […]

POZZO (*d'un geste large*). Ne parlons plus de ça. (*Il tire sur la corde.*) Debout ! (*Un temps.*) Chaque fois qu'il tombe il s'endort. (*Il tire sur la corde.*) Debout, charogne ! (*Bruit de Lucky qui se relève et ramasse ses affaires. Pozzo tire sur la corde.*) Arrière ! (*Lucky entre à reculons.*) Arrêt ! (*Lucky s'arrête.*) Tourne ! (*Lucky se retourne. À Vladimir et Estragon, affablement.*) Mes amis, je suis heureux de vous avoir rencontrés. (*Devant leur expression incrédule.*) Mais oui, sincèrement heureux. (*Il tire sur la corde.*) Plus près ! (*Lucky avance.*) Arrêt ! (*Lucky s'arrête. À Vladimir et Estragon.*) Voyez-vous, la route est longue quand on chemine tout seul pendant... (*il regarde sa montre*) ... pendant (*il calcule*) ... six heures, oui, c'est bien ça, six heures à la file, sans rencontrer âme qui vive. (*À Lucky.*) Manteau ! (*Lucky dépose la valise, avance, donne le manteau, recule, reprend la valise.*) Tiens ça. (*Pozzo lui tend le fouet, Lucky avance et, n'ayant plus de mains, se penche et prend le fouet entre ses dents, puis recule. Pozzo commence à mettre son manteau, s'arrête.*) Manteau ! (*Lucky dépose tout, avance, aide Pozzo à mettre son manteau, recule, reprend tout.*) Le fond de l'air est frais. (*Il finit de boutonner son manteau, se penche, s'inspecte, se relève.*) Fouet ! (*Lucky avance, se penche, Pozzo lui arrache le fouet de la bouche, Lucky recule.*) Voyez-vous, mes amis, je ne peux me passer longtemps de la société de mes semblables, (*il regarde les deux semblables*) même quand ils ne me ressemblent qu'imparfaitement. (*À Lucky.*) Pliant ! (*Lucky dépose valise et panier, avance, ouvre le pliant, le pose par terre, recule, reprend valise et panier. Pozzo regarde le pliant.*) Plus près ! (*Lucky dépose valise et panier, avance, déplace le pliant, recule, reprend valise et panier. Pozzo s'assied, pose le bout de son fouet contre la poitrine de Lucky et pousse.*) Arrière ! (*Lucky recule.*) Encore. (*Lucky recule encore.*) Arrêt ! (*Lucky s'arrête. À Vladimir et Estragon.*) C'est pourquoi, avec votre permission, je m'en vais rester un moment auprès de vous, avant de m'aventurer plus avant. (*À Lucky.*) Panier ! (*Lucky avance, donne le panier, recule.*) Le grand air, ça creuse. (*Il ouvre le panier, en retire un morceau de poulet, un morceau de pain et une bouteille de vin. À Lucky.*) Panier ! (*Lucky avance, prend le panier, recule, s'immobilise.*) Plus loin ! (*Lucky recule.*) Là ! (*Lucky s'arrête.*) Il pue. (*Il boit une rasade à même le goulot.*) À la bonne nôtre. (*Il dépose la bouteille et se met à manger.*)

Silence. Estragon et Vladimir, s'enhardissant peu à peu, tournent autour de Lucky, l'inspectent sous toutes les coutures. Pozzo mord dans son poulet avec voracité, jette les os après les avoir sucés. Lucky ploie lentement, jusqu'à ce que la valise frôle le sol, se redresse brusquement, recommence à ployer. Rythme de celui qui dort debout. »

Samuel BECKETT, *En attendant Godot*, acte I, © éd. de Minuit.

QUESTIONS

1. Comment se marque, dans les répliques et les jeux de scène, la déshumanisation du couple Pozzo / Lucky ?

2. Chez Beckett, le dialogue est constamment parasité par les didascalies : quelle est la fonction scénique de ces didascalies ? quelle est leur relation au texte des répliques ?

3. Le théâtre de Beckett transcende les oppositions génériques comédie/tragédie. Quels éléments renvoient ici à l'un et à l'autre genre ? Comment la mise en scène pourrait-elle les souligner ?

Sujet de Bac

QUESTIONS D'ENSEMBLE

1. Comparez, dans les textes du corpus, le rôle de la parole : peut-on parler de dialogue ? Comment le jeu de théâtre (déplacements, gestes, intonations) contribue-t-il à l'interprétation des textes ?

2. De la comédie classique au drame romantique puis au théâtre beckettien, comment évoluent les rapports entre maître et valet ? Leur conflit exclut-il la complicité ou la ressemblance ?

DISSERTATION

On a dit que la mise en scène d'un texte de théâtre était comme une seconde création. En quoi cette opinion pourrait-elle concerner les textes du corpus ?

COMMENTAIRE

Vous ferez le commentaire de la scène entre Dorine et Orgon, en étudiant les diverses stratégies par lesquelles Dorine s'oppose à son maître et les réactions que ces manœuvres suscitent chez Orgon, ainsi que les effets comiques produits.

INVENTION

Réécrivez en prose le début du dialogue entre don Salluste et Ruy Blas (v. 1308-1351), en le faisant glisser du drame à la comédie satirique.

LECTURES
DU *MALADE IMAGINAIRE*

COMMENT JOUER *LE MALADE IMAGINAIRE* ?

Entre bouffonnerie et noirceur, fantaisie et réalisme, comique et satire sociale, les choix de mise en scène peuvent être très différents. Ainsi, comment incarner les médecins, à la fois charlatans et bouffons ? Louis Jouvet, en 1940, conseillait de jouer leur « sincérité imbécile ».

« Purgon ; voilà comment ça se joue d'habitude : on arrive, on hurle, on s'en va.

Si tu réfléchis sur ton cas, et si tu te dis : le comique de Molière ? Au fond ce n'est pas comique pour un sou cette histoire de lavement, c'est imbécile, tu répéteras comme d'autres : Molière est comique, mais tu ne l'auras jamais senti, parce que tu auras mal appris ton texte, parce que tu auras appris la scène, si tu la lis en détail dans le ton, tu le sentiras.

[…] Ne donne pas d'excuse. Si, tu seras drôle là-dedans si tu joues la scène. C'est une scène comique que tu retrouves vingt fois, cent fois dans le théâtre : le type qui vient parler avec une importance exagérée d'une chose qui est minime, non seulement minime mais ridicule. Il s'agit d'un clystère. Le comique n'est pas un cri que tu pousses. Je te fais ces réflexions pour t'amener, toi-même, à découvrir, par toi, ce qui est, en quelque sorte, une contamination séculaire ; mais il faut que tu le trouves pour toi. *Purgon est un personnage convaincu.* Ça part du splendide imbécile, qui porte en lui une conviction extraordinaire. Il faut que tu comprennes que cette scène, c'est un homme qui entre dans un salon où il y a un malade, ou un prétendu malade, qui bouscule les fauteuils et qui dit : quoi ! j'apprends que vous n'avez pas pris mon clystère ? Ce n'est pas du texte creux. Le comique est à base de cette sincérité, de la sincérité imbécile de Purgon. »

Louis Jouvet, *Molière et la comédie classique*, Gallimard, 1965.

Quant aux interprétations d'Argan, depuis celle de Molière dont on ne sait rien mais qui, malgré la maladie, devait tirer le rôle vers la gaieté bouffonne, elles se partagent entre gaieté alerte (Daniel Sorano), comique psychologique (Jacques Charon), farce (Jean Le Poullain) ou mélancolie (Marcel Maréchal).

« Je n'avais encore pas vu d'Argan aussi vif-argent, aussi bien portant, agile, peu ménager de sa santé que Daniel Dorano. Il parcourt des kilomètres d'un pas de vitrier. Sans doute y a-t-il un ressort dans son fauteuil, car, à peine assis, le voilà bondissant entre ses coussins, gesticulant, donnant sans cesse des démentis à ses plaintes, gémissements. »

Robert KEMP, *Le Monde*, 17 novembre 1957.

« Jacques Charon tient compte dans son interprétation de ce que le mal d'Argan a de moderne. Il laisse bien voir que le personnage ne se réfugierait pas dans l'hypocondrie s'il n'y apaisait quelque angoisse : celle de devoir mourir un jour, et, plus immédiatement, celle de sortir de l'enfance. En se faisant dorloter par sa femme et houspiller par Toinette, il se maintient artificiellement dans la relative sécurité du jeune âge, d'un monde dominé par la mère et où le père, la connaissance, ne sont que clystères et galimatias. C'est du moins ce qu'indique l'interprète en forçant moins sur la sénilité douillette ou rusée d'Argan que sur son incroyable infantilisme. »

Bertrand POIROT-DELPECH, *Le Monde*, 30 octobre 1971.

« Il y a deux sortes de faux malades sereins : celui qui fait semblant d'être malade (Volpone) et celui que son entourage fait semblant de considérer comme malade (Argan) car lui croit sincèrement qu'il l'est et s'en régale.
Malheur donc à qui met en doute son mauvais état de santé. Il y voit une véritable offense, comme si on lui contestait un honneur chèrement acquis. Béralde, Toinette en savent quelque chose, et Toinette rattrape à temps la gaffe de Cléante.
C'est dans cet état d'esprit, et de l'intérieur, que le comédien doit aborder le personnage. Dans sa loge, avant d'entrer en scène, sa concentration se focalisera d'abord sur cette joie : "Chouette ! Je suis malade !" Il faut qu'il se le répète, et il faut qu'il s'en persuade au

point de paraître au public dans l'ingénuité d'un enfant qui a gagné un bon point. En un mot, Argan est resplendissant de maladie »

Jean LE POULLAIN, préface du *Malade imaginaire*,
Le Livre de Poche.

« La chambre du malade est un volume insensible, sans couleur. Argan [...] reste dans sa chambre, sans plaisir, sans goût, comme ses idées grises restent en lui. Mais sa chambre garde, comme lui, une apparence de normalité, ce n'est pas une pièce négligée, elle est d'un neutre poli. Chambre morte qui a l'air de vivre, chambre noire qui paraît claire. Argan n'y est nulle part à l'aise.

Au fond à gauche un escalier assez large, tapissé de rouge, monte vers le reste de la maison, vers le monde réel. Le malade n'empruntera jamais ce "sas", ce passage vers la vie. Ce sont les autres, famille, médecins, qui vont et viennent par là. Au fond, à droite, la "respiration" du malade, son ailleurs, sa liberté fictive : un semblant de paysage, fragment de "nature", lande hivernale ou plutôt sans saison. Le malade s'y sauve quand il a la colique, et aussi lorsqu'il est pris d'une bougeotte de fuite, d'une petite panique.

[...] Le lieu sur lequel s'ouvre la chambre d'Argan n'est ni champêtre ni agréable, c'est une projection de la mélancolie où l'air, tout au plus, pourrait être moins lourd. Ces deux ouvertures – l'escalier et la bande abstraite – s'intègrent aux humeurs cycliques du malade. »

Michel COURNOT, *Le Monde*, 1ᵉʳ juin 1978,
à propos de la mise en scène de Marcel Maréchal
au théâtre national de Marseille.

LE « CAS » ARGAN : MALADIE IMAGINAIRE OU MALADIE DE L'IMAGINATION ?

Argan est-il malade, comme il le soutient, ou bien portant, comme le lui affirment Béralde et Toinette ? Cette curieuse maladie, qui consiste à se croire malade sans l'être aucunement, est une maladie de l'âme, identifiée par la médecine du temps comme une mélancolie hypocondriaque. Mais Argan hypocondre est aussi un malade pour rire, qui mourra en scène pour y ressusciter et se guérira par la comédie.

« Car le personnage du Malade imaginaire unit en lui, outre les deux composantes structurelles du ridicule de l'imagination délirante, les éléments qui en profondeur paraissent en supporter l'édifice, en fonder la vraisemblance : à savoir l'exacerbation maladive des passions, leur combinaison en une fureur d'amour de soi, forme suprême de l'amour-propre traqué par les moralistes classiques, le tout enveloppé dans un modèle psycho-physiologique plusieurs fois déjà sollicité par Molière, celui de la mélancolie hypocondriaque.

Qu'Argan soit la proie de ses passions, et que celles-ci prospèrent sur une exacerbation délirante de l'amour-propre, c'est l'évidence même : la terreur de mourir qui l'habite et le propulse dans une fureur puérile de médecine et de médecins procède d'un amour de soi à la vigueur peu commune, le paradoxe voulant que la conjonction entre cette peur et cet engouement tourne en un souci maladif de sa santé qui le condamne à faire le malade, à la fois par hantise de l'être et pour mieux s'assurer de s'en guérir au cas où il lui surviendrait quelque mal. Cette position infantile mais toute-puissante ravit et exacerbe en lui une passion du pouvoir tyrannique et maussade. Bel échantillon des passions surgies à l'articulation exacte entre l'esprit et le corps, entre l'image de soi et la sensation de soi, le tout bâti sur du vide, du néant : Argan se porte comme un charme, malgré qu'il en ait. Il faut dès lors supposer plus qu'un désordre passionnel pour expliquer une telle hallucination dont l'objet est constitué par le sujet délirant lui-même. Or il est patent, et déjà bien connu, qu'Argan est soigné par ses médecins pour une mélancolie de type hypocondriaque dont le diagnostic précis avait été naguère établi par Molière, plus savant en médecine qu'on ne l'eût cru, dans *Monsieur de Pourceaugnac* : ainsi, après Dom Garcie et Alceste, hypocondriaques amoureux, après Lucile du *Médecin volant* et les deux Lucinde de *L'Amour médecin* et du *Médecin malgré lui* feignant une mélancolie érotique, après Pourceaugnac tenu par erreur pour hypocondriaque, Argan parachève une lignée de mélancoliques pour rire. On comprend assez bien le choix par Molière de ce modèle implicite, quand on sait que cette maladie, synonyme de folie douce ou sombre, mais sans violence ni fièvre, articule une dimension chimérique, propre à toutes les démences mélancoliques, et la singularité d'une fixation obsessionnelle sur un objet ou une idée, plus caractéristique de la forme hypocondriaque du mal. »

Patrick DANDREY, « La comédie du ridicule »,
Littératures classiques, supplément annuel, janvier 1993.

« Argan ne peut point se passer d'un médecin ? Il ne consentira au mariage de sa fille avec Cléante qu'à condition que ce dernier devienne un autre Thomas Diafoirus ? Qu'à cela ne tienne. Sans plus songer à le raisonner, à le corriger ou à le rendre plus sage, la comédie entre, d'une façon charitable et toute fraternelle, dans son jeu : ce n'est pas le jouer, dit à peu près Béralde, c'est lui faire plaisir. Elle fait d'Argan lui-même un médecin, elle l'installe solennellement et définitivement dans sa folie. Et ce n'est qu'à partir du moment où le monde d'Argan et le monde de la comédie se rejoignent et se fondent en un tout harmonieux que le bonheur et la joie deviennent réellement possibles. Non seulement pour les amants qui, n'ayant plus à combattre l'obstination d'un père, ne voient plus désormais d'obstacle à leurs désirs. Non seulement pour la petite société qui gravite autour d'Argan, et qui fait de la folie de ce dernier un prétexte à jeu et à divertissement […]. Mais aussi, et surtout, pour Argan, à qui la comédie permet, d'ailleurs sans qu'il le sache, mais non sans que nous, spectateurs et complices, le sachions, d'accepter et d'assumer sa condition d'homme, de surmonter sa peur et son angoisse. Et ce qu'au fond Molière cherche ici à nous dire, c'est qu'il n'y a pour l'homme de paix et de bonheur possibles que dans la mesure où, ayant pris clairement conscience de sa nature et de ses limites, il accepte d'être ce qu'il est, de jouer dignement son personnage […]. Et que s'il n'est pas de lui-même capable d'atteindre à ce niveau souhaitable de conscience et de sagesse joyeuse, le rire, la comédie, sont là pour l'aider à se guérir de son aveuglement et à se libérer. »

Gérard DEFAUX, *Molière ou les métamorphoses du comique*,
Paris, Klincksieck, 1992.

L'OMNIPRÉSENCE DU CORPS :
CORPS EXCRÉMENT OU CORPS VIVANT ?

La pièce entière tourne autour du corps d'Argan, purgé, scruté, dorloté. Cette obsession du corps est, chez les médecins, obsession de la pourriture et mépris de la vie ; chez Argan c'est à la fois idolâtrie de soi-même, infantilisme douillet et angoisse du néant. Mais ce corps est doué d'une irréductible vitalité il témoigne, malgré clystères et purgations, d'une résistance obstinée à l'entreprise systématique de dévalorisation et de réduction que mènent ses adversaires et triomphe dans le divertissement final.

« "Ah, mon Dieu ! ils me laisseront ici mourir" : la première scène du *Malade imaginaire*, reprenant la mort au bond, s'achève sur le cri du corps, accompagné du grelot désespéré d'une sonnette qui sonne comme un glas. Avec Argan, serait-ce pour de bon la mort physique ? Ce corps, que les discours castrateurs des femmes savantes n'ont pu réussir à occulter, et dont l'homme de théâtre a montré l'apothéose triomphante, la maladie et son cortège de spécialistes médecins, apothicaires – le menaceraient-ils pour de bon ? Tel est l'enjeu de l'ultime pièce, celle dont on sait qu'en ce qui concerne son auteur, metteur en scène et acteur, elle va précisément s'achever par la mort physique. Et la menace est sérieuse. Les contempleurs du corps sont toujours là : ils se nomment par exemple Thomas Diafoirus, lequel, dès les premiers mots du compliment qu'il adresse à Argan, annonce clairement la couleur : "Les facultés spirituelles, dit-il, sont au-dessus des corporelles" (II, 5). […] Et quand il s'agit de passer à l'acte médical lui-même, c'est-à-dire de soigner le corps, les médications qu'ils proposent traduisent clairement la visée dépréciative qu'ils en ont. Il n'est jamais question, de lavements en purgations, de clystères en saignées, que d'expulser, de curer, de rejeter, de faire sortir. Leur vocabulaire en dit long sur ce point : le "petit clystère insinuatif" sur lequel s'ouvrent les comptes d'apothicaire d'Argan et qui ne semble que bien anodin, puisqu'il est fait "pour amollir, humecter et rafraîchir les entrailles", n'est en fait destiné qu'à ouvrir la voie au vrai clystère, le "détersif", qui, lui, va "balayer, laver et nettoyer le bas-ventre". Après quoi suivra le clystère "carminatif", "pour chasser les vents", et une potion "pour hâter d'aller et chasser dehors les mauvaises humeurs", sans oublier au passage "une médecine purgative", casse et séné, "pour expulser et évacuer la bile" (I, 1). Comme le dit plus tard le redoutable Purgon à Argan : "J'allais nettoyer votre corps et en évacuer entièrement les mauvaises humeurs." Ce vocabulaire de l'excrétion, du rejet, de l'expulsion répond à l'idée que le corps est pourriture […].

Dans ce débat entre les médecins qui veulent le nettoyer de son corps et son frère qui veut le lui rendre, Argan s'offre comme un véritable champ d'expérience. D'un côté, entrant dans le jeu des hommes dits de l'art, il se réduit à ce corps-pourriture, ce corps-excrément qui a pour horizon familier les clystères et la chaise percée, et dont il faut prendre un soin attentif, qu'il faut cajoler, réchauffer, prendre par la douceur. Béline a tout compris, qui l'emmaillote comme un bébé […]. Argan se laisse faire car, se soumettant aux traitements des médecins et aux bons soins de Bélise, il trouve en fait un confort dans ce corps délicat, souffrant, prétendument malade : la maladie est pour lui une sorte de refuge douillet, où il enferme son corps dans tout un réseau de remèdes, médications, potions, traitements qui en garantissent le fonctionnement. D'une certaine façon, tant que son corps est ainsi malade, il ne craint rien. Mais que la mécanique médicale vienne à gripper, et tout le système s'écroule : la fameuse scène où M. Purgon, l'abandonnant aux menaces de la rhétorique physiologique le précipite de la bradypepsie dans la dyspepsie, puis de là dans l'apepsie, la lienterie, la dysenterie et l'hydropisie, le vide progressivement de lui-même, jusqu'à son terme évidemment fatal : "Et de l'hydropisie dans la privation de la vie" (III, 5). Ce ne sont que des mots, mais pour Argan, le mal est fait : "Ah ! mon Dieu, je suis mort" (III, 6), dit-il dans un dernier soupir.

En fait, il est bien vivant. Et face à ce corps infirme, Cléante, Béralde, Toinette soulignent la forte santé physique d'Argan. À la stratégie du mépris et de la réduction du corps, ceux-là opposent la présence assurée d'un corps qui ne demande qu'à vivre. Cléante remarque le « bon visage » (II, 2) d'Argan ; et Béralde avance un argument de poids : "Une grande marque que vous vous portez bien, et que vous avez un corps parfaitement bien composé, c'est qu'avec tous les soins que vous avez pris, vous n'avez pu parvenir encore à gâter la bonté de votre tempérament, et que vous n'êtes point crevé de toutes les médecines qu'on vous fait prendre" (III, 3).

Quant à Toinette, elle a des arguments plus convaincants encore : l'oreiller par lequel Béline veut endormir Argan, elle le plaque sur le visage du bonhomme, lui administrant la preuve sensible qu'il respire encore. Et, dans la grande scène où elle soigne à sa manière les maux de son maître, les traitements radicaux qu'elle lui propose – couper un bras, crever un œil – font sentir à Argan que l'intégrité physique a quelque importance dans la vie. En fait, Toinette lui montre par l'absurde que possédant un corps, il possède un bien précieux. C'est pourquoi, tout au long de la pièce, elle n'a de cesser de faire sentir son corps à Argan : elle le pince, le brusque, le tape, le cogne. Elle réveille le corps d'Argan, endormi, occulté par une médecine qui au contraire le fait disparaître. En rendant à Argan la libre disposition d'un corps qu'on lui a confisqué, elle assure la réhabilitation de ce corps, dont la survie finale passe, fait symptomatique, par le théâtre. La cérémonie et le ballet sur lesquels s'achève la comédie apportent à Argan la santé éternelle, l'immunité d'un corps désormais transfiguré par le rituel théâtral : *"Et manget et bibat"*, c'est le pain et le vin de sa vie éternelle. »

Jean SERROY, « Le corps dans les dernières comédies de Molière », *Littératures classiques*, supplément annuel, janvier 1993.

LES MÉDECINS DU *MALADE IMAGINAIRE* : CHARLATANISME OU CONVICTION ?

Les Diafoirus et Monsieur Purgon sont à la fois obscurantistes et convaincus : ils croient obstinément à la toute-puissance de la médecine et au pouvoir absolu du médecin sur ses malades. Ils sont donc à la fois profondément nocifs (ne pouvant les guérir, ils achèvent leurs malades à coups de médications) et irrésistiblement comiques : comme Argan, ce sont des « imaginaires », des « gens à marotte ».

« Par le biais de Béralde, Molière souligne la validité de son choix de la profession médicale comme cible d'une satire vigoureuse (III, 3). Corps constitué de la société, la médecine doit se resserrer afin de s'assurer de son existence. Ce qui ressort à l'évidence des pratiques médicales, c'est leur effarante inefficacité. Doués d'une puissance destructrice, les médecins sont, vêtus de noir, semblables à de sinistres croque-morts. Contrairements à la devise hippocratique – *primum non nocere* – les pratiques de M. Purgon se distinguent par leur nocivité et, comme on l'a vu, il exerce un pouvoir d'ordre coercitif, voire abusif, en un mot, un pouvoir de vie et de mort auprès de son client (III, 5). Telle qu'elle se dégage de cette pièce, la perception généralisée des médecins se ramène tantôt à un être doué de vertus charismatiques et thaumaturgiques, tantôt à un matérialiste avide et cynique. Détenteurs des secrets éclaircissant les mystères de cette machine existentielle qu'est le corps, les Purgon et les Diafoirus sont chargés, en principe, d'apaiser l'inquiétude d'un Argan. Grâce à leur savoir privilégié, ils s'approprient un jargon technique servant à maintenir le malade dans un état de dépendance. Leur connaissance de la médecine étant exclusivement livresque, ils font de leur art l'objet d'une érudition puérile et sclérosée, une expérience essentiellement discursive et formaliste. Plus précisément, ils font preuve d'une logomachie professionnelle débouchant sur l'obscurantisme médical. Selon Béralde, par exemple, M. Purgon se définit uniquement par sa spécialité ("c'est un homme tout médecin", III, 3) ; son manque de finesse le placerait donc aux antipodes de l'honnêteté mondaine. Ce médecin exploite, on l'a vu, l'inconnu pédantesque d'un jargon médical qui est proprement terrorisant (III, 5). D'autre part, la rentabilité des médecins – "raillés et bien payés" selon La Bruyère – fait partie intégrante de leur charlatanisme. Le bon mot de Toinette à propos de M. Purgon – "Il faut qu'il ait tué bien des gens pour s'être fait si riche" (I, 5) – sert à démontrer que la richesse de ces escrocs professionnels, tels certains "guérisseurs" de nos jours, se fait aux dépens de la souffrance d'autrui. Somme toute, on a affaire à des "tartuffes de la science" qui assujettissent leurs clients à une sorte de chantage corporel. »

Ralph ALBANÈSE, « *Le Malade imaginaire*
ou les jeux de la mort et du hasard », *XVIIe siècle*, n° 104, 1993.

DERRIÈRE LA MÉDECINE, LA RELIGION : L'IMPIÉTÉ DU *MALADE IMAGINAIRE*

Derrière la satire antimédicale se cache une visée proprement antireligieuse, qui repose, tout au long de la pièce, sur la superposition de la médecine et de la religion et sur la confusion des deux personnages que sont le prêtre et le médecin. Béralde apparaît alors comme un libertin, un libre-penseur, qui réitère, face à Argan, les positions de Don Juan face à Sganarelle (*Dom Juan*, III, 1).

« Béralde apparaît assez tardivement dans la pièce, à la toute fin de l'acte II. Mais dès lors, il ne quitte plus la scène, et reste présent pendant l'intégralité du troisième et dernier acte. Son intervention (II, 9) marque en quelque sorte le point de bascule de l'œuvre, qui s'ouvre alors à un débat plus théorique sur la médecine, la maladie, la guérison – ou d'autres questions dont ces sujets ne seraient que les métaphores. [...] Dans l'ensemble de l'œuvre de Molière, deux débats sérieux laissent se développer une réflexion sur la médecine, dont la visée ne soit pas principalement, ni même accessoirement comique : le début de l'acte III de *Dom Juan* ; et la grande scène théorique du *Malade imaginaire* – la longue controverse entre Argan et Béralde. C'est dans cette scène bien sûr que nous trouverons les prises de position les plus nettes, celles dont la tonalité libertine est, à notre sens, la plus marquée.

À la recevoir vraiment pour ce qu'elle dit, la grande proclamation de Béralde est singulière, et somme toute assez difficile à justifier. "Je ne vois rien de plus ridicule qu'un homme qui se veut mêler d'en guérir un autre." (III, 3.)

S'il s'agit bien de médecin, de tels propos apparaissent pour le moins outrés : le ridicule des médecins est de prétendre guérir quand ils ne guérissent pas, mais non de chercher à guérir. Si la pratique des médecins et leurs résultats prêtent le flanc à la moquerie, comment contester l'objectif qu'ils se donnent ? En quoi la compassion pour autrui et le désir de soulager ses souffrances pourrait-il passer, non seulement pour ridicule, mais même pour le *summum* du ridicule, "rien de plus ridicule" ? Cette attaque inopportune et peu concluante prend en revanche une signification plus consistante et une tout autre portée, quand on l'interprète dans un registre chrétien. Se mêler d'*en guérir un autre* désigne alors une autre forme de préoccupation : faire le salut spirituel d'autrui, se charger de la santé des âmes de ceux qui vous entourent. L'objectif est lui aussi louable, mais il est indéniablement de ceux auxquels les esprits libertins ne sauraient souscrire. Complaisance excessive, momerie, pour certains, la sollicitude des prêtres apparaîtra à d'autres comme l'effet d'une volonté de pouvoir, relevant moins du souci de faire du bien à autrui que de celui d'assurer l'emprise de sa propre corporation. C'est enfin et surtout postuler une maladie dont l'existence même est, aux yeux de certains, problématique : s'employer à guérir ceux qui n'ont pas besoin de guérisseurs. Ce procès latent, dont les attendus peuvent varier, nous semble le seul horizon possible de la solennelle déclaration de Béralde. Elle constituerait ainsi l'un des rares moments de la pièce où la polysémie allégorique s'estompe et laisse paraître à nu l'enjeu réel du propos, sa teneur religieuse.

Le débat se trouve en fait immédiatement infléchi par Argan, qui reformule la position de son frère, en lui ôtant tout ce qu'elle peut avoir de déroutant ou de scandaleux.

"ARGAN. Pourquoi ne voulez-vous pas, mon frère, qu'un homme en puisse guérir un autre ?" (III, 3.)

C'est-à-dire qu'Argan dévie la controverse, en transformant le verbe *vouloir* de Béralde en un verbe *pouvoir*. Là où son frère mettait directement en cause le *vouloir guérir* des médecins, il repose le problème dans les termes plus convenus d'*un pouvoir guérir*, entraînant une explication d'un ordre finalement bien différent. La question cependant reste entière : le ridicule de la médecine provient-elle de son projet même ou de son incapacité à le tenir. Cette dernière peut n'être que temporaire, comme le concède le "jusques ici" de Béralde, dans la réplique suivante. Si c'est en revanche sur le projet médical que pèse le ridicule – ce que soutient très exactement Béralde dans sa première réplique –, il n'y a rien à attendre d'une quelconque évolution du savoir. Le désir de guérir autrui est radicalement disqualifié, sans qu'il y ait lieu d'envisager aucune éventualité de résultats. Sous une forme aussi outrée, cette assertion ne peut se comprendre que métaphoriquement : en transférant à la médecine des âmes ce qui paraissait concerner la médecine des corps. L'ensemble des propos de Béralde laisse alors transparaître une argumentation très systématique, et qui rejoint par beaucoup de traits les attaques dont les libertins du XVIIᵉ siècle poursuivent l'Église chrétienne. [....]

Après la scène de rupture avec le médecin, Béralde s'emploie à rasséréner son frère :

"Les principes de votre vie sont en vous-même..." (III, 6.)

Ils ne dépendent pas de ce qu'affirment les médecins ; il n'y a donc pas lieu de craindre leur courroux. Mais sous cette forme lapidaire, l'affirmation entraîne nécessairement un corollaire métaphysique : si les principes de la vie sont en vous-même, ils ne renvoient pas, comme le voudraient les prêtres, à une transcendance ; ils relèvent d'une pure immanence. Cette phrase, qui s'applique aussi bien à la vie physique (les principes de votre santé) qu'à la vie spirituelle (les principes de votre salut) sonne comme la proclamation la plus solennelle de la pièce – déclaration d'une grande gravité, dont la portée excède largement la question médicale, et peut-être même la question religieuse, pour synthétiser le credo central de Molière. Le principe philosophique ici énoncé n'est pas strictement matérialiste, dans la mesure où il se réfère à un vitalisme assez vague, mais il exclut sans aucune ambiguïté toutes les doctrines du salut, et la première d'entre elles, la foi chrétienne. »

Laurent THIROUIN, « L'impiété dans *Le Malade imaginaire* », *Libertinage et philosophie au XVII⁵ siècle*, Saint-Étienne, 4, 2000.

LIRE, VOIR, ENTENDRE

BIBLIOGRAPHIE

Sur Molière et *Le Malade Imaginaire*

Patrick DANDREY, *Molière ou l'esthétique du ridicule*, Klincksieck, 1992

Patrick DANDREY, *Le « Cas » Argan. Molière et la maladie imaginaire*, Klincksieck, « Bibliothèque d'histoire du théâtre », 1993.

Patrick DANDREY, *La Médecine et la maladie dans le théâtre de Molière*, Klincksieck, 1998, 2 tomes.

Gérard DEFAUX, *Molière ou les métamorphoses du comique*, Klincksieck, 1992.

Georges FORESTIER, *Esthétique de l'identité dans le théâtre français (1550-1680). Le déguisement et ses avatars*, Droz, 1988.

Georges FORESTIER, *Molière*, Bordas, coll. « En toutes lettres », 1990.

Littératures classiques, supplément annuel, janvier 1993.

Sur la médecine

François MILLEPIERRES, *La Vie quotidienne des médecins au temps de Molière*, rééd. Le Livre de Poche, n° 5809.

Sur la comédie-ballet

Charles MAZOUER, *Molière et ses comédies-ballets*, Klincksieck, 1993.

Sur la dramaturgie classique

Jacques SCHERER, *La Dramaturgie classique en France*, Paris, Nizet, 1968.

Sur le dialogue dramatique

Gabriel CONESA, *Le Dialogue moliéresque*, PUF, 1983.

Pierre LARTHOMAS, *Le Langage dramatique*, Paris, PUF, 1980 (nouvelle édition).

Anne UBERSFELD, *Lire le théâtre*, Paris, Belin, 1996 (3 tomes, nouvelle édition).

DISCOGRAPHIE

La comédie parlée

Le Malade imaginaire, enregistrement intégral avec Jacques Charon, Decca, deux disques.

Le prologue et les intermèdes

CHARPENTIER, Le Malade imaginaire, *Molière par Les Arts florissants*, dir. William Christie, Harmonia Mundi, 1990.

FILMOGRAPHIE

Ariane MNOUCHKINE, *Molière ou la Vie d'un honnête homme*, 1978 (film disponible en deux vidéo-cassettes, Polygram vidéo).

LES MOTS
DU *MALADE IMAGINAIRE*

Aimable : digne d'être aimé, plein de charme et de séduction.

Amant : amoureux, qui aime.

Appas : attraits physiques.

Apothicaire : pharmacien.

Charme : puissante séduction ; **les charmes** : chez une femme, ce qui séduit, la beauté.

Civil : poli et bien tourné.

Clystère : lavement.

Commerce : relation entre des personnes, de vive voix ou par écrit.

D'abord : aussitôt.

Docte : savant.

Émouvoir : le sens premier du terme est le sens concret de « mettre en branle, en mouvemen ». Avec cette valeur le verbe s'applique essentiellement aux fluides et aux vapeurs : « Le soleil émeut les vapeurs, les vents émeuvent la mer », et notamment aux humeurs : « Cette drogue émeut les humeurs ». Par l'intermédiaire de la physiologie des humeurs, le terme prend un sens abstrait et s'applique aux passions de l'âme, avec le sens de « exciter un mouvement dans l'âme », mais en gardant toujours un ancrage physiologique. De ce fait l'émotion n'est jamais exclusivement intérieure mais elle se manifeste toujours par des signes visibles.

Dans *Le Malade imaginaire*, le terme a le sens physiologique de « mettre les humeurs en mouvement », dans la bouche de Toinette : « Il ne faut rien pour vous émouvoir en l'état où vous êtes et vous ébranler le cerveau. » (II, 2). Il est employé avec sa valeur affective, à la fois abstraite et concrète, par Argan, qui désigne ainsi le trouble visible d'Angélique à la vue de Cléante : « Qu'est-ce? D'où vient cette surprise ? […] Quoi ? Qui vous émeut de la sorte ? » (II, 3).

Entendre : comprendre ; vouloir dire.

Fantaisie : imagination ; au pluriel, idées extravagantes.

Fatal : funeste, désastreux.

Galant : élégant et raffiné.

Galimatias : discours embrouillé et confus.

Habile : savant.

Heureux (pour les choses) : favorable, bien trouvé, couronné de succès ; pour les personnes :

favorisé par la chance et spéciale-
ment par l'amour (pour les
hommes).

Honnête : civil et de manières
courtoises.

Honnête homme : homme de
bonne compagnie, qui sait vivre ;
l'honnête homme est l'idéal social
des classiques.

Humeur : mot-clé de la physiologie et de la médecine classiques. Le
terme a le sens large de « faible
substance liquide en mouvement »
(par ex. : « l'humeur des arbres, de
la terre »), mais son sens courant et
dominant en langue classique est le
sens physiologique de « liquide
sécrété par un organe, qui parcourt le corps humain » (les quatre
humeurs du corps sont le sang, le
flegme, la bile jaune et la bile
noire, ou mélancolie, voir p. 197).
Par extension, le terme signifie « le
tempérament particulier de chaque
homme, selon son humeur dominante » : on dit ainsi de quelqu'un
qu'il est d'humeur bilieuse (ou
colérique), d'humeur flegmatique
(ou froide), d'humeur mélancolique (sombre, inquiète, hypocondriaque) – c'est probablement
l'humeur d'Argan – ou d'humeur
sanguine (gaie, amoureuse). En
quittant le domaine strictement
physiologique du corps, le terme
peut signifier « une disposition
d'esprit particulière, constante ou
accidentelle »; ainsi on dit de quelqu'un qu'il est « d'humeur douce,
inégale, chagrine, de belle
humeur ». En français classique,

humeur a toujours un ancrage
physiologique plus ou moins marqué, et n'est donc pas l'équivalent
du terme moderne *caractère* ou
état d'esprit.
Lié à cette physiologie des
humeurs, le terme *tempérament*
signifie « la constitution particulière de chaque homme, telle
qu'elle résulte de la disposition et
du mélange spécifique de ses
humeurs ».
La bonne santé résulte de l'équilibre des humeurs, de la bonne
composition de leur mélange : bien
se porter, c'est avoir, comme
Argan, ainsi que le lui dit Béralde,
« un corps parfaitement composé »
(III, 3). Intuitivement et peut-être
ironiquement, Angélique repren-
dra le terme au vocabulaire médical, pour définir le mariage face à
Argan et aux Diafoirus : « cette
inclination si nécessaire à composer
une union parfaite » (II, 5).

Hymen : mariage.

Imagination, imaginaire : le
terme *imagination* désigne la
« faculté qu'a l'esprit de se représenter des objets qui ne sont pas
immédiatement perçus par les sens
(soit en les reproduisant de
mémoire, soit en les inventant) ».
Cette faculté de l'âme peut être
valorisée pour sa capacité d'invention : on a ainsi « l'imagination
vive, grande, fertile », mais elle est
le plus souvent associée à l'idée
d'erreur, de fausseté, voire de
dérèglement, et se voit opposée
d'une part à l'expérience et à la

vérité, d'autre part à la raison. Avec l'article indéfini singulier ou pluriel *(une imagination, des imaginations)*, le terme prend le sens de « chose imaginée, idée » et est le plus souvent dépréciatif avec le sens de « erreur, idée bizarre et extravagante, lubie ». *Imaginaire* signifie « qui n'existe que dans l'imagination » et s'oppose à *réel, fondé*.

Dans *Le Malade imaginaire*, les deux termes *imagination* et *imaginaire* s'appliquent toujours à Argan. Il vient ainsi à Toinette, à l'intention d'Argan, « une imagination burlesque » (« un tour », III, 2). Béralde, face à Argan, emploie *imagination* avec le sens d'« idée fausse, erreur » en III, 3 : « Ce sont pures idées dont nous aimons à nous repaître, et de tout temps il s'est glissé parmi les hommes de belles imaginations que nous venons à croire, parce qu'elles nous flattent, et qu'il serait à souhaiter qu'elles fussent véritables » (dans le contexte, le terme a pour antonymes « vérité » et « expérience », et pour synonymes « idée », « roman », « songes » et « folie »). À l'acte III, sc. 7, Béralde invite à nouveau Argan à revenir à la raison : « Ma foi, mon frère, vous êtes fou […] ; revenez à vous-même et ne donnez point tant à votre imagination. »

Chez Argan, l'imagination (perception déréglée de la réalité – il voit tout à travers sa folie de médecine) va de pair avec l'entêtement et l'aveuglement : « non plus que l'entêtement de la médecine, je ne

puis vous souffrir l'entêtement où vous êtes pour elle [votre femme], et voir que vous donniez tête baissée dans tous les pièges qu'elle vous tend » (III, 11). D'où la fréquence du verbe *voir* dans les propos de Toinette, qui va s'employer à lui dessiller les yeux : elle lui propose d'abord de lui crever un œil : « vous en verrez plus clair de l'œil gauche », III, 10), ensuite de montrer l'amour de Béline : « Vous verrez la douleur où elle sera quand je lui dirai la nouvelle » (III, 11).

Le terme *fantaisie* est synonyme d'imagination ; dans la pièce, il a toujours la valeur dépréciative d'« imagination déréglée, idée extravagante » : « Il faut absolument empêcher ce mariage extravagant qu'il s'est mis dans la fantaisie », dit Toinette (III, 2) ; et c'est ce terme qui conclut la pièce : « ce n'est pas tant le jouer que de s'accommoder à ses fantaisies » (III, 14) : la cure de lucidité a échoué.

Impertinent : déraisonnable, sot, et souvent prétentieux et insolent.

Inclination : sympathie, attirance amoureuse.

Maîtresse : femme aimée.

Monde : la société des hommes.

Nature/naturel : deux termes-clés dans le théâtre de Molière, qui défend constamment la nature contre toutes les déviations, tyrannie paternelle, fausse dévotion, fausse science. Le naturel, c'est le caractère naturel et irréductible de chaque être, « son fonds d'âme », comme le définit Horace (*L'École des femmes*, v. 953), et c'est un crime d'y attenter.

L'emploi qui est fait du terme *naturel* dans *Le Malade imaginaire* est de ce point de vue remarquable. Argan, par sa folie de vouloir être malade « en dépit des gens et de la nature », lui dit Béralde (III, 3), est contre la nature. Il emploie donc les termes *nature* et *naturel* en les détournant de leur vrai sens : il se réjouit de voir dans la joie d'Angélique à la pensée du mariage la manifestation d'un désir naturel : « Cela est plaisant, oui, ce mot de mariage. Il n'y a rien de plus drôle pour les jeunes filles. Ah! nature, nature! » (I, 5), mais il n'hésitera pas à vouloir l'étouffer sous la contrainte. Il a une vision déréglée du naturel ; le naturel pour lui, c'est ce qui lui convient : soumission (« une fille de bon naturel doit être ravie d'épouser ce qui est utile à la santé de son père », I, 5), ou amour (« je suis ravi d'avoir vu ton bon naturel », III, 14). C'est à Béralde qu'il revient de défendre les lois et les droits de la nature face à Argan (III, 3): « la nature nous a mis au-devant des yeux des voiles trop épais pour y connaître quelque chose », « la nature, d'elle-même, quand nous la laissons faire, se tire doucement du désordre où elle est tombée ». La médecine, qui prétend percer les secrets de la nature et qui se mêle de la corriger, est une « folie » contre nature.

Nature et *naturel* ont leurs termes antonymes : "artifice" (III, 11) ou "grimace" (I, 5 ; II, 6), réservés à Béline et à Thomas Diafoirus.

Passion : le sens de « souffrance physique » n'est guère vivant que dans l'expression « la passion de Jésus-Christ ». Le sens usuel est celui de « mouvement de l'âme », avec des valeurs spécifiques : « passion amoureuse » chez Cléante (« La violence de sa passion le fait résoudre à demander en mariage l'adorable beauté », II, 5) ; « colère, emportement », emploi réservé à Argan, auquel Béralde demande de raisonner « avec un esprit détaché de toute passion », III, 3) ; « désir violent, idée fixe », toujours appliqué à Argan, et qui rejoint le champ sémantique de l'imaginaire : « pour le choix d'un gendre, il ne vous faut pas suivre aveuglément la passion qui vous emporte » (III, 3). Le verbe *se passionner* peut avoir le sens de « se mettre en colère » : « Ne vous passionnez point », dit Béline à Argan (I, 6).

Penchant : sentiment amoureux.

Pitoyable : digne de pitié.

Spirituel : plein d'esprit, intelligent, savant.

Tout à l'heure : tout de suite.

Transport : élan irrésistible, vive émotion amoureuse ; (au pluriel) manifestations passionnées.

LES TERMES DE CRITIQUE

Acte : division d'une pièce de théâtre. Le nombre des actes varie selon les genres : la tragédie comporte toujours cinq actes, la comédie, qu'elle soit en prose ou vers, varie entre cinq actes (comme *L'Avare*), trois actes (comme *Le Malade imaginaire*), un acte (*Le Sicilien*) ; la farce est souvent en un acte *(Sganarelle)*. Chaque acte doit avoir son unité, en particulier d'action, et se terminer sur un temps fort (péripétie et suspension de l'action ou dénouement).

Antiphrase : procédé qui consiste à prendre une expression dans un sens inverse de son sens apparent.

Antithèse : opposition de mots ou de phrases.

Antonyme : des antonymes sont des mots de sens contraire.

Aparté : discours secret prononcé par un personnage à l'insu des autres personnages en scène. Les apartés peuvent être adressés à soi-même (ex. : Toinette, I, 5) ou à un autre (ex. : Cléante à Angélique, II, 5). Ils sont généralement courts.

Burlesque : genre de comique outré et extravagant. Il joue sur le mélange des tons et les discordances entre le sujet, grave, et l'expression, bouffonne.

Champ lexical : ensemble des mots (noms, verbes, adjectifs, expressions...) se rapportant à un même thème.

Comédie : pièce de théâtre en trois ou cinq actes, en vers ou en prose, qui met en scène des personnages de condition moyenne et qui a pour but de faire rire.

Connotation : nuances de sens ajoutées au sens premier d'un mot ou d'une expression.

Coup de théâtre : événement imprévu, renversement brutal de situation (ex. : la résurrection d'Argan, III, 12).

Dénouement : résolution de l'intrigue par la levée des obstacles ; ce qui conclut la pièce (en général la dernière scène).

Diction : façon dont l'acteur dit son texte.

Didascalie : indication scénique.

Dramatique : qui a rapport à l'action de la pièce.

Églogue : petit poème pastoral.

Emphase : ensemble des moyens qui renforcent l'expression pour lui donner plus de vivacité ou plus de force.

Euphémisme : expression atténuée pour éviter la brutalité du sens propre.

Exposition : présentation de l'intrigue et des personnages. En général la ou les première(s) scène(s) de la pièce sont des scènes d'exposition (la scène I, 1 du *Malade imaginaire* a la particularité de ne pas remplir ce rôle).

Farce : courte pièce comique, mettant en scène des personnages de condition populaire et utilisant des jeux de scène traditionnels comme la bastonnade.

Galant : le style galant se caractérise par la recherche et l'élégance dans l'expression ; il est adapté aux situations amoureuses.

Genre : type de production littéraire ; par exemple, le genre dramatique (le théâtre) se divise en différents genres : comédie, tragédie, etc.

Hyperbole : exagération dans le choix des termes pour accentuer l'effet produit.

Intermède : petit spectacle intercalé entre les actes d'une pièce.

Intrigue : ensemble des événements qui sont au cœur de l'action de la pièce (dans *Le Malade imaginaire*, c'est le mariage d'Angélique qui constitue l'intrigue).

Macaronique : latin macaronique : latin de cuisine, mélange de mots latins et de mots français latinisés par des terminaisons fantaisistes (procédé burlesque inventé au XVIe siècle).

Monologue : discours qu'un personnage, le plus souvent seul sur scène mais pas nécessairement, s'adresse à soi-même. À la différence de l'aparté, le monologue n'est pas secret et peut être long (ex. : la scène I, 1 du *Malade imaginaire*).

Nœud : éléments essentiels et contradictoires qui sont au cœur de l'action (dans *Le Malade imaginaire*, le nœud est constitué par les projets de mariage opposés d'Argan et d'Angélique).

Pastorale : genre dramatique en vogue dans la première moitié du XVIIe siècle ; pièce mettant en scène des bergers (ex. : Mairet, *La Sylvie*, 1626).

Période : longue phrase ornée et organisée.

Péripétie : tout nouvel événement qui fait avancer l'action.

Précieux : style caractéristique de la littérature des années 1650, se définissant par la recherche et l'élégance de l'expression.

Prologue : petit spectacle qui précède la pièce.

Quiproquo : erreur d'identité ; le fait de prendre une personne pour une autre (ex. : le quiproquo entre Cléante et Thomas Diafoirus, I, 5).

Reconnaissance : découverte d'identité (ex. : l'entrée en scène de Cléante, II, 1 et 3).

Réplique : prise de parole et texte prononcé par un personnage.

Roman : « Ouvrage en prose, contenant des aventures fabuleuses, d'amour, ou de guerre » (Académie, 1694). **Romanesque :** qui a les caractères du roman ; qui mélange l'imprévu et le sentimental.

Satire : critique plaisante.

Scène : subdivision de l'acte, déterminée en principe par l'entrée ou la sortie d'un personnage. **Scène de transition :** scène courte, dont la fonction est d'assurer la continuité d'une scène à l'autre (notamment de justifier les entrées et sorties des personnages). **Liaison de scènes :** le théâtre ne devant jamais rester vide ni muet, les scènes doivent être liées entre elles : il existe deux types principaux de liaison : liaison de présence (un acteur reste présent d'une scène à l'autre), et liaison de vue (ou de fuite : un acteur entre au moment où l'autre sort).

Stratagème : ruse, tour d'adresse (ex. : le déguisement de Cléante à l'acte II).

Tirade : longue réplique présentant une organisation interne.

Tragédie : pièce de théâtre, généralement en cinq actes et en vers, mettant en scène des personnages de condition élevée, se terminant le plus souvent par la mort, et visant à susciter la crainte et la pitié (ex. : Corneille, *Horace*, ou Racine, *Andromaque*).

Tragi-comédie : genre en vogue dans la première moitié du XVIIe siècle ; tragédie à dénouement heureux (ex. : Corneille, *Le Cid*).

Unités : unité de temps, de lieu et d'action : la pièce doit se passer en vingt-quatre heures, dans le même lieu et ne comporter qu'une seule action. La règle des trois unités s'impose à partir de 1636.

Vraisemblance : c'est le dogme de la poétique classique, « la seule lumière du Théâtre » (D'Aubignac) ; la vraisemblance, distincte de la vérité historique, est l'apparence de vérité qui crée l'illusion théâtrale : elle permet au spectateur de croire au spectacle, et donc d'en être touché.

POUR MIEUX EXPLOITER LES QUESTIONNAIRES

Ce tableau fournit la liste des rubriques utilisées dans les questionnaires, avec les renvois aux pages correspondantes, de façon à permettre des **études d'ensemble** sur tel ou tel de ces aspects (par exemple dans le cadre de la lecture suivie).

RUBRIQUES	PAGES		
	Acte I	Acte II	Acte III
DRAMATURGIE	43, 59, 70	91	127, 159, 163
GENRES	47, 51, 85	106	153, 181, 184
MISE EN SCÈNE	43, 47, 59	106, 119	138, 145, 153, 159, 163, 181
PERSONNAGES	43, 47, 51, 67, 70, 84	91, 119, 125	127, 137, 145, 159, 163, 182, 184
REGISTRES ET TONALITÉS	51, 59, 67, 84	91, 105, 114, 119, 125	145, 153, 183
SOCIÉTÉ	59	105, 114, 125	145, 181
STRATÉGIES		114	127, 137, 153
STRUCTURE	59	105	
THÈMES	43, 67	114	137, 153, 183, 184

TABLE DES MATIÈRES

L'UNIVERS DE L'ŒUVRE

ANNEXES

Les photographies de cette édition sont tirées des mises en scène suivantes :
Mise en scène de Daniel Sorano, décor et costumes d'Edouard Pignon, Théâtre national
populaire au théâtre du palais de Chaillot, 1957. – Mise en scène de Pierre Boutron,
décor d'Émile Ghigo, costumes de Daniel Ogier, théâtre Hébertot, 1987, théâtre des
Célestins à Lyon, 1987. – Mise en scène de Jean-Marie Villégier et Christophe Galland,
décor de Carlo Tommasi, costumes de Patrice Cauchetier, chorégraphie de Francine
Lancelot, compagnie Ris et Danceries, Châtelet-théâtre musical de Paris, 1990. – Mise
en scène de Gildas Bourdet, décor de Gildas Bourdet et Édouard Lang, costumes de
Christine Rabot-Pinson, Comédie-Française, 1991, reprise 1993. – Mise en scène de
Marcel Maréchal, décor et costumes d'Alain Batifoulier, théâtre national de Marseille La
Criée, 1993. – Mise en scène de Gildas Bourdet, décors de Gildas Bourdet et Édouard
Lang, lumières de Jacky Lautem, costumes de Aurore Pineau, Théâtre de l'Ouest
Parisien, Boulogne-Billancourt, 2003.

COUVERTURE : Maurice Leloir, *Le Malade imaginaire : mort de Molière*, extrait de *Le Roy
Soleil*, de Gustave Toudouze, 1904.

CRÉDITS PHOTO :
Couv. : Ph. J. Bottet © Archives Larbor/DR. – p. 2 : Ph. © Enguerand/T. – p. 3 : Ph.
© Marc Sauvan/Enguerand/T. – p. 4 : Ph. Luc Joubert © Archives Larbor. – p. 5 ht : Ph.
© Gordon H. Robertson/Courtauld Institute Galleries/T. – p. 5 bas : Ph. L. Joubert ©
Archives Larbor/DR/T. – p. 6 ht : Ph. © Enguerand/T. – p. 6 bas : Ph. © Bernand/T. –
p. 7 : Ph. © Enguerand/T/ – p. 8 : Ph. © Agnès Varda/Enguerand/T. – p. 9 : Ph. ©
Ramond Senera/Bernand. – p. 10 : Ph. © Ramon Serena/Bernand. – p. 11 ht : Ph. ©
Ramon Serena/Bernand. – p. 11 bas : Ph. © Agostino Pacciani/Enguerand/T/ – p. 12 ht :
Ph. © RMN/T. – p. 12 bas : Ph. © RMN/T. p. 13 ht : Ph. © P. Coqueux/Specto/T. –
p. 13 bas : Ph. © P. Coqueux/Specto/T. – p. 14 : Ph. Coll. Archives Larbor. – p. 15 : Ph.
© Collection Viollet/T. – p. 16 : Ph. © Bernand/T. – p. 26 : Ph. © Bridgeman-
Giraudon/Lauros/T. – p. 28 : Ph. w Bridgeman-Giraudon. – p. 38 : Ph. Coll. Archives
Larbor/T/. – p. 180 : Ph. Coll. Archives Larbor.

Direction éditoriale : Pascale Magni – *Coordination et édition :* Franck Henry – *Révision
des textes :* Luce Camus – *Iconographie :* Christine Varin – *Maquette intérieure :* Josiane
Sayaphoum – *Fabrication :* Jean-Philippe Dore – *Compogravure :* PPC.

© Bordas, Paris, 2003 – ISBN : 2-04-730369-9

Imprimé en France par France Quercy – N° de projet : 10098466 – Dépôt légal : juillet 2003